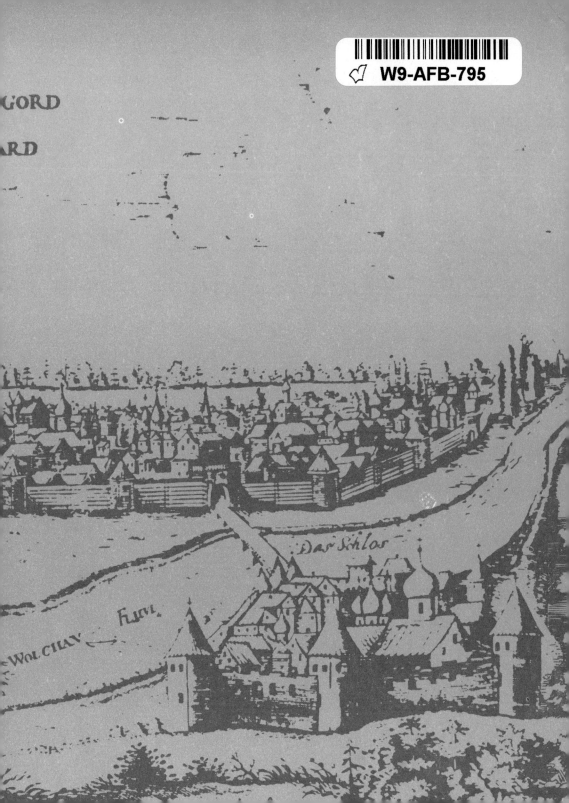

GORD

ARD

Das Schlos

WOLCHAV Fluv.

Старинный герб Новгорода

Р. Г. Скрынников

ТРАГЕДИЯ НОВГОРОДА

Москва
Издательство имени Сабашниковых

ББК 63.3(2)4
С 45

Оформление художника
А. БРАНТМАНА

С $\frac{0503020200-004}{Б94(03)-1994}$ Без объявл.

ISBN 5-8242-0033-5

Введение

Новгород Великий был одним из крупнейших культурных и экономических центров Руси с древних времен. К XV веку по своей территории и уровню экономического развития Новгородская земля не уступала Московскому княжеству. Однако в результате кровопролитной войны 1471 года и похода московских войск 1477—1478 годов Новгородская республика была сокрушена, ее вечевой строй уничтожен. Какие политические и экономические последствия для Новгорода имело его включение в состав Русского государства?

В дореволюционной историографии эта проблема была рассмотрена многими известными исследователями. Для С. М. Соловьева уничтожение новгородского народовластия Иваном III означало торжество государственного начала над родовым, что явилось необходимым и закономерным результатом исторического развития России. В решающей борьбе с Новгородом Москва, олицетворявшая государственное начало, «имела могущественного нравственного союзника, обещавшего верную победу, этим союзником было православие» [1]. В рамках концепции Н. М. Костомарова, столкновение Москвы и Новгорода рассматривается как противоборство Руси единодержавной и Руси удельно-вечевой, принципа централизации и федерации, строя самодержавного и вечевого [2]. Ликвидация последнего оплота народоправства Москвой имела отрицательные последствия: «Так добил московский государь Новгород и почти стер с земли отдельную, северную народность» [3]. Ученый считал вечевые порядки общерусским явлением, дольше всего сохранившимся в Новгороде Великом. По мнению И. Д. Беляева, вече составляло особенность новгородского общества [4]. Историк осудил жестокость, с которой Иван III покорил Новгород.

А. И. Никитский первым обратился к изучению экономической истории Новгорода. Анализ новгородских писцовых книг конца XV — начала XVI веков привел исследователя к заключению, что московское владычество произвело полный переворот в хозяйстве Новгородской области [5].

В. О. Ключевский подчеркивал, что в жизни Новгорода особую роль играла торговля — «жизненный нерв» города, рано вступившего в деятельные торговые и культурные связи с европейским Западом. Историческому развитию Новгородской земли благоприятствовало то, что она не испытывала давления княжеской власти, что избавляло ее от усобиц, не подвергалась нашествиям степных кочевников. Характерными чертами этой земли, по мысли В. О. Ключевского, были дух предприимчивости и свободы, политическое сознание «мужей вольных», питаемое идеей могущественной общины «господина Великого Новгорода». Падение Новгорода обусловлено было слабостью его военных сил, земской рознью, а также экономической зависимостью от московского центра («Низа»), поскольку «Новгород всегда нуждался в привозимом хлебе с Низа» [6].

А. М. Гневушев и Н. Ф. Яницкий продолжили исследование новгородских писцовых книг. А. М. Гневушев пришел к выводу, что «присоединение Новгорода к Москве уже само по себе должно было вызвать упадок новгородской торговли», на которой базировалась экономика города [7]. Н. Ф. Яницкий конкретизировал данные об упадке Новгорода в XVI веке и указал на московскую систему налогового обложения как главную причину кризиса [8].

М. Н. Покровский усматривал грандиозное развитие торгового капитализма в Новгороде и отвергал представление об исключительно аристократическом характере его вечевого строя. Соперничество Москвы и Новгорода объяснялось прежде всего борьбой за рынки. Низы новгородского общества с надеждой глядели на Москву, которая, однако, отнюдь не склонна была потворствовать низшим классам. Московское завоевание Новгорода М. Н. Покровский оценивал как консервативное событие [9].

В. Н. Бернадский изучил историю Новгорода в XV веке и ту ломку новгородского вотчинного землевладения, которая явилась прямым следствием присоединения Новгорода к Москве [10].

Содержательная монография по истории Новгорода Великого XVI века принадлежит перу А. П. Пронштейна [11]. Справедливо полагая, что в основе экономической жизни Новгорода лежала не столько внешняя торговля, сколько ремесленное производство, исследователь пришел к выводу, что присоединение Новгорода включило его в орбиту экономических связей всей Русской земли и благоприятствовало процессу производства в Новгороде в первых трех четвертях XVI века. Последующий экономический упадок охватил всю Россию, а не один лишь Новгород.

Согласно схеме, утвердившейся в советской историографии, политическая централизация была спасительна для судеб России, а «присоединение» Новгорода к Москве имело безусловно прогрессивное историческое значение. Историки акцентировали внимание на процессе «вырождения» вечевой республики в Новгороде и превращения ее в боярско-олигархическую [12]. Наблюдения такого рода неизбежно приводили к выводу, что политическое развитие Новгорода к моменту его покорения Москвой будто бы зашло в тупик. Характерно, что демократические институты Новгородской республики стали предметом тщательного изучения не столько в советских, сколько в западных исторических трудах [13]. Соответствуют ли описанные схемы исторической действительности? Для ответа на этот вопрос надо заново проанализировать источники и факты.

Образование Московского царства в XVI веке явилось начальным моментом нарождения империи и имперской системы в России. Важнейшими фактами нового периода было формирование военно-служилого дворянского сословия, утверждение самодержавных порядков внутри страны и завоевательные войны за ее пределами.

Крупнейшей вехой в истории политического развития России в XVI веке явилась опричнина Ивана Грозного. Новгород испытал на себе последствия опричной грозы в полной мере. Государев разгром стал для новгородцев подлинной трагедией. Вслед за погромом значительная часть Новгородской земли попала в опричнину. В этих эпизодах как в фокусе отразились взаимоотношения Москвы и бывшей столицы боярско-вечевой республики в эпоху Московского царства. Включение Новгорода в состав Московского государства имело многообразные последствия. Их анализ и составит основное содержание этой книги.

Глава 1

Новгородское землевладение

Высшие сословия средневековой Руси включали множество прослоек и чиновных групп. Их формирование происходило в тесной зависимости от развития форм земельной собственности. Процесс эволюции крупной собственности в Новгороде достаточно хорошо изучен в литературе. Обратившись к «старому письму» в самых ранних новгородских писцовых книгах XV века, В. Л. Янин обнаружил в нем реликтовый слой древнейшего феодального землевладения и доказал, что обширный княжеский домен возник в древнем Новгороде на рубеже XI—XII веков. Ядро домена, охватывавшего обширную территорию между Селигером и Ловатью, составляли крупнейшие крестьянские волости (Морева, Велила, Стерж, Лопастицы, Буец, погосты Холмский, Молвотицкий, Жабенский, Ляховичи). В XV веке в этих землях числилось более 2000 обеж [1].

Наблюдения В. Л. Янина дали исключительно богатый материал для решения проблемы возникновения крупной княжеской вотчины в Древней Руси. Князья обращали в свою собственность крупные крестьянские волости (общины) целиком. Древнейшие законодательные памятники и летописи подтверждают вывод об активном процессе формирования крупного землевладения на Руси (в виде княжеского домена, а также однотипной с ним боярской вотчины) в конце XI— начале XII века. Не позднее 1086 года князь Ярополк Изяславич, внук Ярослава Мудрого, пожаловал Киевскому Печерскому монастырю «всю жизнь свою Небольскую волость и Деревьскую и Лучьскую и около Киева». Ярополк получал доходы в виде даней и других поступлений со всей территории княжества, но эти средства подвергались в дальнейшем многократному разделу: часть шла в Киев к великому князю, часть — дружине, десятину получала церковь и пр. Обращение трех волостей (Небольской и др.) в домен позволило Ярополку сконцентрировать все волостные доходы в своих руках. Понятно, почему князь считал эти волости своим достатком — «всей своей жизнью», хотя он и получал доход со многих других волостей. Обращая в вотчину крестьянскую волость или село, князь мог в дальнейшем пожаловать ее монастырю, как то и сделал князь Ярополк со своей «жизнью» (имуществом) — Небольской волостью. Ярополк прибыл на Волынь в 1076 году, погиб же в 1086-м. В этот строго очерченный промежуток времени он и составил себе домен из трех волостей, отказанных позднее в пользу Киевского Печерского монастыря. Однако монастырь не смог воспользоваться правами, вытекавшими из пожалования умершего князя, поскольку княжество Ярополка перешло в другие руки. Частая смена князей затрудняла формирование крупного землевладения. Для трех волостей статус домена оказался лишь кратковременным эпизодом [2]. Вновь нарождавшаяся вотчина, поначалу весьма неустойчивая, со временем упрочилась, чему немало способствовала разработка новых норм и правопорядка. В литературе давно было отмечено исключительное значение статьи 34 Русской Правды (Краткой редакции): «А иже межоу переореть либо перетес, то за обиду 12 гривен» [3].

Опираясь на изучение массовых источников по Новгороду, В. Л. Янин обнаружил, что княжеский домен в Новгороде в конце XI — начале XII века формировался в первую очередь за счет окняжения крупных крестьянских волостей. (Пример князя Ярополка подтверждает, что тем же путем шли князья Южной Руси.) В свете сказанного и следует интерпретировать статью 34 Правды Ярославичей. Обнажаются причины, в силу которых князь, освоив волость, проявлял исключительную заинтересованность в защите ее межи. Все дело в том, что волостная межа превращалась в межу княжеской вотчины. Правда Ярославичей регламентировала жизнь княжеского домена, защищала системой штрафов безопасность ее управителей (огнищан, старых конюхов), ее работников, всякого рода княжеского имущества и угодий. Огромный штраф за простое нарушение межи (он более чем вдвое превосходил штраф за убийство смерда) призван был оградить нарождавшуюся княжескую земельную собственность.

Вслед за княжеским доменом в Новгороде и других землях Руси стало быстро расти крупное боярское землевладение. Формирование боярского сословия оказало существенное влияние на политическое устройство общества. В Северо-Восточной Руси великокняжеская власть после кровавых раздоров одержала верх над аристократией, что привело к упрочению монархического строя. Новгородская знать к XIII веку достигла такого могущества, что сломила княжескую власть и основала боярско-вечевую «республику». Княжеский домен подвергся экспроприации. Князьям, приглашенным в Новгород по «ряду» (договору), запрещалось владеть землями в новгородских пределах. Утверждение новых порядков позволило Новгородской земле избежать дробления. К середине XV века Новгородская земля оставалась крупнейшей из русских земель. Высшим должностным лицом вечевой «республики» был архиепископ, имевший свое войско и хранивший новгородскую казну. Всеми делами Новгорода управляли выборные посадники и бояре, составлявшие Совет господ. Однако важнейшие решения Совета утверждало вече (собрание новгородцев). Новгород был древнейшим городом Руси с высоким уровнем экономики и культуры. Он вел оживленную торговлю со странами Западной Европы при посредничестве ганзейских городов. На севере владения Новгорода включали Кольский полуостров, на востоке простирались до Урала. «Республика» не могла тратить значительных средств на содержание войска, и ее военные силы далеко уступали московским.

В середине XV века Москва усилила давление на Новгород, добиваясь его подчинения великокняжеской власти. Не имея достаточных сил для обороны, новгородцы пытались опереться на помощь извне. Многие полагали, что только помощь Литвы может уберечь Новгород от судьбы других русских земель, завоеванных Москвой. Пролитовскую партию возглавляла влиятельная семья бояр Борецких. Обращение к католическому королю могло быть истолковано как отступничество от православной веры, вследствие чего вече отклонило предложение Борецких. Для организации обороны в Новгород был приглашен сын киевского князя Михаил Олелькович. Он доводился двоюродным братом Ивану III, а его отношения с королем Казимиром были далеко не дружественными. Князья Олельковичи исповедовали православную веру и не признавали унии с католической церковью [4].

Князь Михаил прибыл в Новгород 8 ноября 1470 г. Но ситуация развивалась в неблагоприятном для него направлении. За три дня до приезда князя умер архиепископ Иона, пригласивший его. Партия Борецких стала хлопотать о том, чтобы посадить на архиепископский престол своего ставленника Пимена, ключника умершего владыки.

Незадолго до падения Византийской империи греческие иерархи заключили унию с католической церковью, признав главенство папы Римского. Московский митрополит Исидор, подписавший унию, был низложен по возвращении на Русь. Но его ученик Григорий занял митрополичью кафедру в Киеве. Будучи сторонником перехода под власть короля Казимира, Пимен готов был порвать с московской митрополией и подчиниться киевскому митрополиту-униату. «Хотя на Киев мя пошлите,— говорил он,— и там на свое поставление еду» [5].

Помимо Пимена вече избрало еще двух кандидатов. Жребий пал на протодьякона Феофила, решительного противника унии. Приняв сан, Феофил стал собираться «на поставление» в Москву. Партия Борецких потерпела поражение. Их противники поспешили расправиться с Пименом. Его обвинили в расхищении архиепископской казны и попытках подкупа в целях получения сана. Власти наложили на Пимена штраф в 1000 рублей и подвергли его телесному наказанию. Ключник был арестован, а его дом разграблен [6].

Военные приготовления в Москве и Новгороде не прекращались, и в этих условиях Совет господ решил не отпускать Феофила к Ивану III. Архиепископ пригрозил, что сложит сан и вернется в монастырскую келью. Но Новгород не принял его отставки.

Ссылаясь на «старину», Иван III требовал полного подчинения вольного города. В поход на Новгород государь взял с собой дьяка Степана Бородатого, умевшего «говорить по летописям». Летописи оправдывали завоевательные планы Москвы, указывая, что Новгород «из старины» был «отчиной» владимирских князей, и изображали претензии вольного города на независимость как крамолу. В глазах московских книжников только монархические порядки были естественными и законными, тогда как вечевая демократия представлялась дьявольской прелестью. Решение Новгорода отстаивать свою независимость любой ценой они постарались изобразить как заговор бояр Борецких, нанявших «шильников» и привлекших на свою сторону чернь. Само вече, под пером московского писателя, превратилось в беззаконное скопище «злых смердов» и «безименитых мужиков». Они били во все колокола и «кричаху и лааху, яко пси, глаголаху: "За короля хотим"» [7].

Современники напрасно обвиняли Марфу Борецкую в намерении заключить брак с князем Михаилом, чтобы с ним «владети от короля всею Новгородскою землею». Если бы Олелькович мог опереться на поддержку Борецких, ему не пришлось бы уже весной 1471 года покинуть Новгород.

Новгородское вече приняло решение направить послов в Вильну под влиянием угрозы неминуемого московского вторжения. Такое решение выражало волю народа. Сторонники Феофила всеми мерами противились союзу с католическим королем. Посольство, выехавшее в Литву при князе Михаиле, не включало бояр. Оно состояло из двух «житьих людей» и, очевидно, не имело полномочий для заключения союза с королем. 15 марта 1471 года Михаил Олелькович уехал в Киев. По-видимому, новгородцы сами «показали князю путь». Покинув Новгород, Олелькович подверг прямому грабежу Старую Руссу и некоторые волости, через которые проезжал. Князь оказался неприемлемой фигурой как для московской партии, так и для Борецких. Последние считали, что без помощи извне Новгород не сможет отстоять независимость. К королю Казимиру спешно выехало второе посольство. На этот раз в состав посольства вошли влиятельные руководители республики: посадник Д. Борецкий, двое других бояр и пять житьих людей. Еще в марте 1471 года Иван III объявил войну Новгородской республике, прислав «разметные грамоты». Союзниками Москвы выступили Псков и Тверь. Оказавшись в трудном положении, новгородцы всячески спешили с заключением союза с Литвой. Не позднее июня 1471 года в Новгороде был составлен проект договора с королем Казимиром [8]. В основу проекта была положена новгородская старина — «пошлина». «Докончал есми с ними (послами.— Р. С.) мир и со всем великим Новымъгородом, с мужи волными»,— значилось в тексте проекта договора.— «А держати тебе, честны король, Великий Новъгород в воли мужей волных, по нашей старине» [9]. Новгородская республика строила свои отношения с любым из монархов на основе некоего «общественного договора», и это ограничивало их власть. Казимир получил право разместить дворецкого и наместника в княжеской резиденции на Городище в окрестностях Новгорода. Но при них могло быть не более 50 воинов и слуг. Король получал доходы с волостей, с которых собирал «куны» издавна. О выделении вотчины и образовании королевского домена не было и речи. Таким образом, новгородцы позаботились о реальных гарантиях неприкосновенности устоев вечевой республики. Казимиру запрещалось строить католические костелы в Новгородской земле и посягать на православие новгородцев или вмешиваться в избрание архиепископа. Главный пункт договора гласил, что король выступит со всем литовским войском, чтобы оборонить Новгород от Москвы. После переговоров с послами король отправил в Орду гонца с богатыми дарами, чтобы подтолкнуть Ахмат-хана к набегу на Русь.

Дипломатические усилия Новгорода не привели к успеху. Быстрое наступление московских войск помешало новгородцам завершить переговоры в Вильне. Договор, по-видимому, не был утвержден королем, и Литва уклонилась от войны с Москвой. Что касается Орды, она вторглась в пределы Руси с запозданием на год.

Не ожидая серьезного сопротивления, Иван III послал войска к Новгороду разными путями. Воевода князь Холмский с десятитысячным войском отправился вдоль Ловати к Руссе, откуда было рукой подать до литовского рубежа. Отряд воеводы Стриги Оболенского двигался вдоль Мсты. Сам Иван III с двором и тверской силой шел следом за воеводами, значительно отставая от них. По пути московские ратники безжалостно разоряли землю, «пленующе и жгуще и люди в плен ведуще». Жестокими расправами воеводы старались устрашить новгородцев. Пленным они «повелеша носы, уши и губы резати» [10].

С некоторой задержкой Новгороду удалось сформировать ополчение численностью до 40 тысяч ратников. Большая часть ополченцев — рядовые горожане — никогда прежде не участвовали в боевых действиях и были вооружены кое-как. Во главе ополчения стояли посадник Василий Казимир и Дмитрий Борецкий.

Первые столкновения с войсками Холмского у Ильмень-озера закончились не в пользу новгородцев. В июле рать Казимира и Борецкого продвинулась к Шелони, с тем чтобы не допустить соединения псковских войск с московскими и, дождавшись помощи от короля, обрушиться на полки Ивана III. На реке Шелонь новгородцы неожиданно для себя столкнулись с ратью Холмского. Некоторое время оба войска шли по разным сторонам реки, ища броды. Воевода медлил с переправой, ожидая подкрепления. Новгородцы рассчитывали использовать свой численный перевес, но в их войске возник раздор. Меньшие люди требовали немедленной атаки. «Ударимся ныне» на москвичей, кричали они [11]. Воеводы конного архиепископского полка отказывались биться с москвичами, говоря, что они посланы против псковичей.

Согласно московским источникам, 15 июля ратники Холмского перешли «великую реку», бросились на новгородцев «яко львы рыкающе» и обратили их в бегство. На самом деле сражение началось неудачно для москвичей.

Как следует из новгородских источников, новгородцам поначалу удалось использовать перевес в силах. Они «бишася много и побиша москвич много», а под конец погнали «москвичи за Шелону» [12]. Но тут на новгородскую пехоту обрушились татары. Отряд касимовских татар, приданный воеводе Стриге Оболенскому, видимо, подоспел на Шелонь в разгар боя. Ни псковичи, ни двор Ивана III в битве не участвовали. Отборный отряд конницы — архиепископский полк еще имел возможность вступить в дело и отогнать татар. Но он не двинулся с места. Новгородская рать потерпела сокрушительное поражение. Москвичи учинили неслыханную резню, перебив 12 000 новгородцев. В плен было уведено всего 2 000 человек. Четверо старших новгородских бояр, взятых в плен, были обезглавлены. Иван III решил преподать новгородцам кровавый урок, чтобы они никогда более не осмелились поднять против Москвы оружие. «Посадников Василья Казимера и его товарищов 50 лутчих (государь.— *Р. С.*) отобрав, повеле вести к Москве и оттоле к Коломне и в тоурму всадити» [13]. Казни предвещали близкое падение республики.

Новгородцы сожгли свои посады и стали готовиться к длительной осаде. Но архиепископ Феофил настоял на мирных переговорах с Москвой. Перспектива длительной осады города и угроза войны с Литвой побудили Ивана III не медлить с заключением мира. На Новгород была наложена контрибуция в 16 тысяч рублей. В тексте договора новгородцы еще именовались «Великим Новгородом, мужами вольными», но «отчина» великого князя Новгород обязался не отставать от Москвы и «не отдаться» за короля. Бояре привели новгородцев к присяге на верность Ивану III. Московские власти не решились упразднить в Новгороде вечевой строй. Последующие события обнаружили несовместимость республиканских и монархических порядков.

Осенью 1475 года Иван III явился в Новгород «миром», но его сопровождала внушительная военная сила. По традиции новгородских должностных лиц могли судить лишь Совет господ и вече Новгорода. Но Иван III пренебрег законом и традицией. Предлогом для расправы с новгородскими посадниками стала жалоба жителей Славковой улицы. Бояре Славенского конца, по наблюдениям В. Л. Янина, тяготели к союзу с Москвой, бояре Неревского конца — к Литве. Распри между «концами» Новгорода сопровождались взаимными нападениями и грабежами. Пострадавшие жители Славковой улицы подали Ивану III жалобу на В. Ананьина и 24 других лица. Иван III не стал выяснять степень вины каждого боярина, но использовал жалобу, чтобы покончить со своими политическими противниками [14]. Григорий Туча, названный в числе четырех главных инициаторов разбоя, а также В. Никифоров избежали ареста. В. Ананьин и три других боярина были под стражей отправлены в Москву. Имя боярина И. Офонасова ни в каких жалобах не фигурировало. Тем не менее его увезли в Москву вместе с В. Ананьиным. Офонасова обвинили в том, что он мыслил «датися за короля» [15].

Добиваясь полного подчинения Новгорода, Иван III задался целью упразднить особый новгородский суд, заменив его великокняжеским. Вопрос о ликвидации вечевого строя был отложен на будущее. По традиции великий князь не имел права судить новгородцев «на Низу», в пределах Владимирского и Московского княжеств. В начале 1477 года несколько видных новгородских бояр были под стражей доставлены в Москву и брошены в тюрьму. Архиепископ Феофил пытался выручить арестованных бояр и предпринял путешествие в Москву, но его миссия не имела успеха.

Новгородские послы именовали московского князя «господином». Такое обращение символизировало равенство сторон: «Господин Великий Новгород» вел переговоры с «господином великим князем». Весной 1477 года в Москву потянулись новгородцы — «жалобники на посадников и на бояр» [16]. Летописи поясняют, что среди «жалобников» были не только «вдовы и черницы», но и «посадницы и мнози жития (житьи.— *Р. С.*) новгородцы», среди них сторонники Москвы посадник Василий Никифоров и боярин Иван Кузьмин [17]. Вместе с другими Иван III принял «Назара подвойского да Захарья дьяка вечного». В дальнейшем никто не мог установить, кого представляли названные лица. По московской летописи, их прислал архиепископ Феофил. В устюжской летописи имя владыки не названо [18]. На приеме во дворце Назар и Захарий на московский манер называли Ивана III и его сына «государями», отступив от принятого обращения «господин». Московские власти использовали их обмолвку, чтобы возможно скорее довести дело до разрыва с Новгородом [19]. Московские послы Ф. Д. Хромой-Челяднин и И. Б. Тучко-Морозов явились в Новгород и, ссылаясь на слова Назара и Захария, потребовали официального признания за Иваном III титула государя Новгородского, а также устройства великокняжеской резиденции на Ярославле дворище в Новгороде, замены новгородского суда судом московского государя [20]. Вече выслушало послов и заявило, что Новгород не санкционировал никаких перемен в титулатуре московского князя: «Мы,— говорили новгородцы,— с тем не посылывали, то посылали бояря, а народ того не ведает» [21]. Назар и Захарий были объявлены вне закона. Распри между сторонниками и противниками Москвы фактически привели к падению боярского правительства. Боярин В. Никифоров, который втайне от Новгорода поступил на службу к Ивану III и принес ему присягу, был убит на вече. В страхе перед разбушевавшейся толпой прочие бояре разбежались. Посадник В. Овинов с братом укрылись на архиепископском дворе. В отличие от Никифорова Овинов был увезен в Москву под стражей и не целовал крест Ивану III. Тем не менее народ не пощадил его. Архиепископ не смог защитить братьев. Их убили на владычном дворе. Влиятельные бояре Л. Федоров и Ф. Захарьин были посажены под стражу.

Вече отпустило московских послов «с честью», но все требования Ивана III решительно отклонило.

9 октября 1477 года Иван III с войском выступил в поход на Новгород. В пути к нему присоединилась тверская рать. В ноябре московские, тверские и псковские отряды окружили Новгород со всех сторон. Новгородцы деятельно готовились к обороне. Городские укрепления включали каменный Детинец (Кремль) и «город» с мощным поясом укреплений. Чтобы не допустить штурма со стороны реки, воевода В. Гребенка-Шуйский и жители спешно соорудили деревянную стену на судах, перегородив Волхов. Новгородцы рассчитывали на то, что многочисленная неприятельская армия, собранная в одном месте, не сможет обеспечить себя продовольствием и рано или поздно отступит, спасаясь от голода и сильных морозов. Расчеты новгородцев оправдались лишь отчасти. Ивану III пришлось распустить половину войска, чтобы воины могли добыть продовольствие грабежом. Исключительную услугу Москве оказал Псков, доставивший в лагерь великого князя обозы со съестными припасами.

Новгород имел возможность выдержать осаду. Но его силу подтачивали распри. Боярское правительство разделилось. Сторонники Москвы, помня о недавних казнях на вече, спешили покинуть город. В числе первых перебежчиков был боярин Г. Туча, бивший челом в службу Ивану III. Вслед за ним в стан великого князя явился сын убитого боярина Никифорова. Он предупредил государя, что «ноугородцы не хотят здати Новогород».

Самые решительные защитники новгородских вольностей были казнены или сидели в московских тюрьмах. Оставшиеся на свободе бояре не смогли организовать оборону города. «Людям,— записал псковский летописец,— мятущимся в осаде города, иныа хотящи битися с великим князем, а инии за великого князя хотяще задати, а тех болши, котори задатися хотять за князя великого» [22]. Большое значение имела позиция архиепископа, настаивавшего на мирных переговорах с Москвой. 23 ноября 1477 года новгородское посольство во главе с Феофилом явилось в походный шатер Ивана III на берегу Ильмень-озера. Новгородцы надеялись, что им удастся заключить мир на тех же условиях, что и прежде. Государь дал пир в честь послов, но решительно отклонил все их просьбы. Надежды на почетный мир разлетелись впрах. Тем временем воинские заставы Ивана III заняли предместья Новгорода. Отбросив дипломатические ухищрения, Иван III объявил: «Мы, великий князь, хотим государьства своего, как есмы на Москве, так хотим быть на отчине своей Великом Новегороде». Вслед за тем бояре Патрикеев и братья Тучко-Морозовы продиктовали послам волю государя: «Вечю колоколу в отчине нашей в Новегороде не быти, посаднику не быти, а государство нам свое держати». Когда послы сообщили об этом на вече, в городе поднялось смятение и «многиа брани». «Всташа чернь на бояр и бояри на чернь». Народ утратил доверие к боярам и окончательно отказался повиноваться им: «мнози бо вельможи и бояре перевет имеаху князю великому» [23].

Оказавшись между молотом и наковальней, посадники пытались достичь соглашения с московскими боярами. Последние заверили послов, что Иван III не будет выселять новгородцев «на Низ», не будет «вступаться» (экспроприировать) в их земли. Заверения положили конец колебаниям правителей республиканского Новгорода. Стремясь получить гарантии неприкосновенности своего имущества, бояре просили, чтобы монарх лично подтвердил соглашение и принес клятву на крест. Но им грубо отказали.

Видя «неустроение» и «великий мятеж» в городе, князь В. Гребенка-Шуйский сложил крестное целование Новгороду и бил челом в службу Ивану III. Лишившись военного предводителя, новгородцы окончательно уступили всем требованиям московских властей. Они согласились восстановить в Новгороде обширный княжеский домен и определили порядок сбора дани в пользу великого князя.

15 января 1478 года Патрикеев с другими боярами въехал в Новгород и привел к присяге жителей. Вече в городе более не созывалось. Наиболее важные документы из архива Новгорода, а также вечевой колокол были увезены в Москву, выборные должности, вечевые порядки, древний суд упразднены. Новгородская «республика» пала. Автор московского свода

1497 года не скрыл своего удивления по поводу неслыханного нарушения старины в Новгороде. «А как и стал Новгород — Руская земля, — записал он,— таково позволенье на них не бывало ни от которого великого князя, да ни от иного ни от кого» [24]. Иван III обязался «не вступаться» в вотчины новгородцев, но очень скоро нарушил свои обязательства. Уже в феврале 1478 года он приказал арестовать вдову Марфу Борецкую с внуком Василием, Ивана Савелкова и других лиц, скомпрометировавших себя пролитовской ориентацией. Под стражу был взят также архиепископский наместник. Всех арестованных Иван III приказал отправить в Москву, а «животы их (вотчины и прочее имущество.— *Р. С.*) велел отписати на себя» [25]. У опальных Борецких казна отписала около 1500 обеж, у боярина И. Савелкова более 370 обеж и пр. [26].

Арест архиепископа Феофила в 1480 году развязал руки московским властям. Посадники Василий Александрович Казимир, его брат Яков Александрович Короб, Лука Федоров и Михаил Берденев принесли присягу государю и были приняты на московскую службу. Однако в 1481 году они подверглись аресту и в опале лишились всех своих земель. Зимой 1483—1484 годов гонения на бояр приобрели еще более широкий размах. В Москву поступил донос «на новгородци от самих же новгородцев» по поводу нового заговора бояр и их «ссылки» с Литвой. Иван III был встревожен и направил в Новгород воинскую «заставу ратную», которая стояла там четыре месяца [27]. Главной фигурой открывшегося «заговора» был Иван Кузьмин Савелков, один из самых деятельных вождей литовской партии. В 1478 году его должны были увезти в Москву с Марфой Борецкой. Но боярину удалось бежать с тридцатью слугами — всей своей вооруженной свитой. В Литве Савелков побывал у короля, но не получил от него ни земель, ни жалования и решил вернуться в Новгород. В дни скитаний посадник растерял свиту и «сам-третей (втроем.— *Р. С.*) прибежа на свою очиноу в Новгород». Имение Савелкова было конфисковано, и он вскоре же попал под арест по обвинению в заговоре. Главной сообщницей Савелкова была объявлена «славная и богатая» вдова боярина Ивана Григорьевича Настасья и некоторые другие лица [28]. Всего по делу о тайных сношениях с Литвой было арестовано до 30 «больших» и житьих людей. Неизвестно, насколько основательными были обвинения, выдвинутые против «заговорщиков». Однако нечто общее все же объединяло их. Под арест попали богатейшие вотчинники Новгорода: И. З. Овинов (более 1400 обеж земли), А. Посохнов и Я. Селезнев (по 790 обеж), Я. Федоров (766 обеж), О. Горшкова (680 обеж) и пр. [29]. Иван III распорядился «пограбить» дворы всех «изменников» и «много имениа взя бесчисленно». В итоге в казну перешло до 12 тысяч боярских обеж.

Вечевой строй обеспечивал участие народа в управлении Новгородом. Наместничье управление опиралось на совсем другие принципы. Московские бояре-наместники обладали огромной, по существу бесконтрольной властью по отношению к посадскому населению. В конце 1480-х годов наместником Новгорода был Яков Захарьин (Захарьины были прямыми предками Романовых). Боярин не церемонился с жителями крамольного города и облагал их поборами и штрафами. Обиженные и ограбленные новгородцы пытались искать защиту у Ивана III. Власти не только не дали им управы на обидчика, но и обвинили в покушении на жизнь наместника. По словам летописца, государь опалился на новгородцев «обговору деля, что наместники их продавали и кои на них продаже взыщут, они боронятца тем, что рекши, их думали убить» [30].

Подробные сведения о новгородских событиях сообщают две летописи — так называемая Типографская и Софийская I. Согласно первому источнику, зимой 6996 года (в конце 1487 — начале 1488 г.) «привели из Новагорода боле седми тысящ житьих людей на Москву, занеже хотели убить Якова Захарьича, наместника Новгородцкого, и инных думцев (бывших в одной «думе» с заговорщиками.— *Р. С.*) много Яков пересече и перевешал» [31].

В Софийской I летописи приведена иная версия: «зимой 6997 (в конце 1488 — начале 1489 г.) Иван III переведе из Новагорода из Великого многих бояр и житьих людей, гостей — всех голов болши тысячи, и жаловал их на Москве, давал поместья, и в Володимери, и в Муроме, и в Новегороде Нижнем, и в Переславле, и в Юрьеве, и в Ростове, и на Костроме и по иным городом, а в Новгород Великий на их поместья послал московских многих лутчих гостей и детей боярских...» [32].

В основе Типографской летописи лежал ранее неофициальный свод конца XV в., составленный в кругах, близких к ростовскому архиепископу. Автор свода засвидетельствовал, что «вывод» новгородцев был следствием розыска об их «измене» и сопровождался пытками и казнями. Софийская 1-я летопись относится к числу ранних сводов, но ее продолжение, так называемый «Список Царского», был написан лишь в начале XVI века [33]. Именно в «Списке Царского» и читается известие о наделении поместьями новгородцев. Версия, изложенная в Списке, отличается крайней тенденциозностью. Московский летописец умолчал о насилиях в Новгороде, а неслыханную экспроприацию местных землевладельцев представил как акт милостивого пожалования новгородцам поместий в Москве.

Расхождения в летописных датах дали основание исследователям предположить, что имели место два выселения с интервалом примерно в год. Однако это сомнительно. Как значится в Кратком летописце Кирилло-Белозерского монастыря, «лета 6997 князь великий Иван вывел из Новагорода из Великого бояр и гостей с тысячью голов» [34]. Ту же дату и то же число ссыльных называет московский летописец. Достоверность последней цифры подтверждается документальными источниками. Новгородские писцовые книги дают достоверный материал о «старых» и «новосведенных» землевладельцах Новгорода. Число их составляло (без семей) 1045 человек [35].

Древний город пережил подлинную трагедию. Сторонники Литвы в Новгороде давно лишились головы или были изгнаны из родных мест. Теперь преследованиям подвергались те, кто придерживался промосковской ориентации и помог Ивану III утвердить свою власть в Новгородской земле. Известие о появлении на Москве более семи тысяч новгородцев надо понимать так, что бояр и житьих людей выселили из Новгорода вместе с членами их семей и домочадцами. Какова была дальнейшая судьба всех этих людей? Точка зрения А. А. Зимина и В. Б. Кобрина, принятая в литературе, сводится к тому, что новгородцы превратились в московских помещиков [36]. В Новгороде, писал В. Б. Кобрин, потеряли владения более 1000 феодалов; «в большинстве случаев они, видимо, стали помещиками центральных и восточных уездов: не могло же правительство пойти на риск превращения профессиональных воинов в опасных и недовольных без определенных занятий» [37]. Как бы мы ни оценивали склонность к риску московского правительства, более важное значение имеет установление степени достоверности летописных известий о судьбе новгородцев.

В московском своде 1497 года значится, что зимой 1483/84 годов Иван III арестовал («поимал») больших бояр, велел отписать на себя их казну и все села, «а им подавал поместья на Москве под городом, а иных бояр, которые коромолу держали от него, тех велел заточити в тюрьмы по городам» [38]. Иван III нарушил собственную клятву, отбирая вотчины у новгородцев, неповинных в крамоле, и официальная летопись явно стремилась оправдать его незаконные действия ссылкой на наделение опальных поместьями «по городом» на Москве. Автор ранней ростовской летописи, подробно рассказав о раскрытии заговора и расправе с новгородскими боярами, ни слова не упомянул о пожаловании «заговорщикам» московских поместий.

Сопоставление известий о «выводе» 1487—1488 годов позволяет сделать аналогичный вывод. В позднем летописце (по Списку Царского) значится, будто Иван III «жаловал» опальных новгородцев поместьями на Москве, «а в Новгород Великий на их поместья послал московских многих лутчших гостей и детей боярских» [39]. Приведенные строки были написаны в XVI веке, когда в Новгороде безраздельно господствовало поместье. Летописец не знал, что в старину новгородские бояре владели не поместьями, а вотчинами. Доверять его словам нет оснований.

В. Б. Кобрин составил «приблизительный перечень новгородских выселенцев и их потомков», служивших в XVI веке в Москве. Комментируя перечень, автор признает, что, «вероятно, кто-то из включенных в него людей мог и не иметь отношения к Новгороду», но существенна «общая тенденция, а не индивидуальные биографии» [40]. С такой постановкой вопроса трудно согласиться. Выявить общую тенденцию можно лишь на основании точных фактов. Знаток истории Новгорода В. Л. Янин сделал вполне определенный вывод о том, что в перечне В. Б. Кобрина, за единичным исключением, вообще нет представителей новгородских боярских семей, а речь может идти лишь о мелких землевладельцах [41]. Обращение к индивидуальным биографиям дает дополнительный материал для суждения о «московской службе» новгородских бояр. Характерна история рода Унковских. Согласно гипотезе В. Б. Кобрина, эти московские дворяне происходили из новгородских бояр, поскольку их фамильное прозвание связано с рекой Уна в Двинской земле [42]. Приведенная гипотеза вызывает ряд возражений. Она не учитывает данных генеалогии. Род Унковских сохранил предание о татарском князе Юнаке (Унаке, Унке), будто бы выехавшем на службу в Москву из Орды и основавшем там дворянский род. Помимо двинской Уны известны две реки Уны и река Униковка к югу от Москвы. Однако нет доказательств какой бы то ни было связи фамильного прозвища Унковских с одной из этих рек или вообще с какой бы то ни было рекой. В самых ранних писцовых книгах Шелонской пятины 1498—1500 годов можно встретить имена помещиков Алексея и Ивана Унковских [43]. В литературе давно установлено, что имения в Новгороде получали исключительно московские служилые люди. Случаи испомещения в Новгороде бывших новгородских бояр или их слуг были редчайшим исключением, и государевы писцы специально оговаривали эти случаи. Никаких оговорок по поводу Унковских писцы не сделали.

В. Б. Кобрин отождествляет нижегородских помещиков середины XVI века Арбузовых с новгородскими боярами Арзубьевыми. Между тем эти дворяне не были даже однофамильцами. Известно, что посадника Арзубьева Иван III казнил за измену, а его сына бросил в тюрьму [44]. Нет достаточных оснований идентифицировать Костылевых с Костелевыми, Козынских с Козонскими, Ножкиных с Ношкиными, Скачельских со Скачелевскими, Струцких со Стружскими и пр. И в этих случаях не приведены доказательства того, что речь идет о переселенцах из Новгорода.

Республиканские порядки Новгорода оказались очень прочными и живучими. Чтобы покончить с «республикой», Ивану III пришлось экспроприировать и выселить из пределов Новгородской земли всех местных бояр, а затем купцов и средних землевладельцев. Сословие новгородских землевладельцев сложилось исторически. На протяжении веков это сословие обеспечивало политическое руководство «республикой», ее экономическое процветание в неблагоприятных условиях русского Севера. Экспроприация всех новгородских землевладельцев доказывала, что речь шла не об объединении Новгорода с Москвой, а о жестоком завоевании, сопровождавшемся разрушением всего традиционного строя общества. Конфискованные земли перешли в собственность государства, образование огромного фонда государственной земельной собственности оказало решающее влияние на формирование сословий в России. На Западе духовное сословие, стремившееся к автономии от светской власти, консолидировалось ранее других сословий и стало своего рода моделью для них. В России дворянство опередило другие слои и группы, при этом зависимость от государственной власти стала самой характерной его чертой. Экспроприация высших слоев Новгорода позволила Москве сконцентрировать в своих руках огромные материальные ресурсы. Власть и могущество монарха упрочилось. Насилие над Новгородом заложило фундамент будущей империи России, стало поворотным пунктом в развитии ее политической культуры. Демократические тенденции потерпели крушение, уступив место самодержавным.

Когда Иван III в 1478 году завоевал Новгород, он прежде всего потребовал восстановление княжеского домена, поскольку без волостей и сел в пределах Новгорода ему нельзя «государьство свое дрьжати на своей отчине» [45]. Новгородские бояре решили пожертвовать земельными богатствами Софийского дома, чтобы сохранить собственные «великие» вотчины. Иван III, добивавшийся присяги от новгородских бояр, принял их предложение.

Первые конфискации новгородских земель дали московской казне 17 тысяч обеж. Из них всего 15 тысяч обеж были включены в фонд дворцовых и великокняжеских оброчных и только 2 тысячи со временем пошли в раздачу. После 1483—1484 годов в собственность великого князя поступило еще 12 тысяч обеж. Княжеский домен в Новгороде был восстановлен, поэтому львиную долю вновь конфискованных земель — до 10 тысяч обеж — казна раздала московским боярам и служилым людям.

К концу XV века в собственность государства перешло свыше 72 тысяч обеж, из которых более половины осталось под непосредственным управлением великокняжеских ведомств, а меньшая часть попала в руки служилых людей.

После падения Новгорода московская знать стала добиваться раздела захваченных богатств. Удельные князья Андрей Большой и Борис первыми потребовали от Ивана III раздела новгородских земель. После того как государь им «жеребья не дал», удельные князья подняли мятеж [46].

Отвергнув домогательства братьев, монарх оказал милость своему новому вассалу князю Ф. Бельскому, отъехавшему в Москву из Литвы в 1482 году. Иван III пожаловал Бельскому «городок Демон (в) вотчину, да Мореву со многими волостьми» [47]. Летописец назвал вотчиной князя только Демон. Это позволило Г. В. Абрамовичу предположить, что черная волость Морева была передана ему в кормление. Только в Мореве числилось около 500 обеж. Вместе с Моревой князь получил много других волостей. Бельский получил удел на границе с Литвой. Ему предстояло организовать оборону литовского рубежа. Но опыт оказался неудачным. Усомнившись в верности нового вассала, государь отобрал у него новгородские владения и взамен дал вотчину на востоке страны в Лухе [48].

История удельного княжества Бельского доказывает, что московские власти, образовав домен, не знали, как распорядиться излишками земли, оказавшимися у них в руках. Совершенно очевидно, что у Ивана III не было готового плана насаждения в Новгороде поместной системы.

Не только удельные князья, но и бояре старались приобрести вотчины в пределах Новгорода. Новгородский боярин В. Никифоров поступил на службу к Ивану III, за что был убит на вече. Его вдова наследовала боярскую вотчину. Младший брат новгородского наместника Якова Захарьина Василий сосватал дочь у вдовы Никифорова и получил за ней в приданое крупную вотчину. Среди других земель окольничий В. Захарьин приобрел Лядский погост, благодаря чему его семья усвоила прозвище «Лятцкие». Другой придворный Ивана III И. А. Колычев получил вотчину в приданое «у Матрены Кривой у Есиповской жены за ее дочерью» [49].

Сплошная конфискация боярских владений в 1488 году положила конец практике приобретения московскими боярами вотчин в пределах Новгорода. В виде исключения Иван III сохранил за вдовой боярина Савельева и ее сыном Василием новгородскую вотчину на 165 обеж. Однако в ходе переписи Новгородской земли вотчина Савельевых была объявлена государевой собственностью, после чего часть ее (123 обеж) власти вернули Василию Савельеву, но уже как государево поместье [50].

Правительство сознательно противилось переходу новгородских земель к светским землевладельцам на правах вотчины. При завоевании Твери в 1485 году князь И. Дорогобужский «отъехал» на службу к Ивану III. За это ему был пожалован город Ярославец и Слободка Никольская в Стучеве в Новгородской земле. При составлении «земельного списка» в конце XV века писцы отметили, что Дорогобужский «держит» Слободку, и описали оброки и «корм волостелин» [51]. В писцовых книгах XVI века описана Слободка Никольская, «что была за князем Осифом Дорогобужским и после того была в поместье» [52]. Сопоставление терминов позволило Г. В. Абрамовичу заключить, что Дорогобужский получил Слободку не в поместье, а в кормление.

Бояре помогли Ивану III завоевать Новгород и имели все основания претендовать на раздел конфискованных боярщин. Львиная доля боярщин, отобранных в казну у 30 крупнейших новгородских землевладельцев в 1483—1484 годах, перешла в руки первостатейной московской знати. На долю рядовых московских дворян пришлась едва одна четверть пущенных в раздачу земель. Глава думы князь И. Ю. Патрикеев получил право выбора лучших земель и стал владельцем волости Березовец (282 обеж). После конфискации 1484 года И. Ю. Патрикеев и его сын боярин Василий стали владельцами более 500 обеж. Управление Новгорода осуществляли наместники, назначавшиеся исключительно из знати, входившей в московскую думу. «Дачи», полученные наместниками и прочей администрацией Новгорода, были обширными: за князем А. В. Оболенским числилось 319 обеж, за тремя братьями Захарьиными почти 800 обеж. Большие владения получил наместник князь С. Р. Ярославский, карельский наместник князь И. Пужбальский, новгородский дворецкий М. И. Волынский, члены думы боярин князь С. Ряполовский, М. В. Челяднин, дворецкий М. Я. Русалка-Морозов, казначей Головин, знатные дворяне князья Холмские и М. В. Горбатый-Шуйский, дворяне Колычевы, князья Ушатые-Ярославские, Мещерские и другие.

В отличие от аристократов рядовые дети боярские (например, Хомутовы) получили небольшие «дачи». Но знать и дети боярские пользовались новгородскими пожалованиями, по-видимому, на одинаковых правах. Они собирали доходы с населения, то есть «кормились» за его счет. Это сближало новгородские пожалования с кормлениями. Но этим исчерпывалось все сходство. Важнейшая функция кормленщиков состояла в том, что они лично управляли данными им волостями. Московские бояре имели усадьбы в московских уездах, а в Новгороде собирали доходы через приказчиков. Кормленщик управлял волостью в течение короткого времени — до года или двух лет. Знать владела «дачами» в Новгороде в течение многих лет, но их земли не становились наследственным владением. Сын боярский Хомутов получил новгородские земли на рубеже 1470—1480-х годов. В 1482 году его земля перешла в руки московских детей боярских Трусовых-Воробиных. В жалованной грамоте Трусовых термин «поместье» отсутствует [53]. Формуляр жалованных грамот дворян претерпел перемену после массовых конфискаций 1487—1488 годов. Московский сын боярский В. И. Тыртов получил в октябре 1490 года от Ивана III грамоту о пожаловании ему волости «в поместье» [54]. В отличие от тенденциозных летописных известий приведенная грамота является источником строго документального происхождения. В этом документе термин поместье упомянут впервые.

Конфискации конца 1480-х годов стали решающим рубежом в истории новгородского поместья. Вывод всех землевладельцев из Новгорода означал ликвидацию старых вооруженных сил на территории Новгородской земли. 180 новых землевладельцев из знати не могли составить ядро нового ополчения, поскольку знать несла службу в составе Государева двора Московской земли. Правительство должно было осознать, что не сможет удержать завоеванный город, если не создаст себе прочную опору в лице новых землевладельцев. По этой причине оно отказалось от принципа раздачи новгородских земель преимущественно московской знати и внесло существенные перемены в свою земельную политику.

XV век стал важной вехой в развитии боярского землевладения в России. С одной стороны, быстро росла крупная боярская вотчина, а с другой, происходил интенсивный процесс дробления вотчин, следствием которого был кризис боярства в конце века. Внешней приметой кризиса было появление внутри высшего сословия новой категории служилых людей, усвоивших наименование «детей боярских» [55]. Первоначально это название указывало лишь на определенную возрастную группу и означало то же самое, что «отроки», или «детские», в Древней Руси. Но со временем наименование «отроки» стали употреблять для обозначения младшей дружины князя, а имя «дети боярские» стало употребляться по отношению к служивым людям, составившим подавляющую массу русского дворянства XVI века.

Термин «сын боярский» указывал прежде всего на несамостоятельное, зависимое положение человека в качестве младшего члена семьи, поскольку при традиционном строе русской семьи власть родителя в отношении сына была исключительно велика. Власть отца опиралась еще и на то, что из его рук сын получал наследственные земельные владения — «отчину». Браки заключались в раннем возрасте (в 15 лет и ранее), а потому в боярской семье появлялось несколько взрослых сыновей до того, как глава семьи достигал старости. Владелец небольшой вотчины (а именно они преобладали) мог разделить имение, но тогда такой боярин лишался возможности содержать дружину и продолжать службу. В таких семьях сыновья нередко должны были ждать доли в наследстве до зрелых лет, сохраняя имя «детей боярских». Подобно тому, как словом «отроки» в Древней Руси стали обозначать младшую дружину князя, так и наименование «дети боярские» в XV веке усвоил себе новый слой низшего дворянства.

В период раздробленности князь имел сравнительно немного бояр, они пользовались правом «думать» со своим государем, то есть принимать с ним решения. С образованием обширного Московского государства и возникновением Боярской думы как высшего органа монархии это право стало привилегией узкого круга знати — ближайших советников государя. Принадлежность к чину «бояр», дававшая право «думать» с князем, определялась «породой» (знатностью), наличием земли, служебными успехами. Боярин отправлялся в поход с дружиной, но содержать дружину он мог только при наличии крупной земельной собственности. «Дети боярские» необязательно были безземельными. Они в любой момент могли получить долю в наследственной вотчине, пожалование от князя или обзавестись куплями. Однако при наличии многих детей в боярских семьях и многократных разделах вотчин на протяжении жизни двух-трех поколений недостаточная обеспеченность землей стала самой характерной чертой для этой чиновной группы.

Грандиозные конфискации, проведенные в Новгороде, помогли московскому дворянскому сословию преодолеть кризис. К концу века в руки московских землевладельцев перешло около 35 тысяч обеж в пределах Новгорода. Землю получили некоторые лица с княжеским титулом (28 человек), значительно больше представителей нетитулованных старомосковских родов (260 лиц) и рядовых детей боярских (111). Желающих переселиться в Новгород было недостаточно, и казне пришлось селить на новгородских землях боевых холопов (123 человека)из распущенных боярских свит [56]. В отличие от бояр новые владельцы получили небольшие дачи, в среднем по 20—30 обеж. Доходы с таких имений не позволяли содержать дружину, но были достаточны, чтобы нести службу в конном дворянском ополчении.

В 1495 году Иван III посетил Новгород в последний раз. Его сопровождали члены Боярской думы и множество детей боярских из состава московского Государева двора. Сразу же вслед за тем государевы писцы приступили к валовому описанию новгородских земель. Описание, продолжавшееся с 1495 по 1505 год, позволило окончательно реорганизовать систему землевладения в Новгороде и завершить перераспределение земель. Можно предположить, что до конца XV века в руках у писцов не было никаких законодательных актов, определявших нормы поместного права. При описании Деревской пятины в 1495—1500 годах писцы отделили сыну боярскому Г. Сарыхозину землю «в поместье и кормление» [57]. Очевидно, даже они не имели четкого представления о том, следует ли считать новгородские пожалования поместьями или кормлениями.

Новгород испытал на себе действие династического кризиса. Первым браком Иван III был женат на тверской княжне, вторым — на византийской принцессе. Софья Палеолог была племянницей последнего византийского императора. Она согласилась на этот брак с московским государем на крайне невыгодных для нее условиях. Ее дети могли претендовать лишь на удельные княжества. В глазах бояр и народа неоспоримыми правами на трон пользовалась старшая тверская ветвь династии, которую представлял сначала сын и соправитель Ивана III Иван Молодой, а затем, после его смерти, Дмитрий-внук. Незадолго до совершеннолетия Дмитрия Иван III в полном согласии с Боярской думой и митрополитом постановил короновать внука на великое княжение Владимирское и Московское, чтобы предотвратить возможные династические распри и смуту. Взрослый сын Ивана III и Софьи Василий попытался не допустить коронации. Его сторонники составили в 1497 году заговор. Но заговор был раскрыт, его участники казнены. Однако Иван III не мог длительное время жить в раздоре с семьей. Желая примириться со старшим сыном, он решил отдать ему Новгородскую землю и титул великого князя Новгородского. Проект раздела государства между наследниками, по-видимому, вызвал резкие возражения как Дмитрия-внука, так и руководства Боярской думы, понимавшего гибельность такого раздела. Столкновение разрешилось кровью. Иван III приказал казнить главу думы князя И. Ю. Патрикеева, его сына боярина Василия и зятя — слугу и боярина князя С. И. Ряполовского. Благодаря вмешательству церкви Патрикеевы избежали смерти и были навечно заточены в монастырь. Ряполовский был обезглавлен на льду Москвы-реки в 1499 году. Вслед за тем власти объявили о передаче Новгорода князю Василию. В итоге Новгородская земля была выведена из-под контроля московской Боярской думы, что развязало руки Ивану III и его сыну. В 1499 году власти провели новую грандиозную секуляризацию церковных земель в Новгороде. На этот раз новгородские монастыри и Софийский дом лишились 6000 обеж.

Историки давно обратили внимание на одно странное обстоятельство. В конце XV века обширных пожалований в Новгороде лишились не только опальные бояре (князья Патрикеевы, Ряполовский и другие), но и прочая московская знать, включая Захарьиных и Челядниных. Эти последние пользовались исключительными милостями государя и никогда не были в опале. Факты позволяют объяснить отмеченный парадокс. После перехода Новгорода под власть удельного князя бояре и прочие знатные лица, присягнувшие на верность своему коронованному государю Дмитрию-внуку и продолжавшие служить в великом княжестве Московском и Владимирском, должны были покинуть владения великого князя Новгородского Василия Ивановича. Трудно представить, чтобы знать охотно рассталась с имениями, приносившими ей большие доходы на протяжении многих лет. Почва для недовольства была налицо. Но жестокая расправа с Патрикеевыми и Ряполовскими служила грозным предостережением для всех недовольных. Среди дворян и детей боярских, получивших землю в Новгороде в 1480-х годах, имения сохранили лишь те, кто был принят на службу к новому государю Новгорода и вошел в состав вновь сформированной новгородской рати.

Василий Иванович получил в свое распоряжение обширный фонд свободных земель, отнятых у церкви и московской знати. Земли были немедленно пущены в раздачу. Если в конце XV века в Новгороде числилось 1064 помещика, то в начале XVI века их количество увеличилось до 1400 человек. Стремительный рост поместной системы имел существенное значение. Шедрая раздача земель дворянам и детям боярским создала Василию популярность в дворянской среде и упрочила его позиции в борьбе за власть. В 1497 году Василий потерпел полную неудачу, не имея опоры в боярском сословии. Опираясь на Новгород, он уже в 1502 году одержал верх над Дмитрием-внуком и через три года занял трон. Завоеванный Новгород одержал свою первую победу над Москвой.

Значение новгородского опыта не исчерпывалось раздачей имений московским служилым людям. Поместная система, укоренившись в Новгороде, стала быстро распространяться на другие завоеванные окраины, а также и на центральные уезды государства. Испытывая острую нужду в свободных фондах поместной земли, власти в 1503 году попытались провести секуляризацию церковных земель в пределах собственно Московской земли, но не добились цели из-за сопротивления московского высшего духовенства. Однако численность московского служилого сословия была сравнительно невелика, и к середине XVI века правительство смогло наделить основную массу его членов поместьями. При этом крупные поместья получила одна лишь знать.

Экспроприация новгородского боярства привела к крушению всей системы обороны северо-западных рубежей Руси. В 1492 году в Разрядных книгах появились первые сведения о выступлении в поход нового новгородского ополчения, сменившего старую новгородскую рать. Обстоятельства и потребности военного времени неизбежно ускорили проведение поместной реформы. Однако до конца XV века силы поместного ополчения были ограниченными. В 1492 году на ливонской границе был основан замок, получивший название Иван-город в честь Ивана III. В 1496 году замок был осажден шведами. Московский воевода князь Ю. Бабич бросил город на произвол судьбы и бежал. На выручку Ивангорода была вызвана псковская рать [58].

Постоянно нести службу в Новгороде могли только те дети боярские, которые переселились в свои новгородские поместья. Сыновья помещиков с поступлением на службу в ополчение получали право на наследование отцовских поместий. Новгородское ополчение неизбежно должно было отпочковаться от старого великокняжеского двора Московской земли.

Через два года после возвращения Ивана III из новгородского похода 1495 года дума и дьяки составили первый общерусский Судебник, в котором поместье и вотчины упоминались как главные категории светского землевладения. Поместная система, вопреки Г. Вернадскому, не была организована по образцу турецких «титмаров». Опыт Османской империи едва ли имел какое-нибудь практическое значение для русского дворянства в XV веке.

Утверждение поместной системы в Новгороде имело важное значение для судеб русского дворянства. Помещик владел землей, пока нес службу. Как только он переставал служить и не мог определить на службу сына, земля подлежала перераспределению. Поместье не должно было выходить «из службы». В отличие от вотчины поместные пожалования ставили детей боярских в тесную зависимость от трона. Поместье стало той формой, которая обеспечила перераспределение земельных богатств в пользу служилого дворянства. Необходимость преодоления кризиса господствующего сословия определила один из самых поразительных феноменов XVI столетия. Вотчина, существовавшая на Руси веками, за несколько десятилетий уступила ведущее место поместью. Основу поместной системы составили земли, отобранные у новгородских бояр. Кроме того фонд поместных земель постоянно пополнялся за счет вотчин, конфискованных в других княжествах, за счет земель на вновь присоединенных окраинах, а также за счет великокняжеских оброчных, «черных», дворцовых владений и пр.

Благодаря поместью старое боярство трансформировалось в конце XV—XVI веков в военно-служилое дворянское сословие. Образование обширной государственной (поместной) собственности и перемены в положении высших сословий оказали глубокое влияние на всю систему политической власти Московского государства.

Широкую известность приобрела концепция, согласно которой государство в XVI веке закрепостило сословия, обязав дворян службой, а крестьян сделав крепостными. Введение принципа обязательной службы с земли, по мнению многих историков, имело далеко идущие последствия. По мнению Р. Пайпса, утверждение этого принципа в России фактически означало упразднение частной поземельной собственности, «экспроприацию общества короной» [59]. В Москве, пишет Р. Хелли, была аристократия, но она была преодолена принципом обязательной службы; военная служба требовалась от всех землевладельцев, поэтому земельные владения не давали основания для независимости; дворянство не имело голоса как корпорация и пр. [60].

Зависимость от короны и служба, как полагает Р. Крамми, были центральным фактом в жизни русского боярства [61]. На Западе отношения между монархом и его вассалами носили договорный характер, тогда как в России господствовал принцип обязательной службы, выражавший подчиненность дворянства монарху. Приведенный тезис требует уточнений. В Новгородской вечевой республике XII—XV веков политические отношения носили договорный характер [62]. Новгородские посадники и вече заключали договор («ряд») с князем, приглашая его в Новгород, и «указывали ему путь», если он нарушал договор. Этот порядок рухнул после завоевания Новгорода Москвой. Но было бы ошибкой полагать, будто московский режим исключал систему взаимных обязательств монарха и его вассалов. Московская монархия в действительности не располагала достаточными средствами, чтобы навязать дворянскому сословию принцип обязательной службы. Реформа службы была проведена на путях организации поместной системы в России. В основе этой системы лежал своего рода договор. Новый порядок государственного распределения «служилых» земель гарантировал поместные оклады всем членам дворянского сословия с момента их поступления на государеву службу. Обязательства носили взаимный характер. Казна должна была наделить поместьем соразмерно отцовскому «окладу» любого дворянского «новика», приступившего к службе. В свою очередь, дворяне обязаны были нести службу с предоставленных им поместных земель, к которым позже были приравнены также и вотчинные земли. Таким образом, введение обязательной службы с земли не было результатом одностороннего подчинения землевладельцев монарху и не означало экспроприации короной общества.

Поместная система сложилась в конце XV — первой половине XVI века, когда фонд конфискованных земель был огромен, тогда как контингент московских детей боярских, имевших опыт службы, ограничен. Избыток поместной земли увеличился в связи с покорением Пскова и экспроприацией псковского боярства. При таких обстоятельствах сложилась практика наделения поместьем не только служилых людей, но и дворянских сыновей и внуков после достижения ими совершеннолетия в пятнадцать лет и поступления на государеву службу.

Стремительный рост фонда государственных земель в первой половине XVI века привел к тому, что казна смогла наделить поместьями всех или почти всех членов московского дворянского сословия, а не только тех, кто был перемещен из Московской земли в Новгородскую.

Московское боярство оказалось достаточно сильным, чтобы использовать новую систему в своих интересах. Поместные оклады бояр, наименее нуждавшихся в дополнительном обеспечении, во много раз превосходили оклады неимущих детей боярских, более всего нуждавшихся в земле. Отмечая этот факт, следует сделать важную оговорку. Аристократия имела право на наибольшие поместные оклады. Но для знати, сохранившей родовые вотчинные богатства, поместья служили одним из дополнительных видов обеспечения. Для провинциальных детей боярских, владельцев мельчавших вотчин, поместье со временем превратилось в основной источник доходов. Знать, владевшая крупными вотчинами, и мелкие уездные дети боярские, державшие поместья, составляли резко разграниченные социальные категории внутри феодального сословия. Боярин-вотчинник эксплуатировал труд крестьян и холопов, владелец мелкого поместья нередко сам участвовал в обработке пашни.

Передача боярщины московским служилым людям на поместном праве первоначально означала смену титула земельного собственника. Но со временем экономическая структура новгородского поместья стала меняться. Новгородские бояре ограничивались сбором оброков с крестьян. Своей запашки они почти не имели. Передавая такие земли во владение помещикам, казна обязывала их платить подати со всех полученных обеж. Традиционный порядок обложения сохранился и после того, как новгородские помещики стали заводить и расширять собственную «барскую» запашку. Государственная собственность на землю уравняла благородное дворянство с прочими податными сословиями. На барскую и крестьянскую пашню падали одинаковые налоги. Стремительный рост царских податей во второй половине XVI века лег тяжким грузом как на крестьян, так и на помещиков. Кризис, порожденный государственной собственностью на землю и созданной ею системой налогообложения, вел к разорению деревни. Утверждение московских порядков привело Новгородскую землю в состояние глубокого экономического упадка.

Глава 2

Крамольный город

Новгород был княжеской столицей и одним из двух крупнейших городов Руси еще в те времена, когда Москва оставалась боярским селом. В XV—XVI веках Великий Новгород достиг расцвета. Его население к середине XVI века, по приблизительным подсчетам, составило 25 тысяч человек [1]. Зарубежных путешественников, посетивших город в XVI веке, более всего поражали его обширные размеры. Передавая впечатление очевидцев, итальянец А. Кампензе назвал Новгород «знаменитейшим и богатейшим из всех северных городов, даже более обширным, чем Рим» [2]. Английский посол Д. Флетчер сравнивал два крупнейших русских города с Лондоном: «...теперь Москва немного более Лондона,— писал он,— ближайший к ней город по величине и почти столько же обширный есть Новгород. ...Эти оба города отличаются своим пространством перед другими» [3].

Два соперничавших города значительно превосходили по территории и населению все прочие города России, но едва ли их можно было сравнивать с крупнейшими западными столицами. В пору боярско-вечевой республики ее дела вершили 300 «золотых поясов», правящая боярско-купеческая элита Новгорода. После падения республики лучшие дворы (298) заняли московские помещики. Во владении церкви в первой половине XVI века числилось 824 двора, тяглой посадской общины — 4355 дворов. Посадские люди занимались ремеслом, извозом и торговлей. Немалое число жителей занималось исключительно земледелием, держали огороды и сады [4].

Новгородская земля в XV веке занимала обширную территорию. Ее колонии простирались до Урала. Немецкая Ганза держала в Новгороде торговую факторию.

Значение Новгорода в сношениях с Западом было столь велико, что в некоторых географических руководствах, появившихся в странах Западной Европы в начале XVI века, картографы называли главным городом России не Москву, а Новгород. В одном из таких руководств Руси было посвящено две строчки: «Россия с главным городом Новгородом, в который немецкие купцы проникают с большим трудом» [5]. Стремясь целиком подчинить новгородскую торговлю целям московской политики, Иван III приказал вывести из Новгорода всех местных торговых людей, а на их место послать московских. Эти последние не желали признавать старинных привилегий ганзейских купцов. Жалобы Ганзы были отвергнуты. Иван III готовился к войне с Орденом, опиравшимся на поддержку германских городов. Традиционные связи Новгорода с Германией были принесены в жертву политическим расчетам. Против Ганзы Москва пустила в ход те же средства, что и против новгородцев. Иван III объявил опалу ганзейцам и «гостей их велел в тюрьмы посажати, и товар их справадити к Москве, и дворы их гостиные в Новгороде старые и божницу велел отняти» [6]. Закрытие Ганзейского двора в Новгороде в 1494 году нанесло огромный ущерб Ганзе, но еще больший России. Москва остро нуждалась в западных товарах, и поэтому Василий III разрешил Ганзе восстановить свою факторию в Новгороде [7]. В дальнейшем торговые договоры с Ганзой многократно подтверждались. Ганза вывозила через Новгород русские меха, кожу, сало, мед, лен и коноплю, ввозила в Россию западные ткани, пиво и другие товары.

Как торговый и ремесленный центр Новгород на рубеже XV—XVI веков, по-видимому, не только не уступал Москве, но во многих отношениях превосходил ее. Показателем развития ремесла явилось наличие там в XVI веке более 200 ремесленных специализаций [8]. Уровень развития рынка в Новгородской и Московской землях всего точнее отражало состояние денежной системы. Новгородская деньга содержала вдвое больше серебра, чем московская, и, хотя Москва подчинила Новгород, денежная система покоренного города взяла верх над московской. Московская семибоярщина, стремясь ввести в государстве единое денежное обращение, обратилась к полновесной «новгородке», потеснившей на рынках страны денежные единицы Москвы, Твери и других земель и княжеств. Денежная реформа 1535 года имела важное значение для дальнейшего экономического развития страны.

К середине XV века правящее боярство Новгорода начало превращаться в олигархию. Однако едва ли можно говорить о вырождении боярско-вечевой «республики». Устои ее оставались достаточно прочными.

Тексты договоров с Ганзой весьма точно определяли иерархию высших должностных лиц и политические институты. В них неизменно фигурировали архиепископ, посадники и тысяцкие (Совет господ), старосты купеческие и купцы, «все новгородцы» (вече) [9]. Вечевой строй мог функционировать лишь при сильной власти, не допускавшей анархии. Олицетворением такой власти был архиепископ. Новгородское архиепископство было самым крупным и самым богатым на Руси. По своим земельным богатствам оно, видимо, превосходило митрополичий дом в Москве. Архиепископ считался главой Новгорода — всей земли Святой Софии, имел «владычный полк». Митрополит не имел права назначать владыку на новгородскую кафедру. Система избрания главы церкви была совершенно различной в Новгороде и Москве, что определялось различиями в их политическом строе. Митрополита избирал священный собор, при этом решающее слово принадлежало московскому государю. Из претендентов нередко одерживал верх тот, кто мог заплатить в казну больше денег. В Новгороде право избрания владыки принадлежало новгородскому вече. Шансы на избрание имели лишь наиболее популярные в «республике» и авторитетные иерархи. Вече намечало трех кандидатов, после чего проводилась жеребьевка. Таким путем умерялась вражда боярских групп в Совете господ и на вече. Ни одна партия не могла навязать своего кандидата всем другим. Московский митрополит и священный собор не имели права вмешиваться в избрание главы республики.

Одним из симптомов кризиса «республики» в XV веке было падение авторитета церкви. В Совете господ возникла сильная оппозиция власти архиепископа. Возглавлявшие его бояре неоднократно обсуждали вопрос об отчуждении у архиепископа, а также у монастырей их вотчин. Новгородский владыка обратился с жалобой к московскому митрополиту, выступившему решительным защитником церковного землевладения. В 1467 году глава русской церкви пригрозил карами небесными посадникам и всем новгородцам, которые «имения церковные и села дьнаа (отданные церкви.— Р. С.) хотят имати себе» [10]. Новгородцы не успели осуществить свои проекты. Но их замыслы были претворены в жизнь Иваном III при завоевании Новгорода в 1478 году. Когда монарх потребовал восстановления в Новгороде княжеских земельных владений, новгородские посадники, давно помышлявшие об отчуждении церковных сел, тотчас предложили ему произвести раздел земельных владений духовенства. Таким путем им удалось сохранить в неприкосновенности собственные вотчины. Митрополит Геронтий находился в Москве и не имел возможности помешать разделу. Поначалу Иван III потребовал себе половину всех церковных земель в Новгороде, а когда новгородские бояре принесли ему списки подлежавших отчуждению волостей, государь смилостивился — «у владыки половины волостей не взял, а взял десять волостей» [11]. Крупнейшие монастыри лишились половины своих сел.

В 1480 году Феофил был под стражей увезен в Москву. Расправа с архиепископом ускорила разрушение традиционных порядков в Новгороде.

После ареста Феофила Москва наложила руку на его имущество. Как повествует московский летописец, Иван III «изымал» архиепископа, «а казну его взя, множество злата и сребра и съсудов его» [12]. Архиепископ был высшим должностным лицом Новгорода, и потому в его ведении находилась казна «республики». Она была надежно скрыта в тайнике внутри Софийского собора. Штат новгородского владыки был составлен из верных людей, и потому московские власти конфисковали лишь то, что нашли на подворье у архиепископа, но не смогли отыскать софийский тайник. Владыку увезли в Москву и держали там более двух лет в заточении без суда и следствия. Наконец зимой 1482/83 года власти принудили его сложить сан. В прощальной грамоте владыка объявил, будто оставил кафедру по причине «убожества своего ума» [13].

Только после этого Феофила освободили из заточения и перевели в келью Чудова монастыря в Кремле, где он вскоре умер.

Вече в Новгороде было упразднено, и преемника Феофила избрали в Москве из московских святителей. Иван III позаботился о соблюдении новгородской традиции, а вернее, ее видимости. Кандидатами были избраны три московских монаха, включая чудовского архимандрита Геннадия. После этого была проведена жеребьевка, и сан достался троицкому иноку Сергию [14].

В нарушение новгородских обычаев Иван III назначил для управления Софийским домом своего боярина, казначея и дьяка. При таких условиях новгородский владыка должен был стать послушным проводником московской политики в Новгороде.

Конфискация казны и земель Святой Софии породила финансовые затруднения. Новый владыка пытался поправить дела с помощью поборов, обычных в Московской земле. Как записал псковский летописец, Сергий «многы игумены и попы испъпродаде и многы новыя пошлины введе» [15].

В силу давнего соперничества между Москвой и Новгородом московское духовенство сохранило немало предубеждений против новгородской церкви. Сергий всецело разделял эти предубеждения. По пути в Новгород он сделал остановку в Михайловском монастыре на Сковородке. Первые же заявления Сергия обнаружили его крайне непочтительное отношение к местным святыням, нежелание приравнять их к московским. Когда игумен провел архиепископа к гробу основателя монастыря, святителя Моисея, тот велел при себе тотчас открыть гроб для освидетельствования мощей. Получив отказ, Сергий бросил фразу: «Кого сего смердовича и смотрети?» [16] При всем своем высокомерии и резкости Сергий не обладал ни достаточным характером, ни силой воли. Пастырь навлек на свою голову вражду всего новгородского общества. Не в силах справиться с таким психологическим давлением, он впал в «изумление». Рассудок его помутился. Причиной расстройства было то, что «не хотяху новгородци покоритися ему, что не по их мысли ходит», «они же (новгородцы.— Р. С.) отняша у него ум волшебством, глаголаше: Иоанн чюдотворец, что на бесе ездил, тот створи ему» [17]. Болезнь владыки стала предметом множества толков в Новгородской земле. Одни считали, что Сергий был наказан за нарушение канонических правил, согласившись занять место Феофила при его жизни. Другие утверждали, что владыка пострадал за пренебрежение к местным святым — архиепископу Иоанну, ездившему на бесе, «святителю Моисею» и другим. Похороненные в Софии подвижники стали являться ему «овогда во сне, овогда яве» с обличением его «безумной» дерзости и под конец «во многыя недуги вложиша его» [18]. Сергий водворился в Новгороде в трудный момент. В 1483 году новгородские бояре в последний раз исполнили свои обязанности в качестве правителей Новгорода. По поручению Ивана III они ездили в окрестности Нарвы и заключили мир с ливонцами. Едва наступила зима, Иван III приказал арестовать «больших бояр новгородских и боярынь, и казны их и села все велел отписати на себя» [19]. В 1478 году новгородские бояре присягнули на верность великому князю, а тот гарантировал неприкосновенность их вотчин. Гарантом соглашения выступила церковь. Теперь Иван III провел конфискации, грубо нарушив договор, а архиепископ

Сергий санкционировал его действия. Все это навлекло на голову Сергия презрение новгородцев. Пробыв в Новгороде менее года, владыка сложил архиепископский сан, признав свою неспособность справиться с паствой. В прощальном послании от 26 июня 1484 года Сергий утверждал, что покидает кафедру «за немощью» [20]. Вернувшись в Троицкий монастырь, «немощный» Сергий пришел в себя и прожил еще двадцать лет.

При назначении нового владыки в Новгород Иван III отказался от жеребьевки и решил дело в пользу Геннадия Гонзова. Этот последний пользовался доверием монарха, был человеком решительным и смелым, а кроме того мог заплатить в казну немалые деньги за свое избрание. Менее чем через год после получения сана Гонзов вынужден был оправдываться против обвинения в покупке должности — симонии. В письме к брату Ивана III Борису Волоцкому он старался опровергнуть обвинение, будто «принял имением (за мзду.— Р. С.) сан святительский или мирских князей помощью» [21]. Однако современники были уверены, что владыка купил себе сан. По словам осведомленного летописца, чудовский архимандрит получил архиепископство за мзду, «а дал от того (за назначение.— Р. С.) две тысячи рублев князю великому» [22].

Подобно своему предшественнику, Геннадий заботился о пополнении софийской казны и нещадно облагал поборами новгородское духовенство. Он пытался добиться полного послушания от псковского духовенства, невзирая на то, что Псков, в отличие от Новгорода, сохранял независимость. В 1485 году Геннадий направил туда своего боярина Безсона вместе с игуменом Евфимием. Евфимию предстояло принять сан архимандрита и стать наместником архиепископа в Пскове. Посланцы архиепископа должны были провести перепись в пределах Псковской земли, но псковские посадники и вече помешали им сделать это. Геннадий прислал своих людей, отметил местный летописец, «веляе описати по всеи земли Псковскои церкви и монастыре, и колико престолов и попов и всех в число написати; и псковичи не вдававшиеся в волю его» [23].

Памятуя о судьбе своего «изумленного» предшественника, Геннадий старался поддерживать мир с новгородцами и псковичами. Однако ему это плохо удавалось. Столкнувшись с неповиновением и критикой со стороны образованных новгородских и псковских священников и монахов, владыка поспешил объявить их еретиками. Псковский игумен Захарий не остался в долгу и обвинил в ереси московского ставленника [24].

Геннадий поклонялся московским чудотворцам и скептически относился к местным святыням. Он крестился не так, как новгородцы. Неудивительно, что местное духовенство подозревало его в ереси. В свою очередь, новгородские и псковские книжники, вольно толковавшие писание, обличавшие симонию, процветавшую в Москве, и не желавшие заменять местных святых московскими, выглядели сущими еретиками в глазах московских ортодоксов. В 1490 году Геннадий жаловался единомышленникам в Москве, что московские епископы не проявляют усердия в борьбе с новгородскими еретиками и не заботятся о приведении страны в единую веру. «И как мню,— писал он,— ныне вы положили то дело ни за что, как бы вам мнится, Новгород с Москвою на едино православие» [25]. Себя архиепископ почитал борцом за единое православие, конечно же, московского образца.

Среди противников архиепископа выделялся старец Захарий из псковского Немцова монастыря. Владыке стало известно, что Захарий несколько лет не причащал паству и не причащался сам на том основании, что иерархи (имелся в виду прежде всего Геннадий) получают свои должности за мзду, что противно христианству [26]. Геннадий объявил Захария стригольником и велел сослать его в заточение «в пустыню на Горнечно». Но его приказ был отменен в Москве как незаконный. «Стригольничество» было одной из древнейших ересей, проявившихся в Новгородско-Псковской земле еще в XIV веке. Но соборный приговор о ереси в то время принят не был. Между тем лишь соборное осуждение могло превратить заблуждение в ересь. Иван III избавил Захария от наказания и отпустил его в Немцов монастырь. Псков помог Москве разгромить Новгород, и Иван III оказывал ему особое расположение. Избежав заточения, Захарий уехал в Москву.

Геннадий навлек на себя гнев митрополита еще будучи архимандритом в Чудовом монастыре. В то время глава церкви подверг Геннадия наказанию, посадил в ледяной погреб, откуда тот был освобожден по ходатайству Ивана III. Вражда между митрополитом и архиепископом помогла двум новгородским священникам Алексею и Денису, подвергшимся преследованиям со стороны Геннадия, перебраться в Москву и устроиться в двух главных кремлевских соборах. В столице новгородские вольнодумцы приобрели покровительницу в лице Елены Волошанки, жены наследника трона Ивана Ивановича.

Лишь в 1490 году единомышленники Геннадия в Москве добились ареста Захария, Дениса и некоторых других «еретиков» и осуждения их на московском священном соборе.

Участь вольнодумцев была незавидна. С Захария содрали иноческое платье, после чего еретика выдали епископу Нифонту, «а Дениса попа поточиша в Галич». Содержали их в таких нечеловеческих условиях, что Денис лишился рассудка, заблеял козлом и умер после месячного заточения.

Протопопа Софийского собора Гавриила, дьяка Гридю и других новгородцев отослали к Геннадию. В Новгороде еретиков обрядили в шутовские наряды и, посадив на лошадей лицом к хвосту, возили по всему городу. На берестяных остроконечных шапках, украшавших головы, красовалась надпись «Се есть сатанино воинство». Казнь завершилась сожжением берестяных шлемов на голове у осужденных.

Казни в Новгороде кратко и точно описаны в Новгородской летописи: в 6999 (в конце 1490 г.) «Геннадий владыка одних велел жечи на Духовском поле, иных торговые казни предали, а иных в заточение посла, а иные в Литву збежали, а иные в Немцы» [27].

Объясняя возникновение еретического движения в России, А. А. Зимин писал, что изучаемое время характеризовалось обострением классовой

33

борьбы, выразившимся «особенно в реформационно-гуманистическом движении конца XV — начала XVI века» [28]. Наиболее уязвимым пунктом этой схемы является тезис об обострении классовой борьбы, умозрительный по своему характеру. Автор специального исследования о русских ересях Я. С. Лурье пришел к выводу, что «новгородская ересь конца XV века была по своему характеру революционной оппозицией феодализму» [29]. Я. С. Лурье, а также А. И. Клибанов рассматривают генезис ереси исключительно на русской почве. На односторонность такого подхода указала Н. А. Казакова, подчеркнувшая значение западных влияний [30]. Влияние западных идей сказывалось в Новгороде в наибольшей мере.

Россия отвергла Флорентийскую унию. Но уния способствовала обмену идей между католическим и православным миром. Проводниками этих идей в Москве были византийцы, прибывшие в Московию в свите царевны Софьи Палеолог. Будучи в Италии Софья пользовалась покровительством папского престола. Ее воспитателем был грек Виссарион, инициатор церковной унии и главный православный оратор на Флорентийском соборе. Видную роль при дворе Софьи в Москве играли униаты братья Траханиоты. Софья не знала русского языка, а Дмитрий Грек Траханиот исполнял при ней роль толмача и советника. В Москве униаты оказались в двусмысленном положении. Они не могли открыто проповедовать свои идеи и на словах обличали латинство, чтобы не прослыть еретиками. Но будучи патриотами Византии, греки сознавали, что только объединение сил всего христианского мира создаст условия для освобождения их порабощенной родины. Всплеск византийского влияния в конце XV века был связан с образованием греческой эмиграции в Италии. Оставаясь носителями греческой культуры, византийцы приобщались в эмиграции к итальянской культуре, переживавшей эпоху блистательного расцвета.

Греки из окружения Софьи поддерживали тесные связи с новгородским архиепископом Геннадием.

На протяжении веков московские иерархи при всяком затруднении обращались к главе вселенской церкви — цареградскому патриарху. Расторжение унии и падение Византии поставили их в трудное положение.

В конце XV века христианский мир жил в ожидании «конца света». Геннадию пришлось вести долгий богословский спор с новгородскими еретиками, скептически относившимися к идее «второго пришествия», которого ортодоксы ждали конкретно в 1492 (7000) году. После расправы с еретиками в 1490 году Геннадий обратился за разъяснениями к грекам Траханиотам и вскоре же получил от Дмитрия «Послание о летах седьмой тысящи». Ученый грек не разделял «заблуждений» еретиков, но все же тактично предупреждал архиепископа: «Никто не весть числа веку». Предсказания древних отцов церкви, писал Траханиот, надо понимать, следуя провиденциальному смыслу числа семь для судеб мира. Если мир не кончится в 7000 году, надо прибавить семь лет, семь месяцев, семь дней и пр. [31]. На Руси пасхалии были составлены лишь до 7000 года. Отсутствие пасхалий на следующие годы грозило церкви осложнениями как теоретического, так и практического характера. Видимо, по совету униатов, признававших главенство папы, русские иерархи решили обратиться в Рим. В 1489—1491 годах Юрий Траханиот дважды ездил в Италию и передал Ватикану просьбу содействовать московитам в исправлении календаря и составлении Пасхалии.

Расхождения в сроках греческой и католической Пасхи затруднили выполнение миссии Траханиотов. Тогда посол пригласил в Новгород придворного папы доктора Николу Булева из Любека. Составив Пасхалии, Булев покинул Новгород и, по-видимому, уехал в Литву. Время было тревожное. Шла русско-литовская война, и Булев попал в руки московитов, на этот раз как пленник. Именно так можно интерпретировать надпись на переведенном доктором «Травнике»: «Перевел полоняник Литовской, родом немчин, Любчанин». Пленника препроводили в Москву, где власти быстро оценили его познания и опыт. Булев стал придворным врачом Ивана III и его семьи и последние сорок лет жизни провел в России. Будучи католиком, Булев отстаивал идею церковной унии и выступал рьяным противником ереси. Находясь на службе у Геннадия, доктор перевел с латинского языка сочинение Самуила-еврея против иудаизма [32].

Благодаря посредничеству Ю. Траханиота Геннадий вступил в контакт с имперским послом, прибывшим на Русь в 1490 году, и получил от него подробную информацию о преследованиях тайных иудеев в Испании. Опыт только что организованной святейшей инквизиции привел владыку в восторг. Геннадий горячо хвалил католического «шпанского короля», который очистил свою землю от «ересей жидовских», и «хвала того шпанского короля пошла по многим землям по латинской вере» [33].

С именем Геннадия связывают появление своеобразного «западничества» на Руси [34]. Такое определение не вполне точно. «Западничество» как явление общественной мысли возникло много позже. В конце XV века речь шла скорее о проникновении на Русь идей церковной унии или, во всяком случае, о влиянии этих идей на русскую мысль. Для русского духовенства Византия издавна была источником мудрости и святости. Признание константинопольским патриархом верховенства папы поразило русских иерархов и обострило интерес к католическому Западу. Интерес усилился под влиянием греков, прибывших из Италии и занявших при московском дворе видное положение. Проповедь греков, симпатизировавших унии, помогла таким ортодоксам, как Геннадий, увидеть в католиках не врагов, но союзников в деле искоренения ереси.

Влияние греков сказывалось в различных сферах церковной жизни и культуры. Будучи на Западе с посольской миссией, Ю. Траханиот в 1492—1493 годах пригласил на Русь любекского первопечатника Б. Готана. Печатник был принят на службу Геннадием, а привезенные им книги поступили в распоряжение софийских книжников. (Этими книгами были Библия и Псалтырь.) Книгопечатание было величайшим достижением западной католической цивилизации, и Русь имела возможность усвоить это достижение уже в конце XV века. Однако начинание Траханиота не привело к успеху. По сведениям поздней любекской Хроники, русские власти поначалу осыпали Готана милостями, но позднее отобрали все имущество и утопили в реке [35]. Известие Хроники не поддается проверке.

В отличие от других главных иерархов новгородские архиепископы носили белый клобук. Сохранилась «Повесть о белом клобуке», объяснявшая происхождение этой епископской регалии. Текст Повести предваряет послание Дмитрия Грека толмача к архиепископу Геннадию. По мнению А. А. Зимина, Повесть была составлена Дмитрием Траханиотом или, что менее вероятно, дьяком Митей Герасимовым [36]. Автор послания многословно описывает свое прибытие в Рим, «вечери» с неким римским книгохранителем Яковом, согласившимся передать посланцу латинский перевод повести. (Византийский подлинник ее якобы был утрачен.) В свое время новгородцы связывали свои древности с византийской Корсунью. Героем повести был в некотором роде папа Римский Сильвестр. Папа Сильвестр получил белый клобук в дар вместо короны от императора Константина Великого. Позднее клобук попал в руки константинопольского патриарха Филофея, отдавшего регалию новгородскому архиепископу. Имеются веские основания рассматривать письмо Дмитрия Грека Геннадию как подложное [37]. При Иване Грозном в 1564 году московский священный собор констатировал, что ныне новгородский архиепископ Пимен носит белый клобук, «и прежние носили белые же, а писания тому нет же, котораго для случая архиепископы новгородские белые клобуки носят» [38]. Соборное постановление доказывает, что в 1564 году «Повесть о белом клобуке» еще не была сочинена.

Внимание Гонзова давно привлекала деятельность католического Доминиканского ордена и инквизиции. Пользуясь покровительством Ивана III, архиепископ не побоялся принять на службу доминиканского монаха Вениамина — католика по вере, славянина по языку и хорвата по крови.

Новгородская церковная культура имела древние корни. Избежав татарского погрома, Новгород Великий сохранил богатейшее собрание древних рукописей. С его библиотекой не могло сравниться ни одно книжное собрание Руси. По инициативе Геннадия в Новгороде был осуществлен крупнейший культурный проект — составлен первый полный славянский Библейский свод. Работой софийских книжников руководил доминиканский монах Вениамин. Он не обращался к греческим рукописям, зато широко использовал Вульгату. Некоторые книги Вульгаты он просто перевел с латыни [39]. В предпринятом богословском труде был «заметен сдвиг славянской Библии с греческого русла в латинское» [40]. Работа длилась много лет, но так и не была доведена до конца. Свод получил наименование Геннадиевской библии, хотя и неизвестно, каким был личный вклад архиепископа в дело ее составления.

Будучи в Москве, в Чудове монастыре, Геннадий выступал как рьяный приспешник великого князя. Однако в дальнейшем их отношения омрачились настолько, что Иван III запретил архиепископу прибыть в Москву после смерти митрополита Геронтия. Покровительство самодержца спасло от суда московских еретиков дьяка Федора Курицына и других. Иван III приостановил розыск о московской ереси не потому, что ценил Курицына или сочувствовал вольнодумцам, а потому, что не желал, чтобы суд бросил тень на Елену Волошанку и двор наследника. С той же целью он сделал преемником Геронтия на митрополичьем престоле Зосиму, близкого к еретикам.

В 1499 году московские власти вторично наложили руку на земельные богатства Софийского дома в Новгороде. Как записал псковский летописец в январе 1499 года, «поимал князь великой в Новгороде вотчины церковные и роздал детем боярским в поместье, монастырские и церковные, по благословению Симона митрополита» [41]. В 1479 году Софийский дом потерял почти половину владений. Спустя двадцать лет у него отобрали еще половину из оставшихся земель. Конфискации коснулись также нескольких десятков монастырей. В итоге множество монастырских сел перешло в казну [42].

Нетрудно было объяснить отчуждение земель у крамольного архиепископа Феофила, возглавлявшего республиканское управление. Значительно труднее было объяснить конфискацию земель у архиепископа Геннадия, много лет проводившего московскую политику в Новгороде. Владыка четко выразил свое отношение к секуляризации. При нем в Софийском доме был составлен Синодик, грозивший церковным проклятием всем «начальствующим», кто обижает святые божии церкви и монастыри и отнимает у них «данные тем села и винограды» [43].

Невзирая на старания архиепископа, вольнодумство в Новгороде не было искоренено. Покровитель новгородских еретиков дьяк Федор Курицын, вопреки проклятиям архиепископа, благоденствовал при великокняжеском дворе. Софийский дом был посрамлен, когда в 1499 году московские вольнодумцы добились назначения своего единомышленника инока Касьяна на пост архимандрита Юрьева монастыря. Юрьевский архимандрит был старшим после архиепископа иерархом Новгородской земли. Посылка Касьяна в Новгород, вероятно, была связана с готовившейся конфискацией монастырских земель. Несколько лет спустя Касьян был сожжен за ересь.

Разделавшись с критиками, Геннадий ввел в своей епархии ряд новшеств. По наблюдению А. И. Никитского, архиепископ в видах церковного освящения власти великих князей московских впервые вменил в обязанность новгородскому духовенству ежедневно молиться в своих храмах за государя, а кроме того, постарался внушить новгородцам почтение к московским угодникам [44]. В подтверждение своей мысли А. И. Никитский сослался на описание крестного хода в Новгороде. Рассказу об этой церемонии скупой на слова летописец посвятил много страниц. Во время первого шествия 8 декабря 1499 года архиепископ, остановившись у Чудова креста, отслужил молебен московскому чудотворцу Петру, у Петровских ворот — митрополиту московскому Алексею [45]. Программа богослужений не устроила новгородское духовенство. Самые видные члены местного собора — архимандрит Юрьевский, игумены Антониевский, Хутынский и многие другие отказались участвовать в крестном ходе.

Спустя неделю Геннадий вновь устроил шествие и велел служить моле-бен не одним московским угодникам, но и местному святому Варлааму Хутынскому. На этот раз новгородские священнослужители сочли возмож-ным для себя участвовать в церемонии. Вслед за тем владыка «игуменов и попов и дьяконов по тому же благословил и прочь отпустил, и наказал им, чтобы Бога молили о государех великих князех... по вся дни каждо у своей церкви молебны путие» [46].

Трудно поверить тому, что новгородское духовенство стало впервые молиться за московского государя через двадцать лет после присоединения Новгорода. А. И. Никитский упустил из виду одну существенную деталь: Геннадий обязал новгородцев молиться «за государей». Как раз в 1499 году Иван III наделил сына от второго брака Василия титулом великого князя Новгородского и Псковского и передал под его управление эти города. 30 мая 1499 года архиепископ ездил в Псков и организовал там торжественное богослужение, предписав псковичам молиться за великого князя Василия. Но местное духовенство категорически отказалось выполнять его приказ, за-явив, что у Пскова один великий князь — Иван Васильевич [47]. Псковичи и новгородцы не могли понять, почему Иван III пожаловал удельному князю титул великого князя Новгородского и Псковского, и опасались, что подоб-ные новшества окончательно порушат псковскую и новгородскую старину. Новгородцы негодовали на своего владыку также и за то, что тот старался заменить местных святых московскими чудотворцами. Геннадию удалось покончить с неповиновением новгородского собора лишь после того, как он отдал дань их древним святыням.

При митрополите Симоне в 1503 году в Москве был создан священный собор, на котором обсуждался вопрос: «достоит ли монастырям владеть селами». Иван III и его соправитель пытались распространить новгород-ский опыт конфискации церковных земель на Москву. Однако притязания властей натолкнулись на сопротивление Симона, Геннадия, троицкого игу-мена Серапиона и других иерархов. Архиепископ Геннадий, забыв об осторожности, с такой горячностью защищал неприкосновенность церков-ных имуществ, что Иван III оборвал его самым грубым образом: «Многим лаянием уста ему загради, веды его страсть сребролюбную» [48].

Собор 1503 года ограничился тем, что принял решение запретить иерар-хам взимать плату за поставление на престол. Геннадий участвовал в утвер-ждении этого приговора, но не желал следовать ему в жизни. Сразу по возвращении в Новгород он «начат мъзду имати у священников от ставления наипаче первого», т. е. больше прежнего [49]. Власти использовали благоприя-тный случай для расправы с Геннадием. В 1504 году в Новгород приехал «Юреи Дмитрея Володимерова сын» (Ю. В. Грязной-Головин) и сын боярс-кий И. Телешов с митрополичьим боярином. Посланцы Москвы опечатали софийскую казну и 1 июня того же года увезли Геннадия в столицу. 26 июня 1504 года владыка отрекся от архиепископского сана «поневоле» и был отправлен в Чудов монастырь [50].

Иосиф Волоцкий использовал все свое влияние, чтобы добиться суда над еретиками. Династический кризис благоприятствовал его усилиям. В первый раз московских еретиков спасло покровительство Елены Волошанки. Однако в 1502 году Иван III приказал арестовать Елену и ее сына. Наследником престола был объявлен удельный князь Василий. Желая оправдать свой незаконный шаг, Иван III объявил сноху Елену виновной в отступлении в ересь «жидовства».

27 января 1504 года в Москве были сожжены за ересь дьяк Иван Волк Курицын, сын боярский Митя Коноплев и другие. Подьячий Некрас Рукавов, владевший поместьем в Водской пятине, был отправлен для наказания в Новгород. Можно было бы предположить, что судьи пощадили помещика для обличения новгородских сообщников. Однако это не так. Прежде чем отправить подьячего в Новгород, ему урезали язык.

В Новгороде владычный престол пустовал, и расправой с еретиками руководил, по-видимому, наместник князь В. В. Шуйский. За ересь власти сожгли второе лицо новгородской церковной иерархии Касьяна, архимандрита Юрьева монастыря. Казни подверглись также брат Касьяна Ивашка Самочерный, Некрас Рукавов, Гридя Квашня, Митя Пустоселов. Других еретиков отправили в ссылку либо заточили в монастыри [51].

Касьян Юрьевский был монахом и пользовался дружбой влиятельного дьяка Федора Курицына. В Новгород его прислали в то время, когда отношения между Иваном III и Геннадием резко ухудшились из-за секуляризации владычных земель. Касьян держался достаточно независимо от архиепископа, «понеже помощь имеяше Федора Курицына» и других влиятельных покровителей в Москве [52]. Некрас Рукавов хотя и владел новгородским поместьем, но служил подьячим в Москве. Другие еретики, по-видимому, не принадлежали к духовным иерархам или дворянскому сословию. Как и во время первого процесса, новгородцы поначалу отстаивали свою принадлежность к ортодоксальной церкви и не желали каяться. Но когда московские государи повелели «овех огню предати, овех же языки изрезывати и иными казньми казнити, они же (нераскаявшиеся.— Р. С.) видеша таковую свою беду, все начаша каятися» [53].

Гонения на вольнодумцев, продолжавшиеся полтора десятилетия, нанесли огромный и невосполнимый урон культурной традиции Новгорода, его духовному развитию.

Иван III, столкнувшись с оппозицией со стороны Геннадия, запретил митрополиту провести выборы нового новгородского владыки. Кафедра пустовала в течение полутора лет. Лишь через два месяца после кончины Ивана III Новгород получил в 1506 году пастыря в лице Серапиона, игумена Троице-Сергиева монастыря. Однако любой владыка, назначенный в крамольный город, сам в конце концов превращался в крамольника. Серапион пробыл на архиепископстве три года, после чего был арестован, лишен архиерейства и заточен для покаяния в Андронников монастырь [54]. Причиной опалы было столкновение Серапиона с Иосифом Саниным. Монастырь Иосифа располагался в удельном княжестве и подчинялся юрисдикции новгородского архиепископа. Иосиф решил перейти под власть

39

Василия III, не испросив разрешения Серапиона. Попытки опротестовать действия Иосифа Санина и его покровителя Василия III вызвали гнев последнего. Когда Серапион собрался ехать в Москву, чтобы защитить себя, новгородский наместник по приказу государя отобрал у него слуг — детей боярских и коней.

После низложения Серапиона новгородская кафедра пустовала в течение семнадцати лет. Московские власти стремились уничтожить всякие следы древней традиции, в силу которой новгородский архиепископ считался главой местного общества.

На смену древним вечевым порядкам пришла наместничья система управления. Традиционный строй Новгорода обеспечивал участие в управлении не только боярам-«олигархам», но и более широкому кругу населения, включая купцов, житьих людей, посадское население. Житьи люди имели право вместе с боярами участвовать в высшем суде «во владычне комнате» — Софийском доме.

Московская система управления опиралась на принципы, противоположные принципам вечевого управления. Власть перешла в руки великокняжеских наместников, «кормившихся» за счет управляемого населения.

Недостатки новой системы выявились в Новгороде в первые же десятилетия московской власти. В 1518 году Василий III принял решение реорганизовать эту систему, с тем чтобы устранить злоупотребления администрации и сделать ее деятельность более эффективной. Московские купцы, переведенные в Новгород, к тому времени заняли влиятельное положение в городской посадской общине. Именно они и были привлечены администрацией для участия в судопроизводстве. «По слову» Василия III «установили судити с наместники старосту купецкого ...а с тиуны (суд низшей инстанции.— *Р. С.*) судити целовальником по 4 человека на всякий месяц»[55]. Целовальников выбирали из «лучших людей», но это обстоятельство не означало установления системы выборного суда в Новгороде[56]. В конечном итоге администрация Новгорода сама назначала состав суда.

Московские гости занимали совершенно особое место в Новгороде. Власти широко использовали их услуги. Среди гостей, переселенных в Новгород Иваном III, выдающееся положение занимали семьи Таракановых, Сырковых, Ямских, Корюковых. Они принадлежали к верхам столичного посада и после переезда в провинцию сохранили титул «гостей московских». В Москве названные семьи вели торговлю с итальянскими колониями из Крыма[57]. Разрыв политических и торговых связей с Ордой и завоевание турками Византии и Крыма вынудили московский торговый капитал искать новые сферы приложения на Западе. Будучи переселены в Новгород, гости получили там земли. Так, Н. Тараканову власти выделили «против» московских земель три новгородские боярщины, имевшие почти 30 обеж. Сын Н. Тараканова выслужил чин дьяка и поместье в 10 обеж. Сырковы, Ямские, Корюковы получили значительно меньше земли, чем Таракановы. В их поместьях было не более 6—8 обеж[58]. Московские гости вместе с наместниками судили посадское население, возглавляли Денежный двор в Новгороде, руководили строительством городских укреплений, участвовали в подписании договоров с Ливонским магистром, Ганзой, Швецией [59].

Взаимоотношения между пришлым московским элементом и коренным новгородским населением со временем утратили остроту. Но на первых порах московская администрация не пользовалась и тенью авторитета у новгородцев. Наместники и их тиуны с трудом добивались выполнения своих указов и распоряжений.

Некий книжник написал в XV веке «Сказание о градех от Великого Новаграда и до Рима» [60]. Не жалея красок, автор нарисовал впечатляющую картину упадка великого города, не имевшего ни власти, ни укреплений. «Новаград стоит,— записал современник,— стен у него нет: были древяны и те погорели, и костры тако же возгорели, не покрыты. А ворот нет, хто хочет, тот идет и выйдет...»[61]

Покорив Новгород, московские власти начали с того, что расставили по всему городу стражу. Порядки вольного города уступили место военному режиму, характерному для любой московской крепости.

Новгородская «республика» всегда избегала тратить средства на строительство крепостей и содержание военных сил. По этой причине она оказалась неподготовленной к войне с Москвой и утратила независимость. Иван III сразу же развернул в Новгороде военное строительство. В 1484 году его повелением «начаша здати в Великом Новегороде град камен на строй основе на Софийской стороне». В 1499 году сооружение кремля было в основном завершено [62]. Кремль должен был стать оплотом московского владычества, что и определило систему финансирования строительства. Как записал летописец, при возведении каменной крепости «на 2 части города великого князя денги шли, а треть Геннадий владыка делал своими деньгами» [63]. Строительство кремля по времени совпало с грандиозными выселениями, сопровождавшимися конфискацией имущества у бояр и житьих людей. Несомненно, на эти «опальные» деньги и проводилось строительство в Новгороде и на его границах. Готовясь к войне в Прибалтике, власти в 1492 году выстроили мощную каменную крепость на реке Нарове против немецкой Нарвы. Получив в честь самодержца наименование «Ивангород», крепость стала символом московской власти на землях бывшей вольной земли.

В начале XVI века наместники стали изыскивать новые пути для продолжения строительства. В 1502 году по повелению монарха «обложен бысть Великый Новгород большии по обема странами Волхова около, и пригон бысть крестианом Новгородцкой отчины присуда». Новые стены и башни были возведены по старому новгородскому валу. Основание крепости было заложено 12 мая 1502 года, а два года спустя «свершиша городу рубление ...и ворота иззамкнуша и сторожи суставиша оу всех стрельниц» [64]. Крестьяне новгородского присуда были обременены строительной повинностью («городовым делом»). Но цель была достигнута. Бывший вольный город, не имевший ни башен, ни ворот со стражей, был переведен на положение военной крепости.

Посад Новгорода продолжал расти, а в 1534—1537 годах великокняжеские дьяки поставили сначала на Софийской, а затем на Торговой стороне «град древян» — новый оборонительный пояс города. Повинность по строительству была вновь возложена на новгородцев: «Поставиша город всем градом, опрично волостей, в пять дней, в человек стоящ в высоту, около все (Торговой.— *Р. С.*) стороны» [65].

Московские власти деятельно хлопотали о перестройке Новгорода по московским образцам. В 1508 году Василий III прислал сына боярского В. В. Бобра с повелением «урядити в Новгороде торгы и ряды и улицы размерити по московскы» [66]. Много внимания и средств казна уделяла строительству и перестройке мостов через Волхов [67].

В 1515 году Василий III выстроил в стенах Хутынского монастыря Преображенский собор. Его отличали московский стиль, торжественные и монументальные формы [68]. Вслед за великим князем за строительство церквей в Новгороде взялись Сырковы, Таракан101вы и другие московские купцы, переведенные на житье в Новгород. За первую половину XVI века в столице было сооружено 23 церкви и столько же — в Новгороде и Пскове, тогда как в других городах — не более 1—2 церквей [69].

Массовые выселения в Москву конца XV — начала XVI века затронули почти исключительно привилегированные сословия республики: боярство, житьих людей, купцов. Основная масса податного населения посада, «меньшие» люди, остались на месте. Они были живыми носителями демократических традиций новгородской старины.

Глава 3

Опричная гроза

Архиепископская кафедра в Новгороде пустовала много лет. Наконец Василий III назначил в 1526 году Макария на пост новгородского владыки. Московский монах Макарий был постриженником Пафнутьевского Боровского монастыря и верным учеником Иосифа Санина. До назначения в Новгород он двадцать лет оставался архимандритом небольшого Лужецкого монастыря под Можайском. Василий III назначил «бояр своих» в услужение Софийскому дому, тем самым установив строгий контроль за деятельностью новгородской церкви. В виде особой милости государь дал Макарию «всю казну старых архиепископов», вывезенную в Москву при Иване III [1].

Назначение Макария новгородцы восприняли с воодушевлением. Заняв митрополичий стол, святитель творил «людем заступление велие, и сиротам кормитель бысть» [2]. Владыка неустанно ходатайствовал за опальных новгородцев в Москве и, по словам Максима Грека, «немало обидимых из темниц и от уз разрешил» [3]. При поездках в Москву пастырь «много печалования творя из своей архиепископьи о церквах Божиих и опо бедных людех, еже во опале у государя великого князя много множества» [4].

Мечтая о духовном обновлении общества, Макарий выдвинул грандиозную задачу. Владыка взялся за составление полного собрания всех «святых книг, которые в Руской земле обретаются». Прежде ежемесячное чтение — «Минеи четьи» — включало почти исключительно «Жития» святых и некоторые поучения. Макарий объединил усилия книжников, переводчиков и писцов, чтобы собрать из разных городов, перевести и «исправить», переработать или сочинить заново десятки и сотни священных книг, слов, житий и посланий. В предисловии к «Минеям» Макарий сообщал читателю, что собирал и объединял «святые великие книги» двенадцать лет «многим имением и многими различными писари, не щадя сребра и всяких почастей» [5]. Первый экземпляр был изготовлен в Новгороде для Софийского дома в бытность Макария архиепископом новгородским. Работа приобрела несравненно более широкий размах после того, как Макарий стал митрополитом. Власти поддержали его начинание. Опираясь на царский указ, глава церкви произвел своего рода разверстку между книжными мастерскими различных городов и монастырей. «Бысть бо тогда,— записал новгородский монах-переписчик Мокий,— повеление от царя и великого князя Иванна по многим градом писати святые книги» [6]. Одни переписчики охотно исполняли свой урок, другие — «не по воли». Когда Мокий отказался писать положенные на его долю «тетради», новгородский дьяк Ф. Сырков сделал ему грозное внушение — «прещение велико с яростью».

Как центр религиозной мысли и книжной культуры Новгород не уступал Москве. В. А. Кучкин установил, что основная работа над так называемыми московскими томами «Миней», предназначенными для Успенского собора в Кремле и лично для царя Ивана, была проведена в новгородских книжных мастерских, и лишь затем тома перевезли в Москву, где к 1550 году они получили окончательное оформление [7].

Благодаря поддержке новгородских дворян, участвовавших в государственном перевороте 1542 года, Макарий получил сан митрополита. Первые архиепископы, присланные в Новгород из Москвы, пытались преодолеть наследие республики, навязывая новгородцам московскую святыню. Митрополит Макарий поступил более дальновидно. Он осознал необходимость создания единого пантеона чудотворцев и святых ради достижения духовного единства страны. В 1547 и 1549 годах Макарий провел два церковных собора, учредивших культ 39 новых чудотворцев (старых было немногим более двадцати, не считая местных святых). Время Макария, подчеркивал Г. Флоровский, было временем собирания: собирали старину, притом именно местную русскую старину, к греческим образцам заново не обращались. Собирание святыни началось в Новгороде и было в известном смысле обобщением и закреплением именно новгородских навыков, обычаев и преданий. Новгород всегда был открыт западным веяниям, и поэтому в начинаниях Макария ясно чувствовалось влияние Запада, именно немецкое влияние прежде всего [8].

Чудотворцы Новгорода и Пскова заняли исключительное место в общерусском пантеоне. В их число попали новгородские владыки, всеми силами боровшиеся с Москвой, такие как архиепископ Евфимий Вяжицкий. Кроме епископов Никиты, Иоанна (Ильи), Нифонта, Ионы Отенского, святыми были объявлены игумен Савва Вишерский и Ефросин Псковский, а также новгородский юродивый Михаил Клопский [9].

Для упорядочения церковных дел Макарий созвал собор, решения которого были изложены в ста главах. Собор занялся упорядочением обрядов, утративших единообразие в пору раздробленности. Великий Новгород и Псков по уровню церковного образования стояли выше других земель и допускали меньше отступлений от византийских образцов. Будучи архиепископом в Новгороде, Макарий в «Великих Четиях» ясно высказался за трегубую аллилую. Постановление Стоглава подтвердило, что в Новгороде и Пскове по многим монастырям и церквам «до днесь говорили трегубую аллилую» [10].

Став главой русской церкви, Макарий оказался не в силах противиться московскому священному собору и принужден был отказаться от новгородской старины в пользу московской. Под страхом проклятия Стоглав запретил «трегубую аллилую» и троеперстное знамение и ввел по всей стране двоеперстие вместе с «сугубой аллилуей». Если бы Макарий принялся искоренять троеперстие с такой же нетерпимостью, с какой Никон ополчился на двоеперстие сто лет спустя, церковная смута была бы неизбежна. К счастью для церкви, митрополит Макарий проявил достаточную долю равнодушия к тому, что касалось внешней обрядности.

Будучи в Новгороде на архиепископстве, Макарий поставил игуменом в Хутынский монастырь Феодосия, инока Иосифо-Волоколамского монастыря. Заняв митрополию, Макарий сделал Феодосия своим преемником на новгородском престоле. Порядок назначения владык к тому времени значительно упростился. 18 июня 1542 года, как записал летописец, великий князь «свершил владыку Феодосиа... Великому Новугороду и Пскову». 1 августа Феодосий приехал в Новгород, и в тот же день «митрополичь боярин московской» Григорий Мануйлов возвел его на престол в Софийском соборе [11]. Среди учеников Иосифа Санина Феодосий выделялся своей энергией и настойчивостью. Он многократно обращался к Ивану IV с письмами по самым разным поводам [12]. Ради приращения казенных доходов дворецкий, присланный из Москвы, в 1543 году устроил в Новгороде 8 корчемных дворов [13]. Архиепископ просил царя упразднить московские кабаки, указывая на то, что кабацкое питие порождает «великие» убийства и грабежи в городе [14]. В декабре 1547 года власти удовлетворили ходатайство Феодосия и приказали разобрать корчемные дворы [15]. Годом ранее Иван IV приказал пытать двух софийских слуг из окружения владыки. Причиной пыток был донос по поводу тайной сокровищницы Софийского дома. Неизвестно, кто открыл секрет государю. Спешно примчавшись в Новгород, Иван в ту же ночь «начат пытати про казну ключаря Софийского и пономаря, и много мучив их и не допытався, понеже не ведаху». Человек, подавший «сказку» государю, по-видимому, прибыл с ним вместе из Москвы. Во всяком случае, он указал место, где была замурована старая казна. «Велие сокровище — древния слитки в гривну и в полтину и в рубль» были погружены («насыпаны») в возы и немедленно увезены в Москву. Вопреки мнению летописца, клад не принадлежал Владимиру Киевскому. Наличие в тайнике рублей и полтин свидетельствовало о том, что сокровищница была собрана в XIV—XV веках [16].

В независимом Новгороде владыки возглавляли администрацию земли. Возможно, что они хранили в тайнике казну «республики» или ее тайный запас. Новгородцы восприняли изъятие казны как ограбление Святой Софии. Опасаясь дальнейших посягательств Москвы на церковные имущества, Феодосий около 1550 года обратился к царю с посланием, советуя ему воздержаться от покушения на земельные владения монастырей и церкви [17]. Владыка крамольного архиепископства Феодосий разделил участь своих предшественников Геннадия и Серапиона. В декабре 1550 года царь вызвал его в Москву и лишил сана [18]. Макарий не смог защитить своего соратника и единомышленника.

Новгородскую епархию возглавил Серапин Курцев. Как игумен Троице-Сергиева монастыря, он был близок к царской семье. Пробыв в Новгороде год, Курцев умер от чумы. Вслед за тем 20 ноября 1552 года новгородский стол занял монах Кирилло-Белозерского монастыря Пимен Черный [19]. По словам А. Курбского, Пимен был иноком «чистого и зело жестокаго жительства»[20]. Новый архиепископ всегда проявлял полную лояльность по отношению к власти, но никакое смирение не могло оградить его от гонений московского самодержца.

Рождение самодержавия в России связано с деятельностью Ивана IV. В историографии фигура первого русского царя получила противоречивую оценку. В глазах одних историков он был едва ли не самым мудрым правителем средневековой России, в глазах других — подозрительным и жестоким тираном, почти сумасшедшим, проливавшим кровь ни в чем не повинных людей.

Иван IV родился 25 августа 1530 года в семье великого князя Василия III. Трех лет от роду он лишился отца, а в неполные восемь лет — матери, Елены Глинской. В соответствии с завещанием Василия III правление государством перешло в руки бояр, которые должны были передать власть княжичу по достижении им совершеннолетия. Когда Ивану исполнилось 16 лет, Боярская дума и митрополит короновали его на царство. Принятие царского титула знаменовало начало его самостоятельного правления.

Несмотря на боярские распри и «безначалие», первая половина XVI века была в экономическом отношении самым благополучным для России временем.

Объединение русских княжеств и земель привело к образованию единого государства. В течение длительного времени власть предержащие пытались управлять державой с помощью старых учреждений и законов. Однако ко времени воцарения Ивана IV несоответствие между старыми порядками и новыми историческими условиями стало очевидно для всех. Инициатором реформ выступила приказная бюрократия в лице Алексея Адашева и главных дьяков.

В 1549 году восемнадцатилетний Иван IV, выступая перед членами Боярской думы, высшим духовенством и столичными дворянами, впервые заявил о необходимости перемен. Критика боярских злоупотреблений, допущенных в период малолетства государя, послужила отправной точкой для деятельности реформаторов. Прошел год после собора, и дума утвердила исправленный свод законов — первый царский Судебник. Война приостановила осуществление программы реформы. Но после завоевания Казанского и Астраханского ханств Адашев и его сподвижники вновь получили возможность взяться за преобразования. Система управления государством была перестроена на новых началах в центре и на местах. В Москве возникли Посольский, Поместный, Разрядный (Военный) и несколько десятков других приказов. На местах власти отменили устаревшую систему «кормлений» (боярин, получавший в управление город или волость, собирал пошлины в свою пользу — «кормился» за счет населения, что создавало почву для всевозможных злоупотреблений). На Севере, где «кормления» были уничтожены наиболее полно и последовательно, суд и сбор податей были переданы в руки выборных земских старост. Правительство узаконило принцип обязательной службы всех землевладельцев — как вотчинников, так и помещиков. По новому Уложению с каждых 150 десятин пашни землевладелец должен выставить в поле воина в полном вооружении. Крупные землевладельцы выступали в поход в сопровождении целых отрядов боевых холопов.

К середине XVI века сложился порядок проведения дворянских смотров, целью которых было определение «окладов» «новикам», конфискация земель у «нетчиков» (не явившихся на службу), повышение окладов за успешную службу. Различным чинам полагались неодинаковые оклады. Исходным моментом служит отцовский оклад, сообразуясь с которым определялся оклад сына. Система обеспечения служилых людей государственной поместной землей призвана была гарантировать благоденствие всем членам дворянского сословия и их потомкам. По существу же это была грандиозная утопия. Опиралась она на всеобъемлющую государственную собственность. Структура поместных окладов, установленная на дворянских смотрах середины XVI века, должна была сохраниться в основных чертах на все обозримое будущее. Пока фонды конфискованных земель на вновь завоеванных окраинах (Новгород, Псков, Смоленск и пр.) были значительны, государство могло выполнять свои обязательства перед служилым сословием. Но во второй половине XVI века рост поместного фонда замедлился, а затем в результате «великого разорения» площадь обрабатываемых поместных земель резко сократилась. Однако рождаемость в дворянских семьях сохранялась на прежнем, чрезвычайно высоком уровне. Из-за недостатка земель власти вынуждены были наделять «новиков» имениями, все меньше соответствовавшими назначенным им окладам, что было источником постоянного недовольства дворян и детей боярских. Принцип государственного регулирования дворянского землевладения не привел к осуществлению утопического проекта всеобщего благоденствия, но породил кризис во взаимоотношениях между властью и служилым сословием. Не выполнив своих обязательств перед дворянством, государство требовало от всех землевладельцев, включая малообеспеченных мелких помещиков, неукоснительного выполнения принципа обязательной службы.

В ходе объединения русских земель власть московских государей чрезвычайно усилилась, но не стала неограниченной. Монарх делил власть с аристократией. «Царь указал, а бояре приговорили» — по этой формуле принимались законы, решались вопросы войны и мира.

Организация поместной системы на землях покоренного Новгорода, а затем на всей территории Московского государства заметно укрепила власть монарха и трансформировала всю военно-служилую систему. Объединения княжеских и боярских дружин уступили место поместному ополчению. В рядах дворянского ополчения насчитывалось несколько десятков тысяч средних и мелких феодальных землевладельцев. Значение дворянской прослойки настолько возросло, что с ее требованиями должна была считаться любая боярская группировка, стоявшая у кормила власти. По временам доверенные лица великого князя из числа детей боярских получали думный чин и входили в состав Боярской думы. Однако в целом влияние дворянства на дела управления совершенно не соответствовало его численности. Боярская дума представляла почти исключительно одну знать.

Слабость российского дворянства проявлялась в том, что оно не составляло единого сплоченного сословия со своими сословными организациями, а было разделено на множество уездных обществ, тесно связанных со своими землями, бывшими княжествами и пр. В особом положении оказалось новгородское дворянство. Новгородские дети боярские были хорошо обеспечены землей и несли службу в тяжеловооруженной коннице. Их ополчение называли поэтому «кованой ратью» (закованной в броню). По своей численности эта рать во много раз превосходила отряды любого московского уезда, включая столичный. Московские власти должны были считаться с позицией новгородцев. В период правления Елены Глинской удельный князь Андрей Старицкий в 1537 году, опасаясь ареста, пытался поднять против Москвы новгородскую «кованую рать». После того как Андрей сдался властям, казни подверглись более 30 знатных новгородских дворян. Все они были повешены вдоль большой дороги из Москвы в Новгород. Судя по числу казненных, в выступлении участвовала крайне незначительная часть новгородского дворянства, что и объясняет в конечном счете неудачу мятежа [21]. Иван IV помнил о «мятеже» князя Андрея, происшедшем в первые годы его правления, и боялся новых смут. Исправляя официальную летопись, Иван IV пополнил рассказ о мятеже Шуйских в 1542 году указанием на то, что в заговоре бояр участвовали «ноугородцы Великого Новгорода все городом». Новгородское дворянское ополчение было послано во Владимир с князем И. Шуйским на случай вторжения казанских татар. В военном лагере во Владимире и возник заговор. Когда в Москву явился отряд в 300 дворян-заговорщиков, а затем боярин И. Шуйский с прочими силами, митрополит Иоасаф пытался противодействовать мятежу, но по его келье в Кремле стали «каменьем шибати». Владыка вынужден был укрыться на подворье Троице-Сергиева монастыря. Шуйские послали на подворье детей боярских городовых «с неподобными речами». (Царь велел зачеркнуть слово «городовых» и написать «ноугородцев Великого Новагороде».) Новгородцы поносили пастыря «с великим срамом» и «мало его не убиша». Согнав Иоасафа с престола, Шуйские передали митрополичий престол новгородскому архиепископу Макарию, поддержанному теми же новгородскими помещиками [22]. Победа Шуйских была полной, но их власть продержалась лишь два года.

Вынужденные считаться с мощью новгородского ополчения, московские власти, приступив к реформам, разработали проект испомещения в окрестностях столицы «тысячи лучших слуг». Две трети мест в тысяче отводилось членам Государева двора Московской земли, а треть (346 мест) — членам двора из Новгорода и Пскова, а также некоторым городовым помещикам из смежных с названными городами уездов. В какой мере правительству удалось осуществить тысячную реформу, сказать трудно. Попытки привлечь «лучших» новгородских помещиков для несения постоянной службы в столице не могли увенчаться успехом. Новгородцам нельзя было надолго отлучаться из своих поместий, в противном случае им грозило разорение. Отдаленность Новгорода и плохое состояние дорог вели к тому, что переезд из Новгорода в столицу и обратно занимал много времени.

После падения ордынского ига и водворения в Казани промосковской династии на южных границах установилось относительное затишье. По этой причине новгородская кованая рать на рубеже XV—XVI веков приняла на себя основную тяжесть войны на северо-западных границах. Отправка новгородцев на далекие степные границы при Иване IV неизменно вызывала недовольство новгородцев.

В 1552 году в армии произошли крупные беспорядки, вызванные отказом «новгородской рати» участвовать в казанском походе. Первоначально поход был приурочен к весне 1552 года. К этому сроку новгородское дворянство собралось на Оке в полном составе. Поход несколько раз откладывался, и когда после отражения крымцев царь приказал в конце июня идти на Казань, новгородцы не подчинились приказу и оказали открытое неповиновение: «Многу же несъгласию бывшу в людех, дети боярские наугородци государю стужающи, а биют челом, что им невъзможно, столко будучи на Коломне на службе от весны, а иным за царем ходящим и на боих бывшим, да толику долгому пути итти, а там (под Казанью.— Р. С.) на много время стояти» [23]. Новгородские помещики, с весны вызванные на южную границу, проявляли крайнее беспокойство ввиду того, что на Новгородскую землю в то время обрушилось страшное бедствие — чума. Израсходовав привезенные припасы и озабоченные состоянием покинутых поместий, дворяне отказывались идти к Казани и участвовать в ее осаде, продолжительность которой невозможно было предсказать. Мятеж в новгородском ополчении крайне неприятно поразил царя: «Государю же о сем не мала скорбь, но велиа бысть». В конце концов правительство вынуждено было выслушать претензии новгородских помещиков. «Они же,— повествует летопись,— нужи свои и недостатки сказав государю: и многие бе безпоместные, а иные и поместны многие, да не хотяху долготы пути нужнаго шествовати». Царь не решился пустить в ход силу и должен был прибегнуть к увещеваниям и уговорам. Таким путем, «не ища чести своему величеству (он.— Р. С.) прикращает многонародных гласов молву...» [24].

Описанные волнения в армии были вызваны не «новгородским сепаратизмом», а совсем другими причинами. К середине XVI века полоса экономического расцвета Новгорода кончилась и появились первые признаки кризиса. Угроза «оскудения» и побуждала новгородских служилых людей, в особенности беспоместных и малосостоятельных, громко заявлять царю о своих нуждах.

В период казанской войны в 1552 году в Москве были составлены списки Государева двора Московской земли, в которые никто из новгородских помещиков включен не был. Понятие «дворовая служба» применительно к кованой рати сохранило свое значение, но приобрело номинальный характер. Служба при особе государя вновь стала прерогативой исключительно московских дворян.

Государев двор был таким же старинным и традиционным учреждением русской монархии, как и Боярская дума. Двор вырос из наследственной службы московских вотчинников своим государям. Развитие поместной системы усилило зависимость двора от монарха. Поместье более всего потеснило вотчину на окраинах. Главный фонд вотчинных земель сохранился в XVI веке в Центре. Именно Центр оставался основой Государева двора Московской земли времен Ивана Грозного. Новгородские помещики были недавними московскими слугами. Но их перемещение на окраину не прошло бесследно. Несколько поколений успели смениться на новом месте, прежде чем старое противоречие между Москвой и Новгородом возродилось, приобретя новую форму.

Потребности дворянства и цели организации дворянской службы в значительной мере определили ход реформ середины XVI века. Какое участие в их проведении принимал молодой царь?

Для Ивана Грозного годы реформы были годами учения. Достигнув совершеннолетия, царь на первых порах оказался неподготовленным к роли правителя обширного государства и должен был на много лет подчиниться воле избранных им наставников. В юные годы Иван не получил систематического образования, зато в зрелом возрасте он поражал знавших его людей своими обширными познаниями. Более того, Грозный после тридцати четырех лет занялся литературным трудом и стал едва ли не самым плодовитым писателем своего времени. Современники не ставили под сомнение ученость и литературные таланты первого царя. Они называли его ритором «словесной мудрости» и утверждали, что он «в науке книжного поучения доволен и многоречив зело» [25]. Бывший друг царя, а потом злейший его враг князь Курбский, сражаясь с ним при посредстве библейских цитат, иногда обозначал лишь первые стихи Священного писания, полагаясь на знания своего корреспондента. «Последующие стихи умолчю,— писал в таких случаях Курбский,— ведуще тя священного писания искуснаго»[26]. Иван IV неплохо знал исторические сочинения. На них он не раз ссылался в речах к иностранным дипломатам и думе. Венецианского посла поразило близкое знакомство Грозного с римской историей. Допущенные в царское книгохранилище ливонские богословы увидели там редчайшие сочинения греков античной поры и византийских авторов.

С конца 40-х годов Ивана IV захватили смелые проекты реформ, взлелеянные передовой общественной мыслью. Но он по-своему понимал их цели и предназначение. Грозный рано усвоил идею божественного происхождения царской власти. В проповедях пастырей и библейских текстах он искал величественные образы древних людей, в которых, «как в зеркале, старался разглядеть самого себя, свою собственную царственную фигуру, уловить в них отражение своего блеска и величия» (В. О. Ключевский). Сложившиеся в его голове идеальные представления о происхождении и неограниченном характере царской власти, однако, плохо увязывались с действительным порядком вещей, обеспечивавшим политическое господство могущественной боярской аристократии. Необходимость делить власть со знатью воспринималась Иваном IV как досадная несправедливость.

В проектах реформ царю импонировало прежде всего то, что их авторы обещали искоренить последствия боярского правления. Не случайно резкая критика злоупотреблений бояр стала исходным пунктом всей программы преобразований. Грозный охотно выслушивал предложения об искоренении боярского «самовольства». Такие предложения поступали к нему со всех сторон. Чтобы ввести «правду» в государстве, поучал царя Пересветов, надо предавать «лютой смерти» тех еретиков, которые приблизились к трону «вельможеством», а не воинской выслугой или мудростью.

Советы править «с грозой» пали на подготовленную почву, но царь не мог следовать им, оставаясь на позициях традиционного политического порядка. В этом и заключалась конечная причина его охлаждения к преобразовательным затеям.

Дворянские публицисты и практические дельцы все без исключения рисовали перед Грозным заманчивую перспективу укрепления единодержавия и могущества царской власти, искоренения остатков боярского правления. Но их обещания оказались невыполненными. На исходе десятилетия реформ Иван пришел к выводу, что царская власть из-за ограничений со стороны советников и бояр вовсе утратила самодержавный характер. Сильвестр и Адашев, жаловался Грозный, «сами государилися, как хотели, а с меня есте государство сняли: словом яз был государь, а делом ничего не владел».

В своих политических оценках Иван IV следовал несложным правилам: только те начинания считались хорошими, которые укрепляли единодержавную власть. Конечные результаты политики Избранной рады не соответствовали этим критериям.

Реформы не оправдали надежд царя, и он порвал с вождями правительства Избранной рады (так, на польский лад, называли правительство реформ некоторые из современников). Главный инициатор реформ Алексей Адашев, пользовавшийся личной дружбой Грозного, кончил жизнь в тюрьме. Придворный проповедник Сильвестр, который был учителем жизни молодого Ивана IV, попал в один из глухих северных монастырей. «Великие» бояре, помогавшие реформаторам, были отстранены от власти.

Знать легко простила бы Грозному отставку его худородных советников Адашева и Сильвестра, но она не желала мириться с покушением на прерогативы Боярской думы. Попытки Ивана править единодержавно, без совета с великими боярами, с помощью нескольких своих родственников, вызвали повсеместное негодование. Попытка отстранить от дел вождей аристократической думы углубила конфликт.

Раздор с аристократией привел к острому кризису. Глава Боярской думы И. Д. Бельский пытался бежать в Литву, но был схвачен и заключен в тюрьму. В апреле 1564 года за границу отъехал князь Андрей Курбский, написавший Грозному краткую «досадательную» отписку. Он требовал прекращения начавшихся боярских казней.

В ответ царь составил обширное послание, которое представляло (по тогдашним масштабам) целую книгу. По содержанию своему это был подлинный манифест самодержавия, в котором наряду со здравыми идеями содержалось много ходульной риторики и хвастовства, а претензии выдавались за действительность. Главным вопросом, занимавшим царя, был вопрос о взаимоотношении монарха и знати. Царь жаждал полновластия. Безбожные «языцы», утверждал он, «те все царствами своими не владеют: како им повелят работные их, так и владеют. А Российское самодержавство изначала сами владеют своими государьствы, а не боляре и вельможи». Сам Бог поручил московским государям «в работу» прародителей Курбского и прочих бояр. Даже высшая знать у царя не «братия» (так называл себя и прочих князей Курбский), но холопы. «А жаловати есмя своих холопей вольны, а и казнити вольны...» 27

Образ могучего повелителя, нарисованный в царском послании, не раз вводил в заблуждение историков. Но факты ставят под сомнение достоверность этого образа. Грозный жаждал всевластия, но отнюдь не располагал им. Раздор царя со знатью разрастался день ото дня и в конце концов вылился в кровавую опричнину.

Введению опричнины предшествовали драматические события. С наступлением зимы 1564 года царь Иван стал готовиться к отъезду из Москвы. Он посещал столичные церкви и монастыри и усердно молился в них. К величайшему неудовольствию церковных властей, он велел забрать и свезти в Кремль самые почитаемые иконы и прочую «святость». В воскресенье, 3 декабря, Грозный присутствовал на богослужении в кремлевском Успенском соборе. После окончания службы он трогательно простился с митрополитом, членами Боярской думы, дьяками, дворянами и столичными гостями. На площади перед Кремлем уже стояли вереницы нагруженных повозок под охраной нескольких сот вооруженных дворян. Царская семья покинула столицу, увозя с собой всю московскую «святость» и всю государственную казну. Церковные сокровища и казна стали своего рода залогом в руках Грозного.

Царский выезд был необычен. Ближние люди, сопровождавшие Грозного, получили приказ забрать с собой семьи. Оставшиеся в Москве бояре и духовенство находились в полном неведении о замыслах царя и «в недоумении и во унынии быша, такому государьскому великому необычному подъему, и путного его шествия не ведамо куды бяша».

Царский «поезд» скитался в окрестностях Москвы в течение нескольких недель, пока не достиг укрепленной Александровской слободы. Отсюда в начале января царь известил митрополита и думу о том, что «от великие жалости сердца» он оставил свое государство и решил поселиться там, где «его, государя, Бог наставит» 28. Как можно предположить, в дни «скитаний» царь составил черновик нового завещания, в котором весьма откровенно объяснял причины отъезда из Москвы. «А что по множеству беззаконий моих Божий гнев на меня распростерся,— писал Иван IV,— изгнан есмь от бояр, самовольства их ради, от своего достояния и скитаюся по странам, а може Бог когда не оставит». Царское завещание заключало в себе пространное «исповедание», полное горьких признаний. Иван каялся во всевозможных грехах и заканчивал свое покаяние поразительными словами: «Аще и жив, но Богу скаредными своими делы паче мертвеца смраднейший и гнуснейший... сего ради всеми ненавидим есмь...».[29] Царь говорил о себе то, чего не смели произнести вслух его подданные.

В письме к Боярской думе Иван IV четко объяснил причины своего отречения: он покинул трон из-за раздора со знатью, боярами. В то время как члены думы и епископы сошлись на митрополичьем дворе и выслушали известие о царской на них опале, дьяки собрали на площади большую толпу и объявили ей об отречении Грозного. В прокламации к горожанам царь просил, чтобы «они себе никоторого сумнения не держали, гневу на них и опалы никоторые нет»[30]. Объявляя об опале власть имущим, царь как бы апеллировал к народу в своем споре с боярами. Он не стесняясь говорил о притеснениях и обидах, причиненных народу изменниками-боярами.

Среди членов Боярской думы были противники Грозного, пользовавшиеся большим влиянием. Но из-за общего негодования на «изменников» никто из них не осмелился поднять голос. Толпа на дворцовой площади прибывала час от часу, а ее поведение становилось все более угрожающим. Допущенные в митрополичьи покои представители купцов и горожан заявили, что останутся верны старой присяге, будут просить у царя защиты «от рук сильных» и готовы сами «потребить» всех государственных изменников.

Под давлением обстоятельств Боярская дума не только не приняла отречение Грозного, но вынуждена была обратиться к нему с верноподданническим ходатайством. Представители митрополита и бояре не теряя времени выехали в слободу. Царь допустил к себе духовных лиц и в переговорах с ними заявил, что его решение окончательно. Но потом он «уступил» слезным молениям близкого приятеля чудовского архимадрида Левкия и новгородского архиепископа Пимена. Затем в слободу допущены были руководители думы. Слобода производила впечатление военного лагеря. Бояр привели во дворец под сильной охраной как явных врагов. Вожди думы просили царя сложить с них гнев и править государством, как ему «годно».

В ответ Иван IV под предлогом якобы раскрытого им заговора потребовал от бояр предоставления ему неограниченной власти, на что они ответили согласием. На подготовку указа об опричнине ушло более месяца. В середине февраля царь вернулся в Москву и объявил думе и Священному собору текст приговора.

В речи к думе Иван IV сказал, что для «охранения» своей жизни намерен «учинить» на своем государстве «опришнину» с двором, армией и территорией. Далее он заявил о передаче Московского государства (земщины) под управление Боярской думы и присвоении себе неограниченных полномочий — права без совета с думой «опаляться» на «непослушных» бояр, казнить их и отбирать в казну «животы» и «статки» опальных. При этом царь особенно настаивал на необходимости покончить со злоупотреблениями властей и прочими несправедливостями. В этом «тезисе» заключался, как это ни парадоксально, один из главнейших аргументов в пользу опричнины.

Члены думы связали себя обещаниями в дни династического кризиса. Теперь им оставалось лишь верноподданнически поблагодарить царя за заботу о государстве.

Распри с боярами завершились тем, что Иван IV основал «государство в государстве» — опричнину. Он взял несколько городов и уездов в личное владение и сформировал там охранный корпус — опричное войско, образовал отдельное правительство и стал управлять страной без совета с высшим государственным органом — Боярской думой,— в котором заседала аристократия. Провинции, не попавшие в опричнину, получили наименование «земли» — «земщины». Они остались под управлением «земских» правителей — бояр.

Опричнина явилась первым в русской истории воплощением самодержавия как системы неограниченного царского правления. Однако суждения о ней затруднены из-за крайней скудности источников и гибели всех опричных архивов.

Известный русский историк С. Ф. Платонов предположил, будто через опричнину царь Иван Грозный свел княжат с их родовых вотчин и тем самым разрушил гнездо княжеского землевладения на Руси. В опричной затее историк увидел крупную государственную реформу. Концепция С. Ф. Платонова отличалась логичностью и стройностью. Но это были самые общие соображения по поводу опричной географии. Тем не менее платоновская схема утвердилась в историографии на многие десятилетия. Ее безоговорочно приняли исследователи, идеализировавшие личность Грозного [31].

С. Б. Веселовский взялся проверить построение С. Ф. Платонова и пришел к заключению, что оно переполнено промахами и фактическими ошибками. С. Б. Веселовский полагал, что С. Ф. Платонов недостаточно точно определил территориальные границы опричнины, и сделал вывод, что в опричных уездах преобладали поместья, использованные царем для размещения своей худородной опричной гвардии. Что же касается основных гнезд удельно-княжеского землевладения на Руси, то они (вопреки мнению С. Ф. Платонова) располагались за пределами опричных владений царя, а следовательно, внутриопричные конфискации не могли их затронуть. Представление, будто опричные меры были направлены против князей и бояр, С. Б. Веселовский назвал старым предрассудком. Его наблюдения очистили историческую науку от ложных аксиом, но им недоставало последовательности. С. Ф. Платонов оценивал опричнину сквозь призму политической географии. С. Б. Веселовский отверг его оценки, но также искал ключ к опричнине в изучении ее территориального состава. Недостаточность такого подхода очевидна. Допустим, что получены твердые доказательства того, что княжеские земли остались за пределами опричных владений. Разве сам по себе этот факт может опровергнуть тезис об антикняжеской направленности опричнины? Разве уточнение опричной карты снимает с историка обязанность исследовать судьбу княжеских гнезд там, где они сохранились до времени опричнины? В конечном счете С. Б. Веселовский пришел к выводу о бессмысленности опричнины [32].

Вслед за С. Б. Веселовским А. А. Зимин отбросил тезис об антикняжеской и антибоярской направленности опричной политики и попытался найти новое решение. Опричники прославились тем, что подвергли жестокому разгрому Великий Новгород и обрушились с гонениями на видных церковников. Историк усмотрел в этих мерах глубокий политический смысл, поскольку и Новгород, и всероссийская церковь, по мнению А. А. Зимина, были последними форпостами удельной децентрализации [33].

Длительные споры о смысле и предназначении опричнины могут быть разрешены лишь с помощью новых фактов.

В летописном отчете об учреждении опричнины перечислено всего несколько бояр, подвергшихся преследованиям и казни. При чтении летописи невольно возникает вопрос: почему Иван IV не мог расправиться с кучкой неугодных ему лиц, не прибегая к дорогостоящей опричной затее, ибо организация особых владений, особого опричного правительства и войска, размежевание земель потребовали огромных расходов?

В конце отчета официальный летописец кратко и невразумительно упомянул о том, что царь «опалился» на неких своих дворян, а «иных» (?) велел сослать «в вотчину свою Казань на житье с женами и детьми». Разрядные записи говорят об этот эпизоде значительно определеннее: в 1565 году «послал государь в своей государеве опале князей Ярославских и Ростовских и иных многих князей и дворян и детей боярских в Казань на житье...» [34]. Разрядная запись подтвердила предположение, что официальный московский летописец (напомним, что летопись была взята из земщины в опричнину и, вероятно, подверглась там редактированию) крайне тенденциозно описал первые опричные деяния и что за мимоходом брошенным замечанием о казанской ссылке, возможно, скрыты важные и неизвестные ранее факты.

Определить характер и масштабы казанской ссылки помогают найденные в архиве писцовые книги Казанского края. Эти книги помечены датой «7073 (1565) год». Дата не оставляет сомнения в том, что писцы начали составлять писцовые книги Казани в самый момент учреждения опричнины. Значение архивной находки стало очевидным после того, как удалось доказать, что казанская опись была составлена в прямой связи с реализацией опричного указа о казанской ссылке.

До похода Ермака в Сибирь Казанский край был восточной окраиной Русского государства. Поэтому Иван Грозный и использовал Казань для ссылки. Первая ссылка носила патриархальный характер. Ссыльные дворяне, лишившиеся своих родовых земель, стали мелкими помещиками

Казанского края. Тем самым царская казна избавила себя от лишних расходов на содержание ссыльных. Как явствует из казанских документов, московские писцы прибыли на восточную окраину следом за опальными переселенцами, чтобы распределить между ними небольшой фонд тамошних поместных земель.

Обнаруженные писцовые книги — это точные, юридически зафиксированные данные о передаче земли опальным. Все ссыльные названы здесь по именам. Более половины из них носили княжеский титул. Крохотные казанские поместья не компенсировали им даже малой доли конфискованных у них богатств [35].

При своем учреждении опричнина носила ярко выраженный антикняжеский характер. Исследование казанской ссылки впервые высветило истинное историческое значение суздальской титулованной знати. Одни земли и княжества были подчинены Москвой после длительной борьбы, другие вошли в состав единого Русского государства сравнительно рано и без больших потрясений. Это обстоятельство сказалось на судьбах местной знати. Древнее новгородское боярство было начисто уничтожено конфискациями Ивана III. Значительные потери понесла тверская и рязанская знать.

Княжества Владимиро-Суздальской земли (Нижегородско-Суздальское, Ярославское, Ростовское и др.) давно тяготели к Москве, и их подчинение не сопровождалось продолжительной и кровавой войной. Поэтому местная титулованная знать избежала катастрофы, постигшей новгородскую аристократию. Князья суздальские, ярославские, ростовские, стародубские, связанные самым близким родством с правящей династией Калиты, перешли на московскую службу, сохранив значительную часть своих родовых вотчин.

В середине XVI века около 300 представителей названных княжеских фамилий заседали в Боярской думе или служили по особым княжеским и дворовым спискам. Процесс дробления княжеских вотчин в XV — XVI веках неизбежно привел к тому, что часть из них покинула пределы своих княжеств и перешла на поместья в другие уезды. Однако значительная часть потомков местных династий Северо-Восточной Руси продолжала сидеть большими гнездами в районе Суздаля, Ярославля и Стародуба, удерживая в своих руках крупные земельные богатства. Суздальская знать была сильна не только своим количеством и вотчинами, но и тем, что в силу древней традиции она сохранила многообразные и прочные связи с массой местного дворянства, некогда вассального по отношению к местным династиям. Суздальская знать гордилась своим родством с правящей московской династией: все вместе они вели свое происхождение от владимирского великого князя Всеволода Большое Гнездо. По нынешним представлениям это родство было отдаленным, но по феодальным меркам оно имело весьма существенное значение. В переписке с Грозным князь Андрей Курбский называл княжат братией царя и указывал на то, что князья суздальские своей знатностью даже превосходят царствующий дом.

Потомки местных династий Северо-Восточной Руси не забыли своего былого величия. В их среде сохранился наибольший запас политических настроений и традиций того времени, когда на Руси царили порядки феодальной раздробленности и им принадлежало безраздельное политическое господство.

До середины XVI века в России сохранилось несколько небольших удельных княжеств. Самое большое из них принадлежало двоюродному брату Ивана IV князю Владимиру Старицкому. Прочие принадлежали преимущественно выходцам из Литвы (Бельским, Мстиславским и др.). Эти князья получили владения из рук московских государей и потому всецело от них зависели. В отличие от суздальской знати удельные князья литовского происхождения были чужаками среди русской аристократии и имели ограниченные связи с массой коренных русских дворян.

Титулованная знать занимала две высшие ступени московской иерархии. Нетитулованные старомосковские бояре (Челяднины, Захарьины, Морозовы и др.) стояли на более низкой ступени. Они служили Москве со времен Ивана Калиты и Дмитрия Донского и энергично поддерживали политику своих государей, направленную на собирание русских земель. Старомосковская знать длительное время первенствовала при московском дворе, но потом ее сильно потеснили суздальские князья.

Исторический парадокс состоял в том, что русская монархия, подчинив себе обширные земли и княжества, стала пленницей перебравшейся в Москву аристократии. Иван III решал все государственные дела с согласия и совета Боярской думы, представительного органа правящего боярства. Русское «самодержавие» конца XV — начала XVI века было на деле ограниченной монархией с Боярской думой и боярской аристократией.

Именно суздальская аристократия — потомки местных династий Северо-Восточной Руси — ограничивала власть московского самодержца в наибольшей мере. Задумав ввести свое неограниченное правление, Иван Грозный нанес удар суздальской знати.

Среди потомков Всеволода Большое Гнездо самыми знатными считались князья суздальские. Ко времени опричнины старшие бояре Шуйские сошли со сцены. В живых остался один князь Александр Горбатый-Суздальский. Он обладал суровым и непреклонным характером и не боялся перечить царю.

При введении опричнины Иван IV объявил своим главным изменником и государственным преступником князя А. В. Горбатого-Суздальского. Будучи покорителем Казани и крупнейшим из русских военачальников, Горбатый обладал исключительной популярностью в стране и пользовался большим авторитетом в Боярской думе. «Изменник» Горбатый владел крупными вотчинами в Суздале и, видимо, имел много сторонников среди суздальских дворян. Очевидно, поэтому царь велел выселить из Суздаля большое число местных дворян.

Из воевод один Алексей Басманов мог поспорить с Горбатым славой. Но он далеко уступал ему знатностью и в думе занимал одно из последних мест. Оба воеводы смертельно ненавидели друг друга. Благодаря опричнине

Басманов получил возможность расправиться с одним из самых знатных и влиятельных вождей думы.

Опричники уготовили Горбатому страшную судьбу. Его казнили вместе с пятнадцатилетним сыном. Род князей Горбатых был искоренен раз и навсегда.

До опричнины влиятельное положение в Боярской думе занимали князья ростовские. Царь Иван подверг их преследованиям. Боярин князь Андрей Катырев-Ростовский отправился в ссылку в Казанский край. Бывший боярин князь Семен Ростовский, служивший воеводой в Нижнем Новгороде, был убит.

Стояла зима, когда опричники учинили охоту на опальную знать. Около сотни князей ярославских, ростовских и стародубских было схвачено на воеводстве, в полках либо в сельских усадьбах и под конвоем отправлено в ссылку на казанскую окраину. Через несколько недель облава повторилась. На этот раз царь велел схватить жен и детей опальных, чтобы спешно везти их к мужьям на поселение. Членам семей разрешили взять с собой очень немного — лишь то, что они могли унести в руках. Прочее имущество вместе с усадьбами и вотчинами перешло в собственность казны.

Некогда Иван III отнял земли у новгородских бояр и выселил их из завоеванного Новгорода. Иван Грозный следовал примеру деда. Но он решил сохранить для службы опальных князей, для чего велел наделить их крохотными поместьями. В мгновение ока высокородные господа превратились в мелких казанских помещиков.

Намеревался ли Иван Грозный целиком уничтожить свою «братию» (родню) — суздальских князей и их землевладение? Такое заключение было бы неверным. Накануне опричнины службу при дворе несло около 300 князей из четырех княжеских суздальских родов. Из них в казанскую ссылку отправилось менее 100 семей. Прочие остались на своих землях.

Указ о казанской ссылке имел более широкие цели, чем принято думать. Новгородские экспроприации конца XV века не отменили московскую традицию, в силу которой казна могла отобрать вотчину у боярина только с санкции Боярской думы. В опричнине Иван IV, избавившись от опеки думы, тотчас произвел массовую конфискацию родовых княжеских вотчин. Эта мера в случае ее успеха фактически привела бы к утверждению в стране нового порядка, при котором монарх мог не только требовать от своих подданных обязательной службы с вотчин, но и отчуждать эти вотчины в казну под предлогом «измены», не установленной по суду. Указ о казанской ссылке затронул глубочайшие интересы господствующих сословий. Конфликт в конечном счете разрешился кровавым террором.

Организация опричнины — своего рода «государства в государстве» — явилась мерой чрезвычайной. Посягнув на привилегии и собственность могущественной знати, царь ждал отпора и готовился вооруженной рукой подавить сопротивление в ее среде.

Характерно, что при учреждении опричнины Иван IV не допустил в свою опричную думу титулованную знать. Первое опричное правительство возглавили лица из старомосковской знати (боярин А. Д. Басманов-Плеще-ев и др.).

Казанские писцовые книги позволили прочесть в истории опричнины еще одну неведомую раньше страницу. Царь Иван IV держал опальных князей в ссылке всего год, а потом объявил об их прощении и возвращении им земель. Тем самым Иван Грозный сам признал крах своей опричной политики как антикняжеской меры крупных масштабов.

Отсутствие источников не позволяет определить, какие именно земли казна вернула прощенным казанским ссыльным. Согласно Разрядным записям, князей сослали на поселение в Казанский край как царских опальных, а следовательно, у них отобрали все имущество — и землю и движимость. Такого рода меры разорили опальных княжат.

Почему опричнина как антикняжеская и антибоярская политика просуществовала всего один год и в конечном счете потерпела полный крах?

В XVI веке государство не располагало ни регулярной армией, ни развитыми карательными органами, отдельными от феодального сословия. А потому монарх не мог проводить сколько-нибудь длительное время политику, грубо попиравшую материальные интересы правящих верхов. Нарушились традиционные взаимоотношения между монархией и господствующим сословием. Авторитет самодержца катастрофически упал. Тогда-то перед лицом всеобщего недовольства Иван IV стал искать примирения со своими вассалами. Он вернул из ссылки удельного князя Воротынского, объявил о прощении опальных княжат.

Русское государство вело трудную войну с Речью Посполитой из-за Ливонии, и правительство испытывало большие финансовые затруднения. В 1566 году царь созвал Земский собор, рассчитывая добиться от земщины согласия на введение новых налогов. С помощью собора царь надеялся переложить на плечи земщины все бремя войны. Соображения подобного рода заставили правительство пригласить на совещание купеческую верхушку. На долю купцов приходилась пятая часть общего числа членов собора, но они составляли на Соборе низшую курию. Развитие соборной практики в годы опричнины было связано с поисками политического компромисса. Весной 1566 года опричные казни прекратились, власти объявили о «прощении» опальных. Амнистия привела к радикальному изменению опричной земельной политики. Казна вынуждена была позаботиться о земельном обеспечении вернувшихся из ссылки княжат и взамен утраченных ими родовых вотчин стала отводить им новые земли. Но земель, хотя бы примерно равноценных княжеским вотчинам, оказалось недостаточно. И тогда сначала в отдельных случаях, а потом в более широких масштабах казна стала возвращать родовые земли, заметно запустевшие после изгнания их владельцев в Казань. По существу, опричным властям пришлось отказаться от курса, взятого при учреждении опричнины. Земельная политика опричнины быстро утрачивала свою первоначальную антикняжескую направленность.

Ослабление княжеской знати неизбежно выдвигало на политическую авансцену слой правящего боярства, стоявший ступенью ниже. К нему принадлежали старомосковские боярские семьи Челядниных, Бутурлиных, Захарьиных, Морозовых, Плещеевых. Они издавна служили при московском дворе и владели крупными вотчинами в коренных московских уездах. Затерявшись в толпе княжат, старые слуги московских государей тем не менее удержали в своих руках важнейшие отрасли управления — Конюшенный и Казенный приказы, Большой дворец и областные дворцы. После учреждения опричнины руководство земщиной практически перешло в их руки. Формально земскую думу возглавили князья Бельский и Мстиславский, но в действительности делами земщины управляли конюший И. П. Челяднин-Федоров, дворецкий Н. Р. Юрьев и казначеи. По случаю отъезда царя столица была передана в ведение семибоярщины, в которую входили И. П. Челяднин, В. Д. Данилов и другие лица.

Руководители земщины оказались в сложном положении. Роль, отведенная им опричными временщиками, явно не могла удовлетворить их. Грубая и мелочная опека со стороны опричной думы, установившийся в стране режим насилия и произвола с неизбежностью вели к новому конфликту между царем и боярством.

Опричные земельные перетасовки причинили ущерб тем земским дворянам, которые имели поместья в Суздале и Вязьме, но не были приняты на опричную службу. Эти дворяне потеряли земли «не в опале, а с городом вместе». Они должны были получить равноценные поместья в земских уездах, но власти не обладали ни достаточным фондом населенных земель, ни гибким аппаратом, чтобы компенсировать выселенным дворянам утраченные ими владения. Земских дворян особенно тревожило то обстоятельство, что царь в соответствии с указом мог в любой момент забрать в опричнину новые уезды, а это неизбежно привело бы к новым выселениям и конфискациям. Земщина негодовала на произвольные действия Грозного и его опричников. Учинив опричнину, повествует летописец, царь «грады также раздели и многих высласша из городов, кои взял в опришнину, и из вотчин и ис поместей старинных... И бысть в людех ненависть на царя от всех людей...» [36].

Старомосковское боярство и верхи дворянства составляли самую широкую политическую опору монархии. Они оказались втянуты в конфликт, и тогда переход от ограниченных репрессий к массовому террору стал неизбежен. Весной 1566 года подобная перспектива не казалась еще близкой. Прекращение казней и уступки со стороны опричных властей ободрили недовольных и породили повсеместно надежду на полную отмену опричнины. Оппозицию поддержало влиятельное духовенство. 19 мая 1566 года митрополит Афанасий в отсутствие царя демонстративно сложил с себя сан и удалился в Чудов монастырь.

Грозный поспешил в столицу и после совета с земцами предложил занять митрополичью кафедру Герману Полеву, казанскому архиепископу. Рассказывают, что Полев переехал на митрополичий двор, но пробыл там всего два дня. Будучи противником опричнины, архиепископ пытался воздействовать на царя «тихими и кроткими словесы его наказующе». Когда содержание бесед стало известно членам опричной думы, те настояли на немедленном изгнании Полева с митрополичьего двора. Бояре и земщина были возмущены бесцеремонным вмешательством опричников в церковные дела. Распри с духовными властями, обладавшими большим авторитетом, поставили царя в трудное положение, и он должен был пойти на уступки в выборе нового кандидата в митрополиты. В Москву был спешно вызван игумен Соловецкого монастыря Филипп (в миру Федор Степанович Колычев). Филипп происходил из очень знатного старомосковского рода и обладал прочными связями в боярской среде. Его выдвинула, по-видимому, та группировка, которую возглавлял конюший И. П. Челяднин и которая пользовалась в то время наибольшим влиянием в земщине. Соловецкий игумен состоял в отдаленном родстве с конюшим. Как бы то ни было, с момента избрания в митрополиты Филипп полностью связал свою судьбу с судьбой боярина Челяднина. Колычев был хорошо осведомлен о настроениях земщины и по прибытии в Москву быстро сориентировался в новой обстановке. В его лице земская оппозиция обрела одного из самых деятельных и энергичных вождей. Колычев изъявил согласие занять митрополичий престол, но при этом категорически потребовал распустить опричнину. Поведение соловецкого игумена привело Грозного в ярость. Царь мог бы поступить с Филиппом так же, как и с архиепископом Германом. Но он не сделал этого, понимая, что духовенство до крайности раздражено изгнанием Полева. На исход дела повлияло, возможно, и то обстоятельство, что в опричной думе заседал двоюродный брат Колычева. 20 июля 1566 года Филипп вынужден был публично отречься от своих требований и обязался «не вступаться» в опричнину и в царский «домовой обиход» и не оставлять митрополию из-за опричнины [37].

Множество признаков указывало на то, что выступления Полева и Колычева не были единичным явлением и что за спиной церковной оппозиции стояли более могущественные политические силы. По крайней мере два источника различного происхождения содержат одинаковые сведения о том, что в разгар опричнины земские служилые люди обратились к царю с требованием об отмене опричного режима. Согласно московской летописи, царь навлек на свою голову проклятие «земли» и «биша ему челом и даша ему челобитную за руками о опришнине, что не достоит сему быти» [38]. По словам переводчика царского лейб-медика Альберта Шлихтинга, земцы обратились к царю с протестом против произвола опричных телохранителей, причинявших земщине нестерпимые обиды. Указав на свою верную службу, дворяне потребовали немедленного упразднения опричных порядков. Выступление служилых людей носило внушительный характер: в нем участвовало более 300 знатных лиц земщины, в том числе некоторые бояре-придворные. По данным Шлихтинга, оппозиция заявила о себе в 1566 году. Протест против насилий опричнины исходил от членов созванного в Москве Земского собора.

По свидетельству А. Шлихтинга, царь отклонил ходатайство земских дворян и использовал чрезвычайные полномочия, предоставленные ему указом об опричнине, чтобы покарать земщину. 300 челобитчиков попали в тюрьму. Правительство, однако, не могло держать в заключении цвет столичного дворянства, и уже на шестой день почти все узники получили свободу. 50 человек, признанных зачинщиками, подверглись торговой казни: их отколотили палками на рыночной площади. Нескольким урезали языки, а трех дворян обезглавили. Все трое казненных — князь В. Пронский, И. Карамышев и К. Бундов — незадолго до гибели участвовали в работе Земского собора.

Антиправительственное выступление дворян в Москве произвело столь внушительное впечатление, что царские дипломаты вынуждены были выступить со специальными разъяснениями за рубежом. По поводу казни членов Земского собора они заявили следующее: про тех лихих людей «государь сыскал, что они мыслили над государем и над государскою землею лихо, и государь, сыскав по их вине, потому и казнити их велел» [39]. Такова была официальная точка зрения. Требование земских служилых людей об отмене опричнины власти квалифицировали как покушение на безопасность царя и его «земли».

Благодаря вмешательству духовенства конфликт был быстро потушен. По-видимому, Филипп выхлопотал у царя помилование для подавляющего большинства тех, кто подписал челобитную грамоту. После недолгого тюремного заключения они были выпущены. Сообщая обо всем этом, Шлихтинг сделал важную оговорку. Вскоре, замечает он, царь вспомнил о тех, кто был отпущен на свободу, и подверг опале. Это указание позволяет уточнить состав земской оппозиции, выступившей на соборе, поскольку вскоре после роспуска собора многие из его членов действительно подверглись казням и гонениям. В их числе оказался конюший боярин И. П. Челяднин-Федоров. К началу опричнины конюший стал одним из главных руководителей земской думы. По свидетельству современников, царь признавал его самым благоразумным среди бояр и вверял ему управление Москвой в свое отсутствие. На первом году опричнины Челяднин возглавил московскую семибоярщину. Боярин был одним из самых богатых людей своего времени, отличался честностью, не брал взяток, благодаря чему его любили в народе.

Можно проследить за службой Челяднина месяц за месяцем, неделю за неделей вплоть до роковых дней роспуска Земского собора, когда в его судьбе наступил решительный перелом. Конюшего отстранили от руководства земщиной и отправили на воеводство в пограничную крепость Полоцк. Именно в этот момент польско-литовское правительство тайно предложило конюшему убежище, указывая на то, что царь желал над ним «кровопролитство вчинити». Очевидно, Челяднин чуть было не последовал за Пронским, Карамышевым и Бундовым. Участие конюшего в выступлении против опричнины едва не стоило ему головы.

Власти были поражены не только масштабами земской оппозиции, но и тем, что протест исходил от наиболее лояльной части думы и руководства церкви. На царя протест произвел ошеломляющее впечатление. Мало того, что Грозный не выносил возражений, он должен был наконец отдать себе отчет в том, что все попытки стабилизировать положение путем уступок потерпели неудачу. Социальная база правительства продолжала неуклонно сужаться.

Попытки политического компромисса не удались. Надежды на трансформацию опричных порядков умерли, едва родившись. Но эпоха компромисса оставила глубокий след в политическом развитии России. Озабоченное финансовыми проблемами, правительство пригласило на собор дворян, приказных и, наконец, купцов — подлинных представителей «земли». Собор впервые приобрел черты Земского собора. Члены собора пошли навстречу пожеланиям властей и утвердили введение чрезвычайных налогов для продолжения войны. Однако взамен они потребовали от царя политических уступок — отмены опричнины.

Челобитье земских дворян нарушило все расчеты правительства. Новые насилия опричнины положили конец дальнейшему развитию практики земских соборов.

После выступления членов собора власти не только не отменили опричнину, но постарались укрепить ее изнутри. Царь забрал в опричнину Костромской уезд и устроил здесь «перебор людишек», в результате которого примерно 2/3 местных дворян попало на опричную службу. Численность опричного охранного корпуса сразу увеличилась с 1 до 1,5 тысяч человек.

Правительство не только расширяло границы опричнины, но и с лихорадочной поспешностью укрепляло важнейшие опричные центры, строило замки и крепости. Сначала царь Иван задумал выстроить «особный» опричный двор внутри Кремля, но затем счел благоразумным перенести свою резиденцию в опричную половину столицы, «за город», как тогда говорили. На расстоянии ружейного выстрела от кремлевской стены, за Неглинной, в течение полугода вырос мощный замок. Его окружали каменные стены высотою в три сажени. Выходившие к Кремлю ворота, окованные железом, украшала фигура льва, раскрытая пасть которого была обращена в сторону земщины. Шпили замка венчали черные двуглавые орлы. Днем и ночью несколько сот опричных стрелков несли караулы на его стенах.

Отъезд главы государства из Кремля вызвал нежелательные толки, ввиду чего Посольский приказ официально объявил, что царь выстроил себе резиденцию за городом для своего «государьского прохладу». Если бы иноземцы вздумали говорить, что царь решил разделиться с опальными боярами, дипломаты должны были опровергнуть их и категорически заявить, что делиться государю не с кем [40].

Замок на Неглинной недолго казался царю надежным убежищем. В Москве он чувствовал себя неуютно. В его голове родился план основания собственной опричной столицы в Вологде. Там он задумал выстроить мощную каменную крепость наподобие Московского Кремля. Опричные власти приступили к немедленному осуществлению этого плана.

За несколько лет была возведена главная юго-восточная стена крепости с десятью каменными башнями. Внутри крепости вырос грандиозный Успенский собор. Около 300 пушек, отлитых на Московском пушечном дворе, доставлены были в Вологду и свалены там в кучу. 500 опричных стрельцов круглосуточно стерегли стены опричной столицы.

Наборы дворян в опричную армию, строительство замка у стен Кремля, сооружение грандиозной крепости в глухом вологодском краю, на значительном удалении от границ, и прочие военные приготовления не имели цели укрепления обороны страны от внешних врагов. Все дело заключалось в том, что царь и опричники боялись внутренней смуты и готовились вооруженной рукой подавить мятеж могущественных земских бояр.

Будущее не внушало уверенности мнительному самодержцу. Призрак смуты породил в его душе тревогу за собственную безопасность. Перспектива вынужденного отречения казалась все более реальной, и царь должен был взвесить свои шансы на спасение в случае неблагоприятного развития событий. В частности, Иван IV стал подумывать о монашеском клобуке. Будучи в Кириллове на богомолье, царь пригласил в уединенную келью нескольких старцев и в глубокой тайне поведал им о своих сокровенных помыслах. Через семь лет царь сам напомнил монахам об этом удивительном дне. Вы ведь помните, святые отцы, писал он, как некогда случилось мне прийти в вашу обитель и как я обрел среди темных и мрачных мыслей «малу зарю» света Божьего и повелел неким из вас, братии, тайно собраться в одной из келий, куда и сам явился, уйдя от мятежа и смятенья мирского; и в долгой беседе «аз грешный» вам возвестил желание свое о пострижении: «тут возрадовалося скверное мое сердце со окаянною моею душою, яко обретох узду помощи Божия своему невоздержанию и пристанище спасения» [41]. Гордый самодержец пал в ноги игумену, и тот благословил его «намерения». «И мне мнится, окаянному, что наполовину я уже чернец»,— так закончил царь Иван рассказ о своем посещении Кириллова.

Грозный постарался убедить монахов в серьезности своих слов и тотчас пожертвовал им крупную сумму, с тем чтобы ему отвели в стенах обители отдельную келью. Келья была приготовлена немедленно. Но царю это показалось недостаточным. Он решил готовиться к монашеской жизни, не откладывая дело на будущее. Так родилась затея, которую современники не могли объяснить и посчитали сумасбродной. «Начальные» люди опричнины облеклись в иноческую одежду. Монашеский орден стал функционировать в Александровской слободе. Возвращаясь из карательных походов, опричная «братия» усердно пародировала монашескую жизнь. Рано поутру царь с фонарем в руке лез на колокольню, где его ждал «пономарь» Малюта Скуратов. Они трезвонили в колокола, созывая прочих «иноков» в церковь. На «братьев», не явившихся на молебен к четырем часам утра, царь-игумен накладывал епитимью. Служба продолжалась с небольшим перерывом от четырех до десяти часов. Иван с сыновьями усердно молился и пел в церковном хоре. Из церкви все отправлялись в трапезную. Каждый имел при себе ложку и блюдо. Пока «братья» питались, игумен смиренно стоял подле них.

Недоеденную пищу опричники подбирали со стола и раздавали нищим на выходе из трапезной. Так Иван монашествовал в течение нескольких дней, после чего возвращался к делам правления.

Несмотря на все старания сохранить в тайне содержание кирилловской беседы, слухи о намерениях царя дошли до земщины и произвели там сильное впечатление. Учреждение в слободе монашеского ордена подтвердило их серьезность. Влиятельным силам земщины пострижение Грозного казалось лучшим выходом из создавшегося положения. Они не питали более сомнений насчет того, что без удаления царя Ивана нечего думать об уничтожении опричнины.

В действиях опричного правительства наметились признаки неуверенности и слабости. Неосторожными, двусмысленными речами в Кириллове царь дал богатую пищу для всевозможных толков в земщине, ободривших оппозицию. Всем памятно было первое отречение Грозного, и потому главным предметом споров в земщине стал вопрос, кто займет трон в случае, если царь оденется в монашескую рясу. Противники царя не желали видеть на троне тринадцатилетнего наследника царевича Ивана, при котором отец мог в любой момент вновь взять бразды правления в свои руки. После наследника наибольшими правами на престол обладал Владимир Андреевич, внук Ивана III. Этот слабовольный и недалекий человек казался боярам приемлемым кандидатом. Они рассчитывали при нем вернуть себе прежнее влияние.

Иван IV давно не доверял двоюродному брату и пытался надежно оградить себя от его интриг. Он заточил в монастырь его волевую и энергичную мать, назначил в удел бояр, не вызывавших подозрений, наконец, отобрал у брата родовое Старицкое княжество и дал ему взамен Дмитров и несколько других городов. Родственники княгини Евфросинии были изгнаны из Боярской думы. Один из них, боярин П. М. Щенятев, ушел в монастырь, но его забрали оттуда и заживо поджарили на большой железной сковороде.

Опричные гонения покончили с партией сторонников Старицкого в Боярской думе. Теперь князь Владимир еще меньше, чем прежде, мог рассчитывать добиться царского титула при поддержке одних только своих приверженцев. В значительно большей мере судьба короны зависела от влиятельного боярства, возглавлявшего земщину. В периоды междуцарствий управление осуществляла Боярская дума, представителями которой выступали старшие бояре думы — конюшие. По традиции конюшие становились местоблюстителями до вступления на трон нового государя. Немудрено, что раздор между царем и боярами и слухи о возможном пострижении государя не только вызвали призрак династического кризиса, но и поставили в центр борьбы фигуру конюшего Челяднина-Федорова. Благодаря многочисленным соглядатаям Грозный знал о настроениях земщины и нежелательных толках в думе. В свое время он сам велел включить в официальную летопись подробный рассказ о заговоре бояр в пользу князя Владимира, который завершался многозначительной фразой: «...и оттоле бысть вражда велия государю с князем Володимером Ондреевича, а в боярех смута и мятеж, а царству почала быти во всем скудость» [42]. После Земского собора «смута и мятеж в боярех» приобрели более грозный, чем прежде, размах. Опасность смуты носила, видимо, реальный характер, поскольку опричная политика вызывала общее недовольство.

Слухи о заговоре в земщине не на шутку пугали царя Ивана, и он стал подумывать об отъезде с семьей за границу. Подобные мысли приходили ему на ум и прежде, но теперь он перенес дело на практическую почву. В первых числах сентября 1567 года Грозный вызвал в опричный дворец английского посланника Дженкинсона. Свидание окружено было глубокой тайной. Посол явился переодетым в русское платье. Его проводили в царские покои потайным ходом. Из всех советников Грозного один только Афанасий Вяземский присутствовал на секретном совещании. Поручения царя к английской королеве были столь необычны, а их разглашение чревато такими осложнениями, что посланнику запретили делать хоть какие-нибудь записи. Царь приказал Дженкинсону устно передать королеве «великие дела тайные», но посланник ослушался и по возвращении в Лондон составил письменный отчет о беседе с царем. Как следует из отчета, царь просил королеву предоставить ему убежище в Англии «для сбережения себя и своей семьи... пока беда не минет, Бог не устроит иначе» [43]. Грозный не желал ронять свое достоинство и настаивал на том, чтобы договор о предоставлении убежища носил обоюдный характер, но дипломатическая форма соглашения не могла никого обмануть. Несколько лет спустя царь напомнил англичанам о своем обращении к ним и сказал, что поводом к этому шагу было верное предвидение им изменчивого и опасного положения государей, которые наравне с самыми низшими людьми «подвержены переворотам».

Тайные переговоры с английским двором недолго оставались секретом. Благодаря частым поездкам английских купцов в Россию, слухи о них проникли в столицу. Когда молва достигла провинции, она приобрела вовсе фантастический характер. Псковский летописец записал, что некий злой волхв (английский еретик) получил царя избить еще уцелевших бояр и бежать в «Аглицкую землю» [44]. Малодушие Грозного вызвало замешательство опричников, понимавших, какая судьба им уготована в случае его бегства. Земские служилые люди, жаждавшие упразднения опричнины, охотно верили любым благоприятным слухам.

Между тем Грозный был занят своими завоевательными планами. С наступлением осени он собрал все военные силы земщины и опричнины для захвата Ливонии. Поход начался, как вдруг царь отменил его, спешно покинул армию и на перекладных помчался в Москву. Причиной внезапного отъезда было известие о заговоре в земщине.

Сведения о заговоре противоречивы и запутанны. Многие современники знали о нем понаслышке. Но только двое — Г. Штаден и А. Шлихтинг — были очевидцами происшедших событий.

Штаден несколько лет служил переводчиком в одном из земских приказов, лично знал главу заговора конюшего Челяднина и пользовался его расположением. Осведомленность его относительно настроений земщины не вызывает сомнений. По словам Г. Штадена, у земских лопнуло терпение, они решили избрать на трон князя Владимира Андреевича, а царя с его опричниками истребить; они скрепили свой союз особой записью, но князь Владимир открыл царю заговор и все, что замышляли и готовили земские.

Шлихтинг, подобно Штадену, также служил переводчиком, но не в приказе, а в доме у личного медика царя. Вместе со своим господином он посещал опричный дворец и как переводчик участвовал в беседах доктора с Афанасием Вяземским, непосредственно руководившим расследованием заговора. Шлихтинг располагал самой обширной информацией, но он, дважды касаясь вопроса о земском заговоре, дал две противоположные и взаимоисключающие версии происшествия. В своей записке, озаглавленной «Новости», он изобразил Челяднина злонамеренным заговорщиком, а в более подробном «Сказании» назвал его жертвой тирана, неповинной даже в дурных помыслах.

Историки заимствовали из писаний Шлихтинга либо одну, либо другую версию в зависимости от своей оценки опричнины. Какой же из них следует отдать предпочтение? Ответить на этот вопрос можно лишь после исследования обстоятельств, побудивших Шлихтинга взяться за перо. Свои «Новости» беглец продиктовал сразу после перехода русско-литовской границы. Он кратко изложил наиболее важные из известных ему сведений фактического порядка. Все это придает источнику особую ценность. «Сказания» были написаны автором позже по прямому заданию польского правительства. Оценив осведомленность Шлихтинга насчет московских дел, королевские чиновники решили использовать его знания в дипломатических акциях против России. Папа римский направил к царю посла с целью склонить его к войне с турками. Король задержал папского посла в Варшаве и, чтобы отбить у него охоту к поездке в Москву, велел вручить ему «Сказания» Шлихтинга. Памфлет был переслан затем в Рим и произвел там сильное впечатление. Папа велел немедленно прервать дипломатические отношения с московским тираном. Оплаченное королевским золотом сочинение Шлихтинга попало в цель. В соответствии с полученным заданием Шлихтинг всячески чернил царя и не останавливался перед прямой клеветой. В «Сказаниях» он сознательно фальсифицировал известные ему факты о заговоре Челяднина. Но, не желая вовсе жертвовать истиной, Шлихтинг незаметно попытался опровергнуть собственную ложь. При описании новгородского погрома он мимоходом бросил многозначительную фразу: «И если бы польский король не вернулся из Радошкович и не прекратил войны, то с жизнью и властью тирана все было бы покончено». Это замечание не имело никакого отношения к новгородскому походу, зато оно непосредственно касалось заговора Челяднина: ведь именно во время прерванного похода царя в Ливонию король выступил в Радошковичи в ожидании того, что заговорщики выдадут ему царя, когда армии сойдутся.

Слова Шлихтинга неопровержимо доказывают, что и в «Сказаниях» он не отступил от первоначальной версии о заговоре в земщине.

Историков давно занимал вопрос, мнимые или подлинные заговоры лежали у истоков опричного террора. Два современника, два непосредственных очевидца событий единодушно, как теперь выяснено, свидетельствовали в пользу подлинности заговора. Но можно ли доверять их словам? Не следует ли прежде выяснить, какими источниками информации пользовались эти очевидцы? Ответить на поставленный вопрос не так уж и трудно. И Шлихтинг, и Штаден служили в опричнине и черпали сведения в опричных кругах, где взгляд на события был подчинен предвзятой и сугубо официозной точке зрения. Противоположную версию передавали неофициальные летописи земского происхождения. Их авторы, в отличие от опричников, утверждали, что форменного заговора в земщине не было, что вина земцев сводилась к неосторожным разговорам: недовольные земские люди «уклонялись» в сторону князя Владимира Андреевича, лихие люди выдали их речи царю, и недовольные «по грехом словесы своими погибоша» [45].

Выяснить, где кончались крамольные речи и начинался подлинный заговор, никогда не удастся. Историк в состоянии воссоздать ход событий лишь предположительно. Недовольство земщины было весьма значительным. Недовольные исчерпали легальные возможности борьбы с опричниной. Преследования убедили их, что царь не намерен отменять опричный режим. Тогда они втайне стали обсуждать вопрос о будущем троне. Рано или поздно противники царя должны были посвятить в свои планы единственного претендента, обладавшего законными правами на трон, князя Владимира Андреевича. Последний, оказавшись в двусмысленном положении, попытался спасти себя доносом. Во время похода в Ливонию он передал царю разговоры, которые вели в его присутствии недовольные бояре. Царь увидел в его словах непосредственную для себя угрозу, начало боярской крамолы, которой он боялся и давно ждал. Вероятно, показания князя Владимира не отличались большой определенностью и не могли служить достаточным основанием для обвинения Челяднина. Но популярность конюшего в думе и столице была столь велика, что Иван решился отдать приказ о его казни только через год после «раскрытия» заговора.

Не располагая уликами против «заговорщиков», царь прибегнул к провокации. По его приказу удельный князь Владимир посетил ничего не подозревавшего Челяднина и по-дружески попросил его составить списки лиц, на поддержку которых он может рассчитывать. В списки Челяднина записались 30 человек, старавшихся снискать расположение претендента на трон. Все происходило в строгой тайне, и никто не ждал беды.

Коварно «изобличив» недовольных, царь приступил к разгрому «заговора». Опричники начали с того, что взыскали с конюшего огромную денежную контрибуцию и сослали его в Коломну. Многие его сообщники были тотчас казнены. Начался трехлетний период кровавого опричного террора. Под его тяжестью умолкли московские летописи. Грозный затребовал к себе в слободу текущие летописные записи и черновики и, по-видимому, больше не вернул их Посольскому приказу. Опричнина положила конец культурной традиции, имевшей многовековую историю. Следы русского летописания затерялись в опричной Александровской слободе.

В истории России настала мрачная пора, от которой сохранилось совсем мало достоверных известий. В Москве перестали вести официальную летопись. Записки иностранцев того времени можно сравнить с кривым зеркалом. Архивы с опричной документацией безвозвратно погибли. Все попытки найти новые документы и факты оказались безуспешными, и тогда пришлось сосредоточить усилия на критической обработке давно известных источников с помощью новейших источниковедческих методов.

В конце жизни Иван IV объявил о прощении всех казненных им бояр и прочих лиц и пожертвовал на помин их души огромные суммы. Перечни казненных были разосланы в десятки монастырей в качестве поминальных списков, или синодиков. Со времен Н. М. Карамзина историки охотно обращались к синодикам. Но их использование затруднялось тем, что «синодик опальных» в подлиннике не сохранился и судить о нем можно лишь по поздним, до неузнаваемости искаженным монастырским копиям. С. Б. Веселовский первым высказал предположение, что в основе синодика лежал список казненных, составленный на основе приказных документов опричнины. Однако С. Б. Веселовский ограничился тем, что составил на основе поздних копий синодика алфавитный список казненных. Его окончательный вывод сводился к тому, что синодик заключает в себе нехронологический и весьма неполный список опальных [46].

Лишь применение новейших методов текстологии позволило после многих лет труда реконструировать оригинал синодика на основе множества поздних испорченных монастырских списков. Трудности реконструкции заключались в том, что поздние списки очень мало походили друг на друга. В разных монастырях были утеряны разные страницы синодика, а уцелевшие страницы перемешаны самым причудливым образом, монахи произвольно сокращали текст при переписках и пр.

Ключ к реконструкции синодика дало несложное текстуальное наблюдение. Опальные с необычным именем записаны в разных списках в окружении одних и тех же лиц. Возникло предположение, что эти тождественные фрагменты текста являются осколками протографа, уцелевшими при утрате и перестановке страниц. Понадобилось немало времени, чтобы выявить сходные отрывки текста в двадцати известных ранее и вновь выявленных списках синодика. Самым важным был вопрос — в каком порядке располагались выявленные «осколки» в оригинале? Решить его помог синодик нижегородского Печерского монастыря. Это единственный список, составленный еще при жизни Грозного. Но исследователи не придавали ему никакого значения по той простой причине, что в нем записаны одни имена (без фамилий), причем добрая половина из них — Иваны.

Печерский синодик полностью подтвердил результаты предшествующей текстологической работы: выделенные по другим спискам тождественные отрывки строго соответствовали печерскому тексту. Таким образом, печерский список позволил завершить реконструкцию протографа синодика. По разным спискам удалось расшифровать фамилии всех опальных, кроме трех лиц, а также восстановить множество сведений о месте и обстоятельствах гибели многих из них. Проверка этих данных обнаружила поразительный факт. Синодик заключал в себе хронологический и полный перечень всех казненных царем за три года террора в 1567—1570 годах. Как объяснить этот факт? Список казненных составлен был явно не по памяти. Дьякам пришлось идти в архив, чтобы выполнить приказ Ивана IV. Опричный архив еще хранился в полном порядке, ничто не исчезло. Стержнем опричной политики в 1567—1570 годах был грандиозный политический процесс об измене в пользу удельного князя Владимира Андреевича Старицкого: дьяки старательно законспектировали документацию этого процесса, сохранив во многих случаях язык и цифры опричных судебных отчетов [47].

Реконструкция оригинала синодика позволила решить сложную и важную источниковедческую задачу — воскресить опричный архив, безвозвратно погибший после смерти Грозного. Тем самым была создана основа для оценки самого темного периода в истории опричнины.

События, связанные с эпохой террора, развивались следующим образом. После возвращения из неудавшегося ливонского похода царь казнил несколько видных дворян — родственников Владимира Андреевича, скомпрометированных его доносом.

Начавшиеся казни вызвали резкий протест со стороны высшего духовенства. Убедившись в тщетности увещеваний, митрополит Филипп выждал момент, когда царь со всей своей свитой явился на богослужение в кремлевский Успенский собор, и при большом стечении народа произнес проповедь о необходимости упразднить опричнину. Кремлевский диспут кратко и точно описан новгородским летописцем: 22 марта 1568 года «учал митрополит Филипп с государем на Москве враждовати о опришнины» [48]. Диспут нарушил благочиние церковной службы и имел неблагоприятный для Грозного исход. Не получив от митрополита благословение, царь в ярости стукнул посохом оземь и пригрозил митрополиту, а заодно и всей «земле» суровыми карами. «Я был слишком мягок к вам, но теперь вы у меня взвоете!» — будто бы произнес он [49]. На другой день о столкновении царя с митрополитом говорила вся столица. Церковь пользовалась большим авторитетом как среди власть имущих, так и в беспокойных низках. Через фанатичных монахов, через юродивых церковники ловко влияли на настроение народа, не остававшегося безучастным свидетелем происходившего.

Протест Филиппа был симптомом окончательного падения престижа царя в земщине. Приспешники Грозного настоятельно убеждали его пустить в ход насилие, поскольку в обстановке острого внутреннего кризиса всякое проявление слабости могло иметь катастрофические для властей последствия.

Филипп нарушил клятву «не вступаться в опричнину» и должен был понести наказание. Опричники схватили его бояр и забили их насмерть железными палицами, водя по улицам Москвы. Этот факт получил отражение в синодике, где записаны митрополичьи старцы Леоний Русинов, Никита Опухтин и другие. Рядом с митрополичьими советниками на страницах синодика фигурируют ближние люди и слуги конюшего Челяднина. Очевидно, раздор с митрополитом побудил царя отдать давно подготовленный приказ о расправе с «заговорщиками».

В соответствии с официальной версией конюший Челяднин готовился произвести переворот с помощью своих многочисленных слуг и подданных, будто бы посвященных в планы заговора. Немудрено, что опричники подвергли вооруженную свиту конюшего и его челядь беспощадному истреблению. Царские телохранители совершили несколько карательных походов во владения Челяднина. Записи синодика позволяют восстановить картину первых опричных погромов во всех деталях. Ближние вотчины конюшего разгромил Малюта Скуратов. Заслуги палача были оценены должным образом, и с этого момента началось его быстрое возвышение в опричнине. После разгрома ближних вотчин настала очередь дальних владений. Челяднин был одним из богатейших людей своего времени. Ему принадлежали обширные земли в Бежецком Верху неподалеку от Твери. Туда царь явился собственной персоной со всей опричной силой. При разгроме боярского двора «кромешники» посекли боярских слуг саблями, а прочую челядь и домочадцев согнали в сарай и взорвали на воздух порохом. Об этих казнях повествует следующая документальная запись синодика: «В Бежецком Верху отделано Ивановых людей 65 человек до 12 человек скончавшихся ручным усечением».

Погром не прекращался в течение нескольких месяцев — с марта по июль. Летом опричники подвели своеобразный итог своей деятельности со времени раскрытия «заговора». «Отделано 369 человек и всего отделано июля по 6-е число»,— читаем в синодике [50]. Примерно 300 человек из указанных в «отчете» были боярскими слугами и холопами. Они погибли при разгроме вотчин.

Непрекращавшееся кровопролитие обострило конфликт между царем и церковью. Следуя примеру митрополита Афанасия, Филипп в знак протеста против действий царя покинул свою резиденцию в Кремле и демонстративно переселился в один из столичных монастырей. Однако, в отличие от своего безвольного предшественника, Колычев отказался сложить сан митрополита.

Открытый раздор с главой церкви ставил Грозного в исключительно трудное положение. Он вынужден был удалиться в слободу и заняться там подготовкой суда над Филиппом. Опричные власти поспешили вызвать из Новгорода преданного царю архиепископа Пимена. Специально подобранная из опричников и духовных лиц комиссия произвела розыск о жизни Филиппа в Соловецком монастыре и с помощью угроз и подкупа получила показания, порочившие бывшего игумена. Состряпанное комиссией обвинение оказалось все же столь сомнительным, что самый авторитетный член комиссии епископ Пафнутий отказался подписать его. Противодействие епископа грозило сорвать суд над Филиппом. Исход дела должно было определить теперь обсуждение в Боярской думе, многие члены которой сочувствовали Колычеву.

Конфликт достиг критической фазы. В такой обстановке Грозный решил нанести думе упреждающий удар. 11 сентября 1568 года Москва стала свидетелем казней, зафиксированных синодиком: «Отделано: Ивана Петровича Федорова; на Москве отделаны Михаил Колычев да три сына его; по городам — князя Андрея Катырева, князя Федора Троекурова, Михаила Лыкова с племянником». Отмеченные синодиком репрессии против членов Боярской думы по своему размаху немногим уступали первым опричным казням. На эшафот разом взошли старший боярин думы И. П. Челяднин-Федоров, окольничие М. И. Колычев и М. М. Лыков, боярин князь А. И. Катырев-Ростовский.

При разгроме «заговора» Челяднина пролилось значительно больше крови, чем в первые месяцы опричнины. На основании записей синодика можно установить, что с конюшим погибло до 150 дворян и приказных людей и вдвое большее число их слуг и холопов. Репрессии носили в целом беспорядочный характер. Хватали без разбора друзей и знакомых Челяднина, уцелевших сторонников Адашева, родню находившихся в эмиграции дворян и т.д. «Побивали» всех, кто осмеливался протестовать против опричнины. Недовольных же было более чем достаточно, и они вовсе не хотели молчать. Записанный в синодик дворянин Митнев, будучи на пиру во дворце, бросил в лицо царю дерзкий упрек: «Царь, воистину яко сам пиешь, так и нас принуждаешь, окаянный, мед, с кровию смешанный братий наших... пити!»[51] Тут же во дворце он был убит опричниками. Вяземский дворянин Митнев имел основания протестовать против произвола опричнины. Он был выслан из своего уезда в начале опричнины и лишился земельных владений.

Помимо дворян, пострадавших от опричных выселений, недовольство выражали казанские ссыльные, разоренные конфискацией родовых вотчин. Полоса амнистий безвозвратно миновала, и теперь некоторые из «прощенных» княжат были убиты. В числе их боярин А. И. Катырев, трое Хохолковых, Ф. И. Троекуров, Д. В. Ушатый и Д. Ю. Сицкий. Расправы с княжеской знатью были осуществлены как бы мимоходом. Преобладающее большинство репрессированных принадлежало к нетитулованному дворянству.

Самыми видными подсудимыми на процессе о заговоре в земщине стали члены знатнейших старомосковских нетитулованных фамилий — И. П. Челяднин, Шеины-Морозовы, Сабуровы, Карповы, казначей Х. Ю. Тютин, несколько видных дьяков, а также бывшие старицкие вассалы В. Н. Борисов, И. Б. Колычев, Ф. Р. Образцов. Невозможно поверить тому, что все казненные были участниками единого заговора. Подлинные сторонники Старицкого уже покинули политическую сцену. Что же касается Челяднина, то он в дни давнего династического кризиса 1553 года выступал решительным противником князя Владимира и более всех других способствовал его разоблачению. Окольничий М. И. Колычев также доказал свою лояльность в деле Старицких. Недаром он был послан в Горицкий монастырь для надзора за Евфросинией Старицкой тотчас после ее пострижения.

Обвинения насчет связей с «крамольным» князем Владимиром служили не более чем предлогом для расправы с влиятельными боярскими кругами, способными оказать реальное сопротивление опричной политике. Пытки открыли перед властями путь к подтверждению вымышленных обвинений. Арестованных заставляли называть имена «сообщников». Оговоренных людей казнили без суда. Исключение было сделано только для конюшего И. П. Челяднина и М. И. Колычева. Но их судили ускоренным судом. Царь собрал в парадных покоях большого кремлевского дворца членов думы и столичное дворянство и велел привести осужденных. Конюшему он приказал облечься в царские одежды и сесть на трон. Преклонив колени, Грозный напутствовал несчастного иронической речью: «Ты хотел занять мое место, и вот ныне ты великий князь, наслаждайся владычеством, которого жаждал!» [52] Затем по условному знаку опричники убили конюшего, выволокли его труп из дворца и бросили в навозную кучу. Фарс, устроенный в Кремле, и вымыслы по поводу того, что конюший домогался короны, показали, что опричному правительству не удалось доказать выдвинутые против него обвинения. Главные «сообщники» Челяднина — нарвский воевода М. М. Лыков, свияжский воевода А. И. Катырев и казанский воевода Ф. И. Троекуров — были казнены без судебной процедуры.

Как правило, следствие проводилось в строгой тайне и смертные приговоры выносились заочно. Осужденных убивали дома или на улице, на трупе оставляли краткую записку. Таким способом преступление «заговорщиков» доводились до всеобщего сведения.

Гибель Челяднина решила судьбу Филиппа. Вернувшаяся с Соловков следственная комиссия представила боярам материалы о порочной жизни митрополита. Оппозиция в думе была обезглавлена, и никто не осмелился высказать вслух своих сомнений. Послушно следуя воле царя, земская Боярская дума вынесла решение о суде над главою церкви. Чтобы запугать Филиппа, царь послал ему в монастырь зашитую в кожаный мешок голову окольничего М. И. Колычева, его троюродного брата. Филиппа судили в присутствии Боярской думы и высшего духовенства. Филипп отверг все обвинения. Он попытался прекратить судебное разбирательство, объявив о том, что слагает с себя сан по своей воле. Но царь отказался признать отречение Колычева. Он не забыл пережитого унижения и желал скомпрометировать опального главу церкви в глазах народа.

Филипп принужден был служить службу после того, как соборный суд вынес ему приговор. В середине службы в Успенский собор ворвались опричники. При общем замешательстве Басманов огласил соборный приговор, порочивший митрополита. С него содрали клобук и мантию, бросили в простые сани и увезли в Богоявленский монастырь. Признанный виновным в «скаредных делах», Колычев по церковным законам подлежал сожжению, но Грозный заменл казнь вечным заточением в монастырской тюрьме.

Смолкли голоса недовольных в земщине. Не только мнимых заговорщиков, но и всех заподозренных в сочувствии им постигла суровая кара. Вожди опричнины торжествовали победу. Но ближайшие события показали, что их торжество было преждевременным. Прошел год, и усилившийся террор поглотил не только противников опричнины, но и тех, кто стоял у ее колыбели.

Глава 4

Новгородский разгром

Государев разгром Новгорода явился одним из главных эпизодов в истории опричнины. Он получил неодинаковую оценку у исследователей. По мнению А. А. Зимина, опричнина нанесла завершающий удар последним мощным форпостам удельной раздробленности, к числу которых принадлежал Великий Новгород: «Ликвидация обособленности и экономического могущества Новгорода являлась необходимым условием завершения борьбы с политической раздробленностью страны». Разгром Новгорода подвел финальную черту под длительной борьбой за объединение русских земель под властью московского правительства [1].

Ссылка на необходимость преодоления феодальной раздробленности не может ни оправдать, ни объяснить опричный разгром Новгорода. С ликвидацией республиканских порядков в Новгороде в конце XV века Новгородская земля вошла в состав Русского государства окончательно и бесповоротно. Новгород перестал быть оплотом феодальной раздробленности с того момента, как московское правительство экспроприировало все без исключения местное новгородское боярство, купечество, «житьих людей» и водворило на экспроприированных землях московских служилых людей — помещиков. Ни в одной земле мероприятия, призванные гарантировать объединение, не проводились с такой последовательностью, как в Новгороде. Ко времени опричнины в Новгороде прочно утвердились московские порядки. Москва неограниченно распоряжалась всем фондом новгородских поместных земель, постоянно назначала и сменяла всю приказную администрацию Новгорода.

При ликвидации независимости Новгорода в 1478 году новгородские бояре выговорили себе гарантии новгородской вольности (условие о сохранении старых судебных порядков, военной службы новгородцев в пределах их земли и пр.). Некоторые из этих гарантий, полагал М. Н. Тихомиров, сохранились до времени новгородского восстания 1650 года, хотя и подверглись изменениям [2]. Наблюдение М. Н. Тихомирова едва ли может подкрепить взгляд на Новгород как оплот удельной децентрализации в XVI веке. Гарантии, данные Иваном III (Москва обещала сохранить местным боярам их вотчины), утратили всякий смысл с того момента, как сами эти бояре были в массовом порядке высланы из Новгорода. Вместе с тем исчез самый субъект гарантий 1478 года.

При анализе «новгородского дела» следует строго различать существенные предпосылки, действительные причины этого крупнейшего процесса и внешние поводы к нему.

На первом этапе опричнины конфликт между Грозным и суздальской знатью затронул исключительно Государев двор Московской земли. Конфискация княжеских вотчин была проведена в замосковных уездах, а выселения земцев — в городах, попавших в опричнину. Новгородская земля осталась в стороне от бурных событий опричнины. Но продолжалось это недолго.

Вернув из ссылки опальных княжат, власти созвали в Москве собор, имея целью возложить на земщину расходы, вызванные продолжением завоевательной войны в Ливонии. Наиболее широко на соборе были представлены дети боярские из Новгорода (21 помещик) и Москвы (16 дворян)[3]. Новгородская кованая рать играла в войне на западных границах особую роль, и поэтому новгородцев пригласили на собор в наибольшем количестве. Указ об опричнине предусматривал возможность зачисления в «государеву светлость» (опричнину) любого уезда или пятины страны. Такая перспектива тревожила новгородских помещиков, и некоторые из них поддержали попытку конюшего И. П. Челяднина-Федорова убедить царя отменить ненавистные опричные порядки. В дальнейшем начался розыск о заговоре Федорова и других земских дворян, будто бы готовившихся свергнуть законного царя и посадить на его место удельного князя Владимира. Розыск бросил тень на Новгородскую землю. Иван IV был не на шутку встревожен тем, что его брат Владимир может воспользоваться поддержкой новгородского поместного ополчения, что скажется на исходе династического кризиса. Воспользовавшись доносом Владимира, Грозный велел ему составить списки возможных сторонников в Москве и Новгороде[4]. Еще до ареста и суда над И. П. Федоровым опричники казнили в числе других его «сообщников», знатных новгородских помещиков Сабуровых, А. С. Хвостова-Отяева, помещиков Бежецкой пятины А. И. Баскакова, П. Малечкова и др.[5]. Конюший Федоров возглавлял боярское правительство земщины, поэтому суд над ним поставил под удар приказную верхушку. Среди казненных были видные дьяки, долгое время служившие в Новгороде, а затем переведенные в столицу. Они сохранили поместья в Новгороде и, таким образом, не порывали связи с новгородским дворянством. Несколько лет новгородской съезжей избой управлял дьяк Казарин Дубровский, имевший поместья в Шелонской и Бежецкой пятинах. Его дом в Новгороде был одним из лучших. Иван IV останавливался в этом дворе при посещении Новгорода в 1547 году. В 1567 году Казарин был дьяком Казенного двора в Москве[6]. Его казнь положила начало массовому террору в России.

Не менее десяти лет дьяком в Новгороде был Ишук Бухарин, также имевший поместье в Новгородской земле. С 1554 года его перевели в Москву[7]. Он также погиб как «сообщник» Федорова.

Большим гнездом жили в Новгороде Колычевы. По делу Федорова казни подверглись окольничий М. И. Колычев, бывший удельный воевода И. Б. Колычев, служивший Старицким, а также В. Колычев. Все они записаны в синодике.

Старицкие князья традиционно поддерживали дружеские связи с новгородскими верхами. Опасаясь потерять трон, Грозный полагал, что претензии брата на власть поддержат не только новгородские дворяне, но и остальное население, поскольку самодержец был непопулярен в Новгородской земле. События, происшедшие после казни И. П. Федорова, казалось бы, подтвердили его подозрения. В январе 1569 года немногочисленный литовский отряд при загадочных обстоятельствах захватил важный опорный пункт обороны на северо-западе — неприступную Изборскую крепость. Глухой ночью изменник Т. Тетерин, переодевшись в опричную одежду, велел страже открыть ворота Изборска, «вопрошаясь опричниной». После освобождения этой крепости опричники объявили изборских подьячих сообщниками Тетерина и предали их казни [8]. Царь укрепился в своем недоверии к земской приказной администрации. По его приказу, как утверждал Г. Штаден, были обезглавлены дьяки в ближайших к Изборску ливонских городах [9]. Посредством таких варварских мер власти надеялись повысить бдительность русских гарнизонов в Ливонии.

Изборская «измена» внушила правительству мысль о ненадежности приказной администрации, а также и всего населения Псковской и Новгородской земель. Следствием того были широкие репрессии против псковичей и новгородцев в марте 1569 года. Едва завершив расследование изборской «измены», царь велел провести выселение всех неблагонадежных лиц из Пскова и Новгорода. По летописи, власти выселили 500 семей из Пскова и 150 семей из Новгорода [10]. Общее число лиц, подлежавших высылке, исчислялось весьма значительной цифрой: 2—2,5 тысячи человек. В известном смысле меры Грозного копировали массовые выселения из Новгорода при Иване III. Однако в конце XV века ссылке подверглись новгородцы, принадлежавшие к высшему сословию. Теперь же основную массу высланных составляли «середние» и в особенности «меньшие» посадские люди [11]. Массовое выселение посадских людей из Пскова и Новгорода, двух городов, бывших в глазах правительства опасными очагами брожения, принадлежало к числу самых значительных мер опричнины за все время ее существования.

«Изборское дело» дало новое направление заглохшему делу о заговоре против трона. Казнь конюшего И. П. Федорова и многих земских дворян, казалось бы, положила конец измене. Сторонники удельного князя Владимира, засевшие в Москве, подверглись поголовному истреблению.

Но кроме Москвы в России был еще один политический центр — Новгород Великий. Иван IV не забыл того, как Андрей Старицкий пытался противодействовать Елене Глинской и вернуть себе законные права старшего опекуна, опираясь на новгородскую кованую рать. И Андрей Старицкий, и его сын Владимир Андреевич имели в Новгороде резиденцию и пользовались симпатиями у населения [12]. Новгородский летописец, хорошо знавший местные настроения, отметил, что после смерти Владимира многие люди (из числа местного населения) «восплакашася» по нем [13]. В случае отречения Грозного с сыновьями князь Владимир оставался единственным законным претендентом на трон. Поддержка новгородского дворянства могла иметь в этом случае решающее значение. Изборская «измена» наэлектризовала политическую атмосферу до крайних пределов. Царь и его опричное окружение жили в напряженном ожидании мятежа и смуты. В таких условиях достаточно было толчка, чтобы последовал взрыв. Таким толчком послужили, во-первых, известие о перевороте в Швеции и свержении союзника царя Эрика XIV и, во-вторых, начавшееся расследование об измене Новгорода и Пскова.

Летом 1569 года Иван IV спешно вызвал в опричную Вологду «великих послов», вернувшихся из Стокгольма. Представленный ими отчет произвел на Ивана ошеломляющее впечатление. Послы сообщили о том, что незадолго до их приезда в Швецию король Эрик XIV казнил многих знатных князей. Опасаясь мятежа, король неоднократно обращался за помощью к русским послам. Послы поначалу отказались вести переговоры с королевским эмиссаром, заявив ему: «То дело великое, верити тобе в таком деле нельзя, еще еси молод, а мы не знаем». Примерно через неделю гонец вновь пришел к послам и предъявил им оттиск с личной печати короля. 19 августа 1567 года шведский дворянин передал послам тайное «королевское слово» — просьбу, «чтобы вы, послы, короля с собою на Русь взяли», потому что «нынеча король боитца бояр своих, и воли, де, ему, ни в чем нет», «боится от своих бояр убивства» [14]. Спустя год Эрик XIV вновь обратился к русскому посольству. На этот раз послы уверили короля в том, что царь поможет ему и пришлет войска, «кем оборонитися ему» от своих изменников [15]. Эрик XIV начал готовиться к отъезду в Москву, но соглашение с русскими послами так и не было реализовано: король «казну был уже хотел укладывати в корабль, да поспешил брат его Яган, его изымал и посадил в заточенье» [16]. В сентябре 1568 года мятежные братья короля «удельные князья» Юхан и Карл свергли Эрика с престола и заточили его в крепость.

Известия о перевороте в Швеции усилили тревогу Грозного по поводу смуты в земщине. Царь боялся разделить участь сумасшедшего шведского короля. Король желал найти убежище на Руси, царь готовился бежать в Англию. Оба боялись «убивства» от своих бояр и мятежа со стороны удельных князей. Известия из Швеции, глубоко запавшие в голову мнительного царя, бесспорно ускорили развязку дела о заговоре Старицкого.

После казни Федорова опричное правительство сослало князя Владимира Андреевича в Нижний Новгород. Формально он командовал полками, посланными туда по случаю вторжения турок. Фактически же назначение никак не соответствовало чину и знатности удельного князя. Единственным помощником Старицкого был второстепенный воевода П. В. Морозов [17]. Во время пребывания Старицкого в Нижнем опричники инсценировали покушение на жизнь царя Ивана. Один из царских поваров, ездивший в Нижний за рыбой для царского стола, донес, будто Старицкий уговаривал его отравить царя, вручил ему яд и 50 рублей [18]. К суду над Старицким были привлечены «ближайшие льстецы, прихлебатели и палачи» в качестве свидетелей [19]. Судилище проходило в глубокой тайне.

Царь пробыл в Вологде все лето и вернулся в Москву только 10 сентября. Днем ранее в Слободе умерла царица Мария, не вынесшая длительного путешествия [20]. Грозный обвинил в смерти жены своих тайных недругов и открыто объявил, что царица «злокозньством отравлена бысть»[21]. Вскоре же царь выслал гонцов к Старицкому, приказав ему немедленно ехать в Слободу. В начале октября Старицкий прибыл на ямскую станцию Богану под Слободой и разбил там свой лагерь [22]. На другой день несколько сот вооруженных опричников окружили Богану со всех сторон. На двор к Старицкому явились опричные судьи В. Г. Грязной и М. Л. Скуратов. Они объявили князю Владимиру, что царь «считает его не братом, но врагом, ибо может доказать, что он покушался не только на его жизнь, но и на правление, как доказал это сам князь Владимир тем, что подкупил повара, дал ему яд и приказал погубить великого князя» [23]. Для очной ставки со Старицким были приведены доносчик повар и другие свидетели.

После короткого судебного «разбирательства» князь Владимир был доставлен 9 октября 1569 года в царский лагерь и по приказу царя выпил кубок с отравленным вином. Вместе с ним приняли яд его жена (в девичестве княгиня А. Р. Одоевская.—*Р.С.*) и девятилетняя дочь Евдокия. Одновременно царь жестоко расправился с ненавистной теткой княгиней Е. Старицкой, находившейся в заточении на Белоозере. Опричники забрали старицу Евдокию из Горитского монастыря и на речных стругах повезли в Слободу. 11 октября она была казнена. Царь «по дороге велел ее уморити в судне в ызбе в дыму» [24]. Участь удельной княгини разделила вся ее свита. В синодике опальных мы находим следующую запись: «Княгини монахи Евфросинии княж Володимеровы Андреевича матери Евдокею оудельная, да 12 человек и с старицами, которые с нею были: княж Владимирской постельницы, что была у князя молодого приставлена Мария Ельчина... Марфоу Жулебина, Акилиноу Палицына, Ивана Ельчина». В синодик занесен полный список двенадцати казненных стариц «боярынь» и пяти слуг, среди них рыболов [25].

Вскоре после гибели Старицких власти сделали сообщение в Литве о раскрытии заговора в земщине. Официальная версия гласила, что «князь Володимер был с матерью учал умышляти над государем и... над государьскими детми всякое лихо, хотели государя и государьских детей испортити» [26]. В розыскном деле о новгородской измене, хранившемся в царском архиве, значилось, что Владимир Андреевич и его единомышленники «хотели злым умышлением извести» царя и великого князя Ивана Васильевича [27]. Архивное дело исчезло, но на его основании была составлена запись синодика, которая заключает в себе наиболее точные данные о том, как был подготовлен и проведен суд над братом царя: убиенных «Молява повара, Ярыша Молявин ...Иван Молявин, брат ево, Левонтия Молявина ...Антона Свиязев подьячий, Ларивона Ярыга, и сына его Неустроя Бурков — пушкари, с Коломны Еж рыболов ...Федора Соломонов рыболов... На Богане благоверного князя Володимера Андреевича со княгинею да с дочерью, дьяка Якова Захаров, Василя Чиркин, Анноу, Ширяя Селезневых, Дмитрея Елсуфьев, Богдана Заболоцкого, Стефана Бутурлин».

Синодик обнаруживает следующие факты, относящиеся к процессу над Старицким. Прежде всего, главные свидетели обвинения против Старицкого дворцовый повар Молява и его сыновья, а также рыболовы, ездившие в Нижний, были казнены до окончания суда над удельным князем. Синодик подтверждает известие Шлихтинга о том, что царский повар был оклеветан, и опровергает версию Таубе и Крузе, будто повар с самого начала вошел в тайный сговор с опричными следователями и его лишь для вида брали к пытке [28]. Вместе с дворцовой прислугой казни подвергся новгородский подьячий Антон Свиязев. Его показания дали опричным судьям материал для розыска о заговоре в Новгороде. Примечательно, что начало «новгородскому делу» положил донос, поступивший из самого Новгорода. В царском архиве среди прочих судных дел хранилось «дело наугородцкое на подьячих на Онтона Свиязева с товарищи прислано из Новгорода, по Павлове скаске Петрова, с Васильем Степановым» [29]. Дело об измене новгородских приказных возникло в земщине: его документация была доставлена царю главой земского Поместного приказа.

Согласно синодику, вместе со Старицким казни подверглись главный дьяк Дмитровского удельного княжества Я. Г. Захаров-Гнильев [30], дмитровские дворяне В. Ф. Чиркин [31], Ш. Селезнев [32] и другие.

А. А. Зимин считал, что казнь последнего крупного удельного владыки князя Владимира Андреевича явилась мерой политически необходимой, продиктованной заботой о ликвидации последних оплотов удельной раздробленности. Факты ставят под сомнение оценку подобного рода. Если бы Грозный ставил целью полностью и окончательно ликвидировать Дмитровское удельное княжество, он бы не пощадил наследника удела княжича Василия Владимировича. Между тем княжич и две его сестры, родившиеся от первого брака князя Владимира с девицей Нагой, избежали гибели. Вторым браком князь Владимир был женат на сестре Андрея Курбского. Ее царь велел отравить вместе с князем Владимиром.

В ходе судебного разбирательства на Богане опричные следователи выдвинули версию о том, что удельный князь Владимир Андреевич готовился произвести переворот, опираясь на поддержку Новгорода и Пскова.

Страх царя достиг критической отметки после того, как он узнал подробности о государственном перевороте в Швеции. По сообщению русских послов, мятежные герцоги свергли короля Эрика XIV, опираясь на посадских людей Стокгольма. В страхе перед горожанами, сообщали послы, монарх тайно присылал к ним своего дворянина и просил «проведывати про стеколских людей про посадцких измену, что оне хотят королю изменити, а город хотят здати королевичем...» [33]. Опасения короля полностью оправдались. Во время осады Стокгольма мятежниками стокгольмский посад принял сторону мятежных бояр и удельных князей: «Свейские люди все, которые были в городе, город Ягану королевичу отворили».

Вскоре после суда на Богане царь и его опричная дума приняли решение о карательном походе на Новгород и Псков. По свидетельству участников экспедиции, власти распорядились собрать всех опричников, способных носить оружие. Число их будто бы простиралось до 15 тысяч [34]. В действительности вся опричная армия насчитывала едва ли больше 6—7 тысяч человек, включая детей боярских, стрельцов и боевых холопов. По первому зимнему пути опричная армия двинулась в поход на Новгород. Высланные вперед опричные заставы заняли ямские станции и городки по всей дороге от Слободы до Новгорода. Под предлогом борьбы с чумой всякое передвижение по новгородской дороге было воспрещено под страхом смерти. Царь, никому более не доверявший, велел убивать всех, кто пытался проехать по новгородской дороге или проникнуть в опричный лагерь. Никто не мог предупредить новгородцев о грозившей им опасности.

По словам участников похода, опричные отряды двинулись к Новгороду через Клин, Тверь, Медное, Торжок и Бежецкую пятину [35]. Путь опричных был отмечен кровавым следом. Их «подвиги» запечатлены в следующей записи синодика опальных, составленной на основании подлинных «сказок» опричных воевод: «На заказе от Москвы 6 человек. В Клине Иона каменщик. Пскович з женами и з детми на Медне 190 человек. В Торжку... пскович з женами и з детми 30 человек. Бежецкия пятины: Игнатя Неклюдов Юренев» и др. Для верного суждения о новгородском походе данные синодика имеют первостепенное значение. К примеру, участники похода Таубе и Крузе утверждают, будто опричники истребили все население Клина и опустошили местность от Клина до Черной (Цорна) и от Черной до Новгорода [36]. В их рассказе упоминание о Черной не имеет смысла. По Штадену, опричники стали грабить и побивать жителей после того, как достигли яма Черного [37]. Синодик подтверждает тот факт, что опричники не тронули населения Клина и приступили к массовым избиениям после вступления в Тверскую землю.

Подойдя к Твери, опричная армия обложила город со всех сторон. Царь и его свита расположились в окрестностях города, в том самом Отроче монастыре, где томился в заточении опальный Филипп Колычев. По-видимому, опричное руководство искало примирения с бывшим митрополитом. Царь предвидел, что его санкции против новгородской церкви вызовут негодование духовенства, и старался подкрепить их авторитетом Колычева. Он полагал, что Филипп не упустит случая отомстить своему злейшему врагу архиепископу Пимену, который помог опричникам низложить его с митрополии. Один из членов опричной думы, Малюта Скуратов, посетил Филиппа в его келье и от имени царя просил благословения на расправу с новгородцами [38]. В награду за эту услугу Колычеву будто бы предложили вновь занять митрополичий престол. Но Колычев соглашался «благословить» царя и вернуться на митрополию только при условии упразднения опричнины.

Беседа опального митрополита с опричниками имела трагический исход. Когда Колычев стал в сердцах обличать неистовство «суемных», Малюта зажал ему рот подушкой («подглавием») и задушил его. Игумену монастыря было объявлено, будто узник умер от «неуставного» келейного зноя [39]. Чтобы предупредить расследование, Малюта приказал немедленно предать тело Филиппа земле. Все это произошло 23 декабря 1569 года.

Как отметил участник похода Г. Штаден, «в Твери царь приказал грабить все — и церкви и монастыри». Таубе и Крузе подтверждают его свидетельство. В своем памфлете двое названных мемуаристов утверждали, будто царь творил «кровавые дела» в Твери пять дней. Однако из их дальнейших описаний следует, что первые дни (включая день убийства Филиппа 23 декабря) опричники грабили архиепископский дом и монастыри, еще два дня (в пределах 24—26 декабря) они отдыхали. Затем разгромили посад и никак не позднее 26—27 декабря двинулись в Новгород. Приведенный рассказ подтверждается следующим расчетом. По зимнему пути от Торжка до Новгорода считалось 295 верст, 10 ямских станций, не менее 10 суток пути [40]. Царь прибыл в Новгород 6 января 1570 года. Следовательно, он покинул Тверь не позднее 26—27 декабря 1569 года.

Рассказ очевидцев позволяет воссоздать ход опричных репрессий в Твери во всех подробностях. Свой первый удар опричники обрушили на церковь. Затем всякие грабежи и насилия в городе были прекращены. «Граждане и купцы и ремесленники и другие стали надеяться, что грабежи не распространятся дальше». Они были вполне уверены в этом в течение двух дней, но по прошествии этого срока опричники стали громить тверской посад [41]. Поскольку из пяти дней пребывания опричных в Твери первые четыре дня были заняты репрессиями против церкви и отдыхом, то, очевидно, разгром посада продолжался не более одного дня. Опричники грабили торговые склады и амбары, врывались в дома посадских людей, рубили окна и двери, били домашнюю утварь.

Авторы памфлета против Грозного Таубе и Крузе утверждали, что в Твери опричники пролили много крови. Согласно тексту, изданному М. Г. Рогинским, там было избито 90 тысяч человек. В более исправном тексте послания по изданию Г. Хоффа 27 тысяч тверичей умерли от голода и 9 тысяч перебили опричники [42]. Приведенные цифры во много раз превышали численность населения Твери XVI века, но они дают наглядное представление о соотношении жертв голода и террора. Опричники явились в город в разгар ужасающего голода, вызванного катастрофическим неурожаем. Количество жителей, умерших голодной смертью, многократно превышало число людей, убитых опричниками.

Синодик опальных позволяет усмотреть в тверских событиях такие моменты, которые полностью ускользали от внимания историков. Жертвами опричной резни в Тверской земле были не тверичи, а находившиеся в Тверской земле опальные псковичи и их домочадцы.

После изборской измены власти выселили из Пскова во внутренние районы страны пятьсот семей. С весны 1569 года обозы с переселенцами потянулись из Пскова на восток. Переселение затянулось на много месяцев. Еще в декабре опричники застали 190 псковичей с женами и детьми в селе Медне под Тверью и 30 псковичей в Торжке. Как свидетельствует синодик, опальные псковичи подверглись поголовному истреблению. Заодно с ними опричники казнили всех пленных литовцев, содержащихся в тюрьмах и живших на посаде в Твери и Торжке. Царь подозревал, что литовские пленники были соучастниками новгородского заговора в пользу Литвы. Из посадских людей Твери опричники избили главным образом тех, «которые породнились и сдружились с иноземцами» [43].

Погромив Тверь, опричники двинулись через Бежецкую пятину к Новгороду. В синодике опальных список казненных там лиц озаглавлен: «Бежецкия пятины». Записанные ниже И. Н. Юренев и М. Ф. Васаев действительно сидели на поместьях в Бежецкой пятине, как то можно установить на основании писцовых книг [44].

Передовые опричные отряды во главе с В. Г. Зюзиным подошли к Новгороду 2 января и сразу же оцепили город крепкими заставами, «дабы ни един человек из града не убежал» [45]. Первым делом опричники взялись за богатое новгородское духовенство. Они заняли монастыри и опечатали казну в монастырях и церковных приходах города. Одновременно арестовали несколько сот игуменов, соборных старцев и попов и роздали их приставам из местных дворян со строжайшим приказом держать их «крепко во узах железных» [46].

Спустя четыре дня в окрестности Новгорода прибыл царь Иван, остановившийся лагерем в монастыре на Городище. Его сопровождала личная охрана — 1500 опричных стрельцов и многочисленные опричные дворяне [47]. По словам местного летописца, царь свирепо расправился с арестованными монахами. Несчастных вывели на рыночную площадь и забили «палицами насмерть», после чего развезли по монастырям для погребения [48]. Приведенное известие, по-видимому, недостоверно. Монахов держали на правеже целый год.

В воскресенье, 8 января, царь отправился в Софийский собор к обедне. На волховском мосту его торжественно встретили с крестами и иконами архиепископ Пимен и прочие духовные чины. Встреча на мосту кончилась неслыханным скандалом. Грозный отказался принять благословение и перед всем народом громогласно обвинил новгородцев в измене. Архиепископ и горожане, заявил он, «зломыслием своим и с своими старцы и единомысленники» хотят его «отчину» Великий Новгород «предати инопленником, королю польскому Жигимонту Августу» [49].

Несмотря на общее замешательство, царь велел Пимену служить последнюю обедню. Как видно, он был слишком благочестив, чтобы пропустить богослужение в день Крещения. После обедни Пимен пригласил царя в архиепископские палаты «хлеба ясти». На обеде присутствовали настоятели крупнейших новгородских монастырей. Невеселый пир быстро закончился. Возопив «гласом великим с яростию», Грозный велел страже схватить Пимена и его бояр.

Сокрушив Новгород, Иван III вывез в Москву богатейшую сокровищницу новгородского Софийского дома. Грозный шел по стопам деда. Но он употребил более грубый и варварский способ действий. По его приказу опричники захватили сокровища новгородской церкви, ограбили архиепископский двор, забрали из Софийского собора драгоценную утварь, иконы, древние Корсунские ворота [50]. Некогда князь Владимир объявил о своем крещении в Корсуни. Там началась «Святая Русь». Новгородская епархия была древнейшей на Руси, и предание о корсунских древностях, как показал А. Поппе, должно было подкрепить ее претензии на особое место в истории русской церкви. По преданию, первый епископ прибыл в Новгород из Корсуни и оттуда же были привезены Корсунские врата, одна из самых знаменитых реликвий Софийского храма. (В действительности врата были изготовлены в Магдебурге в 1153 г.)

Опричнина как бы завершила борьбу с «новгородским православием», начатую Москвой после завоевания Новгорода. С изъятием Корсунских врат местная церковь лишалась одного из серьезных доказательств своей древности и самобытности. Грабежом Софийского дома руководили царский духовник Евстафий и опричный боярин и дворецкий Л. А. Салтыков.

На другой день начался суд в царском лагере на Городище. Дознание велось с применением самых жестоких пыток. Опальных жгли на огне «некоею составною мукою огненною». Затем их привязывали к саням длинной веревкой, волокли две версты из Новгорода. Некоторые подробности летописного отчета о казнях вызывают невольные сомнения. Зима 1570 года выдалась необыкновенно суровая, между тем летописец говорит, что опричники бросали в Волхов связанных по рукам и ногам женщин и детей, а другие каты разъезжали по реке на лодке и топорами и рогатинами топили тех, кому удавалось всплыть [51]. Однако сомнения беспочвенны. Источник, опубликованный в Германии вскоре после новгородского разгрома, рисует картину опричных деяний, почти целиком совпадающую с летописной. По словам очевидца, на Городище дворян пытали на огне в печах, затем привязывали за веревку к саням и тащили к Волхову. Детей бросали в воду, привязав на грудь матери. Несчастных заталкивали под лед палками [52]. Сведения о режиме льда на Волхове в зимний период подтверждают свидетельства источников XVI века: вода в устье реки не замерзает даже в самые суровые морозы.

Под пытками опальные новгородцы давали любые нужные палачам показания. Таким путем после длительных допросов были «изобличены» в измене главные новгородские заговорщики — боярин Данилов, Пимен, новгородские дьяки и дворяне.

Местный летописец весьма точно определяет круг лиц, привлеченных к дознанию во время следствия на Городище. По его словам, царь велел привести к себе на суд «владычных боляр и иных многих служивых людей и детей боярских и гостей и всяких градцких и приказных людей и изрядных и именитых торговых людей...» [53]. Более подробный список изменников фигурирует в архивной описи новгородского судного дела: «Из изменного дела 78-го на ноугородцкого архиепискупа на Пимена, и на новгородцких дияков, и на подьячих, и на гостей, и на владычных приказных, и на детей боярских, и на подьячих...» [54] Как видно, опричники не посмели обвинить в измене все многотысячное новгородское дворянство. Главными обвиняемыми оказались, во-первых, приказная администрация Новгорода и, во-вторых, архиепископ Пимен с его дворянами и приказными.

Штат детей боярских, служивших Софийскому дому, был достаточно многочисленным. В Новгороде только на Софийской стороне насчитывалось 50 дворов архиепископских детей боярских, 3 двора владычных дворецких, 9 дворов владычных подьячих. В одном Ладожском присуде поместьями владели 30 детей боярских и слуг архиепископа [55].

В царский лагерь на Городище были доставлены архиепископские бояре князь А. Тулупов и князь В. Шаховский, владычный дворецкий Н. Цыплятев, Т. Пешков, конюший И. Милославский, много дворян, служивших в архиепископском полку. Самые видные из архиепископских вассалов были увезены в Москву. Царь не желал казнить их до соборного суда над Пименом. Некоторые архиепископские вассалы были казнены в Новгороде. В новгородских списках синодика записаны имена Т. Пешкова [56], И. Милославского с братьями [57], многих Цыплятевых и их родственников Мусоргских.

Шлихтинг подробно описал, каким издевательствам подвергся глава новгородской церкви. Его рассказ крайне тенденциозен. Однако при оценке его надо иметь в виду, во-первых, что он знал о суде на Городище со слов А. И. Вяземского, руководившего этим судом; во-вторых, что Шлихтинг, как правило, довольно точно передавал внешние подробности событий.

Опричники начали с того, что сорвали с Пимена белый клобук, после чего Иван IV обратился к нему с шутовской речью: «Тебе не подобает быть епископом, а скорее скоморохом, поэтому я хочу дать тебе в супружество жену». Присутствующим настоятелям монарх велел внести большие суммы на шутовскую свадьбу. Он приказал привести кобылу. «Получи вот эту жену,— произнес самодержец,— влезай на нее сейчас, оседлай, отправляйся в Московию и запиши свое имя в списке скоморохов».

Престарелый пастырь, почти тридцать лет возглавлявший новгородскую церковь, покинул город, крепко привязанный к лошади, держа в руках то ли волынку, то ли гусли [58].

Опричники старались не только покончить с авторитетом князя церкви, занимавшего второе после митрополита место в церковной иерархии, но и выставить его на посмешище. Сообщенные Шлихтингом подробности вполне соответствуют наклонности Ивана IV ко всякого рода юродству.

После разгрома царские послы объяснили литовцам причины гонений на князя Владимира Андреевича и его новгородских сообщников, к которым пристали «воры» из числа земских бояр [59]. Расшифровать это любопытное заявление помогают источники документального происхождения: во-первых, синодик царских опальных и, во-вторых, перечень судных дел в описи царского архива 70-х годов XVI века. В синодике мы находим следующий перечень лиц, казненных опричниками в Новгороде в дни погрома: «Алексея Савуров, Козмоу человек его; ...Василия Дмитриевича Данилов, Андрея Безсонов дьякон; Васильевых людей Дмитриевых два немчина: Максима литвин, Роп немчин; Кузьминых людей Румянцева... архиеписопля сына боярского Третьяка Пешков; ...Ивана Сысоев княж Владимиров сын боярский...» Указанная запись вводит нас в самый центр грандиозного политического процесса, получившего наименование «новгородского изменного дела». В частности, она обнаруживает один исключительно интересный факт, до сих пор остававшийся вне поля зрения исследователей. Оказывается, подлинным героем «новгородского дела» был земский боярин В. Д. Данилов. В синодике записаны один за другим свидетель обвинения против новгородских властей А. Савуров, главный новгородский дьяк А. Безсонов, слуги второго новгородского дьяка К. Румянцева, В. Д. Данилов со своими людьми, слуги новгородского архиепископа и удельного князя Старицкого.

Поименованный в синодике Алексей Савуров был одним из первых новгородских помещиков, арестованных по делу о новгородской измене. В архиве хранился специальный документ, «привод и опрос Олешки Савурова и человека его Куземки Литвинова, как поимали их в Новегороде и привели к Москве» [60]. Савуровы не имели никакого отношения к знатной боярской семье Сабуровых. Они были мелкими помещиками, и некоторые из них служили в Новгороде подьячими.

В. Д. Данилов происходил из знатного старомосковского боярского рода. Ко времени опричнины он занимал видное положение в земщине. По словам А. Шлихтинга, он служил «начальником над воинскими орудиями» и в его ведении находились пушкари [61]. На основании этого свидетельства можно заключить, что боярин Данилов возглавлял Пушкарский приказ. Краткая записка о московских приказах начала XVII века определяла, что во главе Пушкарского приказа стоял боярин и что в его ведении находился «весь наряд, на Москве и по всем городом, пушки и пищали» и пр. [62]. Пушкарский приказ существовал, по-видимому, уже в конце 60-х годов XVI века.

По службе В. Д. Данилов был тесно связан с боярином И. П. Федоровым, возглавлявшим центральный Конюшенный приказ. Тотчас после введения опричины В. Д. Данилов служил под началом Федорова в составе московской боярской комиссии, а в 1566 году участвовал в деятельности Земского собора [63].

Самый осведомленный из авторов того периода А. Шлихтинг сообщает о гибели Данилова следующее. В. Д. Данилов притеснял и обкрадывал находившихся в его приказе пушкарей и стрельцов. Среди обиженных было несколько пленных полоцких пушкарей. Они пытались бежать в Литву, но были пойманы и на допросе показали, будто за рубеж их послал сам Данилов. Опричники подвергли боярина пыткам, и тот, не выдержав мучений, «признался», что изменил в пользу польского короля и составил заговор [64]. Достоверность рассказа Шлихтинга подтверждается источниками строго документального происхождения, описью царского архива и синодиком. В архиве хранилась «отписка ко государю в Васильеве деле Дмитриева (Данилова. — *Р. С.*), о пушкарях о беглых о Мишках» [65]. Когда опричники доставили Данилова в Новгород для изобличения «сообщников», то туда же были доставлены двое пушкарей. По синодику, во время новгородского суда опричники казнили В. Данилова и двух немчинов (Максима литвина и Ропу немчина) Васильевых людей Дмитриевых. Беглый пушкарь литвин Максим (в русской транскрипции Мишка) и был, очевидно, главным доносчиком на Данилова.

Под пытками опричники вынудили у знатного земского боярина признание, будто в заговоре с ним состояли новгородские власти и все жители Новгородско-Псковской земли. И новгородцам, и Данилову предъявлялось одно и то же обвинение — намерение «предаться» польскому королю. Важные сведения об обстоятельствах раскрытия «заговора» сообщает венецианский дипломат Джерио, побывавший в Москве вскоре после новгородского разгрома. Царь, писал он, «разорил Новгород вследствие поимки гонца с изменническим письмом» [66] (перевод наш.— *Р. С.*). Аналогичные сведения находим в немецком летучем листе, опубликованном в Германии вскоре после разгрома. В основу листа были положены показания бежавшего в Литву Ярмулы, слуги опричника и участника похода на Новгород. О причинах похода Ярмула сообщил следующее. Ивану донесли, что в Новгороде, Торжке, Твери и Пскове обнаружилась измена, они послали гонцов к польскому королю, чтобы перейти под его державу. Письмо об этой измене нашли в Новгороде и послали к московиту, из-за чего московит и пошел в поход [67]. Ярмула передал версию, выдвинутую опричниками. Естественно, что новгородцы излагали совсем иную версию событий. Всю вину за случившееся они возлагали не на благочестивого царя, а на некоего украинского бродягу, желавшего отомстить их городу. Он якобы подделал челобитную от всего Новгорода «о предании полскому королю», запрятал ее в Софийском соборе, а затем послал донос царю [68]. Обе изложенные версии требуют критического подхода. Расшифровать сообщения об изменнической грамоте помогает подлинная опись царского архива. В одном месте с «новгородским делом» Свиязева в архиве хранилась «отписка из Новгорода от дьяков Ондрея Безносова да от Кузьмы Румянцева о польской памяти» [69]. Дьяки А. Безносов и К. Румянцев возглавляли новгородскую приказную администрацию в 1568—1569 годах. Когда в городе был пойман лазутчик с секретной грамотой — «польской памятью», они тотчас уведомили обо всем царя. Из сказанного следует, что «польская память» (изменническая грамота) была составлена не новгородцами, не бродягой Петром, а поляками [70]. За два года до описанных событий литовцы обратились с тайными грамотами к конюшему Федорову и другим руководителям земщины, предлагая им перейти на королевскую службу. В то время литовская тайная дипломатия добилась бесспорного успеха, скомпрометировав конюшего тайным обращением к нему. Теперь литовская интрига получила свое продолжение в «новгородском деле». «Польская память», найденная у лазутчика в Новгороде, стала в глазах опричников главной уликой против новгородских властей.

После новгородского разгрома царские послы объявили, что «царь и великий князь для земских росправ был в своей отчине в Великом Новгороде и во Пскове». На вопрос: «То ли управа: государь ваш в Новгороде и во Пскове и на Москве многих казнил?» — послы должны были отвечать: «Али вам то ведомо? Коли вам то ведомо, а нам вам что и сказывати? О котором есте лихом деле з государьскими изменники лазучьством ссылались и Бог тое измену государю нашему объявил, и потому над теми изменники так и осталось... а безлеп было то, пане, и затевати: коли князь Семен Лугвень и князь Михайло Олелкович в Новегороде был, ино и тогды Литва Новагороде не умели удержати, и чего удержати не умели, и на то что и посягати? А государь наш... свое царство держит от Божии десницы, и чего кому Бог не даст, и тому того собою как взяти?» [71]

Официальные разъяснения в Литве показывают всю степень ослепления опричного руководства, ставшего жертвой мистификации королевской секретной службы. В глазах мнительного царя найденная в Новгороде «польская память» служила бесспорным доказательством сговора между литовцами и новгородскими «изменниками», свидетельством «безлепной затеи» литовских панов, их посягательства на новгородскую вотчину царя. Грозный не сомневался, что нити новой литовской интриги тянутся к его давнему врагу боярину Курбскому. Русские послы должны были объявить в Литве о последних преступлениях Курбского: «А ныне его многая измена, тайно лазучеством со государьскими изменники ссылаетца на государьское лихо и на крестьянское кровопролитие» [72].

Итак, боярина Данилова и его новгородских «сообщников» обвинили в государственной измене, предательстве в пользу Литвы. Опричное руководство предало это обвинение широкой гласности. О нем сообщают многие очевидцы и современники: опричники Таубе и Крузе, Шлихтинг, хронисты Рюссов и Гваньини. Но в связи с «покушением» Старицкого на жизнь царя новгородцам было предъявлено еще одно обвинение. Их объявили соучастниками «заговора» Старицкого.

Датский посол Я. Ульфельд в 1578 году беседовал в Новгороде с «достоверными людьми», очевидцами опричного погрома, которые рассказали ему следующее.

В 1570 году у царя возникло относительно его двоюродного брата подозрение (о чем тот и не помышлял), будто тот хотел обмануть его и учинить коварство, но было ли так, знает Бог. Царь отравил его, разорил Новгородскую землю и побил много тысяч людей, по поводу которых он имел подозрение из-за брата, ранее им отравленного, что будто они стояли с ним заодно [73]. Подлинное дело об измене новгородцев хранилось в царском архиве. Опись архива наиболее точно передает суть обвинения, предъявленного Новгороду. Местные заговорщики будто бы хотели «Новгород и Псков отдати литовскому королю, а царя и великого князя Ивана Васильевича всеа Русии хотели злым умышленьем извести, а на государство посадити князя Володимера Ондреевича» [74]. В своем окончательном виде обвинение против новгородцев носило абсурдный характер, так как заключало в себе взаимоисключающие моменты. Участники заговора желали доставить престол князю Старицкому и в то же время перейти со всеми своими землями под власть польской короны.

Поначалу опричники арестовали и подвергли допросу боярина В. Д. Данилова и его главных «сообщников». Применение жесточайших пыток и казни заговорщиков на глазах у подследственных дали опричникам возможность быстро расширить круг лиц, «причастных» к заговору. В кратком синодике опальных, перечислявшем имена членов думы и их ближайших родственников, выдающихся воевод и приказных, из всех погибших в Новгороде лиц записаны только четверо: «Василий Данилов, Григорий Волынский, князь Андрей Бычков-Ростовский, Василий Бутурлин».

Г. Волынского, поименованного в синодике, можно отождествить с Г. И. Вороным, одним из последних отпрысков могущественного боярского рода Вороных-Волынских. Г. И. Вороной служил во Ржеве, но, видимо, владел также большим отцовским поместьем в Новгороде [75]. Он приходился двоюродным племянником известному боярину М. И. Вороному-Волынскому и, вероятно, был его единственным наследником [76].

В. А. Бутурлин был очень видным земским воеводой и в последние годы жизни служил «в окольничьего место» [77]. Старшие братья Василия были членами Боярской думы. Курбский, сообщая о казни Василия Бутурлина, отмечает, во-первых, что с ним погибли его «единоплемянные» и, во-вторых, что Бутурлины были «сродницы» конюшему И. П. Федорову [78]. По синодику, в новгородском разгроме погибли троюродный племянник Василия Г. Д. Полуектов-Бутурлин, а также Л. Б. Бутурлин [79].

Князь Андрей Матвеевич Волох Бычков-Ростовский, сын боярина князя М. В. Бычкова, накануне опричнины владел поместьем в Бежецкой пятине [80]. В 1565 году был сослан в опале на поселение в Свияжский край, но затем получил «прощение» и вернулся в Новгород. В некоторых родословцах он ошибочно назван боярином [81]. Судя по синодику, князь Волох был казнен вместе с матерью, женой и детьми во время новгородского разгрома. Тогда же погибли княгиня Е. Лобанова-Ростовская, невестка изменника боярина князя С. В. Ростовского, знатный помещик князь Б. Глебов-Засекин и др.

Среди других знатных дворян палачи казнили видного опричника И. Н. Павлинова-Плещеева, а также Ивана и Илью Плещеевых. Подобно Бутурлиным, опальные Плещеевы имели могущественную и влиятельную родню в опричной думе. Однако это не спасло их. Самые знатные участники процесса об измене новгородцев (боярин Данилов, Бутурлин, Волынский, Плещеевы) принадлежали к верхам правящего старомосковского боярства.

Но подавляющая часть участников новгородского изменного дела принадлежала не к знати, а к среднему и низшему слою провинциального дворянства. В новгородских списках синодика названы поименно примерно 379 человек. В числе их было 211 помещиков и подьячих и 137 членов их семей. Среди прочих 30 лиц преобладали холопы, ремесленники, монахи и т. д.

Опричники подвергли террору тех новгородских помещиков, которые служили Старицким. Они убили старицкого вассала И. Сысоева и истребили всю его родню. Та же участь постигла род Палицыных. Напомним, что А. Палицына была ближней боярыней Е. Старицкой и погибла вместе с ней.

Конюший И. П. Федоров был крупнейшим вотчинником Бажецкого Верха и пользовался большим влиянием не только в Бежецке, но и в соседней Бежецкой пятине. Возможно, это обстоятельство объясняет, почему среди казненных новгородцев было много помещиков Бежецкой пятины, в том числе Ш. В. Чертовский и Н. У. Чертовский (тысячники II статьи из Бежецкой пятины), их соседи по поместью Д. В. и М. В. Кандоуровы (записаны в 1545 году на поместье в Бежецкой пятине), А. П. Аникеев (на поместье в Бежецкой пятине в 1551 году) и его брат Меньшой; С. И. Оплечюев (на поместье в Бежецкой пятине в 1545 году) и двое его братьев Давид и Петр; многочисленные дворяне Паюсовы (П. Н. и Т. Н., М. И., Г. И. и И. И. Паюсовы, А. Паюсов, И. И., П. И. и И. И. Меньшой Паюсовы, сидевшие на поместье в Бежецкой пятине в 1545 и 1551 годах), И. Н. Юренев, М. Ф. Васаев, К. Новосильцев, Ж. Нелединский (записаны в синодике после заголовка «Бежецкия пятины»), З. П. Шепяков и Н. П. Шепяков (помещики Бежецкой и Водской пятин) и т. д.[82]. Среди других новгородских помещиков казни подверглись Сысоевы, Котовы, Шамшевы, А. Неелов, Б. Лаптев, И. Опалев, И. Кутузов, П. Кувшинов.

Глава «заговора» бояр Данилов, Г. Вороной-Волынский и В. Бутурлин принадлежали к тому кругу старомосковского боярства, который был тесно связан с высшей приказной бюрократией. Неудивительно, что уже на первой стадии «новгородского дела» опричные репрессии задели московский приказной аппарат. Вместе с Даниловым казни подвергся московский разрядный дьяк И. Юрьев. Согласно записке о Московских приказах (начало XVII века), в состав Боярской думы входили двое разрядных дьяков: «Разряду Московского Большого» и «Разряду Ноугородцкого»[83]. На соборе 1566 года в чине дьяка Московского разряда присутствовал И. Клобуков, в чине дьяка Новгородского разряда, по-видимому, И. Юрьев.

Во время суда в Новгороде опричники казнили главного псковского дьяка Ю. Сидорова, главного новгородского дьяка А. В. Безсонова, новгородских дьяков А. М. Бабкина и И. Матвеева, подьячих М. Григорьева, М. Романова и сорок других подьячих, новгородских рассыльщиков и т. д. Опричники перебили сначала семейных приказных Новгорода вместе с их женами и детьми, затем холостых подьячих и рассыльщиков. В синодике опальных все названные лица записаны отдельными списками. Первый из них озаглавлен «подьячие новгородские», в нем значится 26 приказных и 43 члена их семей. Ниже в синодике помещен второй список, озаглавленный «новгородские подьячие неже(натые)». В нем поименовано 14 приказных. Далее в синодике помечено: «новгородцкие розсыльщики». В основной массе своей новгородские подьячие и рассыльщики происходили из мелкопоместных дворян и детей боярских. Изредка в дьяках служили купцы и посадские люди.

Самой примечательной фигурой среди купцов Новгорода был Федор Сырков. С 1538 года он вел торговые операции в качестве гостя. С началом реформ в Москве, включавших реформу налогов, Сырков получил чин дьяка. Как дьяк, он ведал сбором податей в Новгороде, но не смог взыскать недоимки за 1552—1554 годы и был отставлен от сбора государевой казны [84].

Среди московских гостей, переселенных в Новгород, Сырковы выделялись своим благочестием. Дед Федора построил на Ярославовом дворище церковь Жен-Мироносиц в 1506—1510 годах. При митрополите Макарии в 1536 году московские гости Федор и Алексей Сырковы пристроили к храму Жен-Мироносиц каменный придел [85]. С этого времени братья Сырковы, не прекращая, строили церкви и монастыри в Новгороде и пятинах на протяжении 35 лет. В 1548—1554 годах недалеко от Новгорода Федор основал Сыркову пустынь с двумя храмами [86]. Его постройками были Никольский монастырь на Розваже улице подле Кремля, Введенский монастырь в Обонежье, воздвигнутый им по указу царя, Арсеньевский монастырь на берегу Волхова, малый Введенский девичий монастырь в Обонежье, ряд церквей [87].

Некоторые из гостей упорно сохраняли связи с московскими монастырями. Так, Таракановы, перебравшись в Новгород, продолжали делать вклады в Троице-Сергиев и Иосифо-Волоколамский монастыри. Иван Сырков также был вкладчиком Троицы, но его сын и внуки избрали для вкладов Соловецкий монастырь, принадлежавший к Новгородской епархии. При игумене Филиппе Федор Сырков пожертвовал в Соловки крест стоимостью более 300 рублей [88]. Сырков поддерживал самые тесные связи с архиепископом Пименом. Именно ему владыка поручил внутренние переделки в Софийском соборе, когда в том возникла нужда. Федор заказал икону Владимирской Божьей матери для местного ряда того же собора.

8 августа 1568 года Пимен освятил церковь Николы Чудотворца, построенную в монастыре у Федора Сыркова на Розваже улице [89].

В те годы, когда Федор Сырков служил дьяком в Новгороде, его брат Алексей был «старостой большим» и ведал продажей вина в питейных заведениях. Его годовой оклад исчислялся 50 рублями. Именно такой штраф должны были заплатить Алексею лица, оскорбившие его в кабаке [90]. Подобно Федору, «большой староста» также ведал сбором податей.

Сырковы стали служить у сбора государевой казны в то время, когда казенные подати стали стремительно повышаться. Служба оказалась, по-видимому, не менее прибыльной, чем торговля. Федор Сырков стал едва ли не самым богатым человеком в Новгороде, что и позволило ему строить церкви и монастыри.

Судя по синодику, опричники арестовали братьев Сырковых сразу по прибытии в Новгород. Участь их решилась еще до того, как начался суд над Пименом и его людьми. Царь спешил завладеть богатствами Федора. Бывший дьяк был подвергнут мучительным пыткам. Сначала его связали веревкой и бросили в Волхов. Когда старого гостя вытащили на берег, Грозный спросил, не видел ли тот чего-нибудь на дне реки. По словам свидетелей-опричников, Сырков сохранил мужество и напомнил государю о его душе. Альберт Шлихтинг придал их словам сказочный оттенок. Федор будто бы предсказал царю скорую погибель. В глубине волховских вод и в озерах, якобы сказал набожный купец, он видел злых духов, которые скоро будут здесь и возьмут душу из царского тела [91]. За такой ответ Сырков был увезен с Волхова на Городище, где его поставили в котел с кипящей водой, чтобы выпытывать, где спрятаны его деньги. Таким путем Сыркова заставили отдать 12 тысяч рублей серебром [92]. Так кончил свою жизнь «главный секретарь новгородский», как называет его А. Шлихтинг. Вместе с Федором были убиты его брат Алексей с женой и дочерью. Имена их записаны в новгородский список синодика.

В конце новгородского разгрома опричники арестовали гостей А. Тараканова, Д. Ямского, С. Корюкова. Двое первых были казнены на Городище, а третий увезен для суда в Москву. Таракановы обладали не меньшими богатствами и известностью, чем Сырковы. Василий Тараканов был дьяком при дворе Василия III. 16 сентября 1537 года с сыном Андреем освятил выстроенную им каменную церковь в Сытине под Новгородом. Два месяца спустя тетка Василия Елена Тараканова поставила деревянную церковь с трапезной в Никольском монастыре в Воротниках. Как отметил летописец, Елена в то время была у «государя великого князя Ивана Васильевича всея Руси у великой княгини Елены на сенех» [93]. Таким образом, царь знал семью Таракановых едва ли не с детских лет. В Новгороде Таракановы приобрели известность не меньшую, чем в Москве. В Новгородской земле была сложена былина «О премудром царе Саламане и Василии Окуловиче», героя которой «гостя-заморянина» Таракашку отождествляют с Василием Таракановым [94]. Андрей Васильевич Тараканов владел «каменной палатой» в Новгороде и имел крупное состояние.

А. Тараканов и Д. Ямской лишились головы. Их родню, по-видимому, постигла опала. Свидетельством тому служит запустение дворов и лавок, принадлежавших в Новгороде другим представителям этих семей.

Суд над главными новгородскими заговорщиками в царском лагере на Городище явился центральным эпизодом всего новгородского похода. Опричные следователи и судьи действовали ускоренным методом, но и при этом условии они не могли допросить, подвергнуть пыткам, провести очные ставки, записать показания и, наконец, казнить несколько сот дворян за одну, две или три недели. Очевидно, для этого потребовалось не менее месяца, а следовательно, суд на Городище продолжался по меньшей мере до конца января 1570 года.

После изобличения и казни главных «заговорщиков» опричники взялись за монастыри. Местный летописец, рассказав о расправе на Городище, замечает: «И по скончании того государь с своими воинскими людьми начат ездити около Великого Новаграда по монастырям» [95]. По Штадену, царь Иван самолично руководил изъятием сокровищ у монастырей. «Каждый день он поднимался и переезжал в другой монастырь, где давал простор своему озорству» [96]. Опричники забирали из монастырской казны деньги, грабили кельи, снимали колокола, громили монастырское хозяйство [97]. В Вишерском монастыре они в поисках сокровищ разломали раку местного святого Саввы [98].

Опричное правительство наложило на новгородское черное духовенство громадную денежную контрибуцию. Архимандриты должны были внести в опричную казну по 2000 золотых, настоятели по 1000, соборные старцы по 300—500 золотых [99]. Менее состоятельное «белое» духовенство, городские попы платили по 40 рублей с человека [100]. С начала января опричники держали настоятелей и соборных старцев на правеже. Затем царь распорядился передать старцев приставам и «бити их приставом из утра и до вечера на правежи до искупа безщадно» [101]. Во время экзекуций погиб игумен крупнейшего Антониева монастыря Гелвасий, а также записанные в синодик старец Нередицкого монастыря Пимен и старица Е. Горбуша [102]. Монахов держали на правеже в течение целого года.

Государев разгром явился подлинной катастрофой для крупнейших новгородских монастырей. Черное духовенство было ограблено до нитки. В опричную казну перешли денежные богатства, накопленные монастырями и Софийским домом в течение столетий. Но главное богатство новгородской церкви, ее земли, опричное правительство не тронуло.

Опричники «правили» деньги на 27 монастырях, стоявших в Новгороде и его окрестностях [103]. Царь Иван побывал в главнейших из них, останавливаясь в каждом на сутки. Следовательно, объезд монастырей занял несколько дней, может быть, неделю.

Участник похода опричник Штаден весьма определенно утверждает, что только по возвращении из монастырского объезда царь велел громить посад. Описав поездку царя по монастырям, он замечает: «Потом начали грабить город» [104]. Это свидетельство подтверждается данными Новгородской летописи. Летописец подробно излагает, как государь ездил «по монастырям», «потом прииде во град» и велел грабить посадских [105]. В течение всего суда на Городище и монастырского объезда новгородский посад жил своей обычной жизнью, нормально функционировали рынки и т. д. В то время, пишет Штаден, «купцам он (царь.— Р. С) приказал торговать и от его людей опричников брать лишь по доброй уплате» [106]. В том же самом порядке описал новгородские события автор немецкого летучего листа 1571 года. Сначала царь вызвал из города самых знатных дворян и купцов и казнил их, затем наступила очередь монастырей, в которых были казнены якобы 150 монахов. Лишь после этого царь вошел в Новгород и велел избить остальных [107].

Тщательный анализ источников опровергает традиционное представление, согласно которому разгром новгородского посада длился пять-шесть недель. В действительности первые четыре недели царь занят был судом на Городище. Примерно неделю он ездил по монастырям и лишь за несколько дней до отъезда из Новгорода велел разгромить посад. Очевидно, в Новгороде опричники действовали совершенно так же, как и в Твери.

В дни разгрома опричники разграбили многочисленные торговые помещения и склады Новгорода и разорили новгородский торг. Все конфискованные у торговых людей деньги и наиболее ценные товары стали добычей казны. Часть товаров (привезенные из Европы и с Востока сукна, бархат и шелк) была роздана опричникам в виде награды [108]. Но основную массу товаров в Новгороде составляли традиционные предметы новгородской торговли — воск, сало, лен.

По словам Шлихтинга, в Новгороде скопились примерно двадцатилетние запасы этих товаров, предназначенных для вывоза в Европу [109]. Эти товары не представляли интереса для опричной казны. Их трудно было вывезти из города и еще труднее реализовать на внутреннем рынке. По этой причине опричники уничтожали грубые товары, сваливали большими кучами и жгли. Часть своих товаров новгородские купцы держали на складах в Нарвском порту. Царь направил туда отряд в 500 человек. Опричники не тронули товаров, принадлежавших коренным жителям Нарвы и иностранным купцам, зато разграбили находившиеся там новгородские товары [110]. Бесчинства опричников в Нарве подробно описаны в брошюре, опубликованной в Германии в 1572 году. Немецкие купцы поддерживали регулярные сношения с Нарвой, и их информация, по-видимому, отличалась достоверностью. Согласно немецкой версии, в Нарву явились 400 конных опричников. Они ограбили все русские дома и сожгли запасы таких товаров, как соль, зерно и пр. Некоторые из товаров были утоплены в реке. Именитым купцам велено было внести в казну фантастическую сумму в 8000 рублей, а также драгоценности (100 золотых чаш и кубков), пряности, дорогие ткани. Купцы не могли собрать требуемого, тогда их взяли на правеж. Опричные дети боярские били палками не только мужчин, но и женщин. Некоторые люди умерли от побоев. В конце концов контрибуция была взыскана сполна. Ограблены были не только купцы, но и наместник Нарвы. Опричники увезли земского воеводу с собой [111]. Царь ценил Нарву как центр заморской торговли. Поэтому он приказал не трогать немецких купцов Нарвы, а также и окрестных ливонских крестьян.

Новгородский посад стал жертвой дикого, бессмысленного погрома. Опричники грабили не только торги, но и дома посадских людей. Они ломали ворота, выставляли окна в домах. «Были снесены все новые постройки,— свидетельствует участник погрома,— было иссечено все красивое: ворота, лестницы, окна» [112]. Посадских людей, которые пытались противиться насилию, убивали на месте [113].

Особой свирепостью отличались меры опричнины против новгородской бедноты. Зимой 1570 года новгородские города и деревни были охвачены страшным голодом. Множество отчаявшихся голодных людей искали спасения в Новгороде. Царь решил вывести бродяжничество в Новгороде и приказал выгнать за ворота города всех нищих. Большая часть из них погибла от сильных морозов и голода. Несколько позже царь велел топить в реке тех неимущих и бродяг, которые изобличены были или подозревались в людоедстве [114].

Наряду с Новгородом опричники погромили крупнейшие новгородские «пригороды» — древнюю Ладогу, Корелу, Орешек и Ивангород. Мелкие отряды опричников грабили поместья и деревни по всем новгородским пятинам. Предводителем одного из таких отрядов был Штаден. Из Слободы он выступил в поход с лошадью и двумя пешими слугами. В Новгороде опричник набрал себе много слуг из беглых холопов и бродяг. С этой шайкой он двинулся внутрь страны, грабя по пути монастыри, церкви, дворы состоятельных людей. Свой разбойный поход Штаден поспешил закончить, когда узнал о гибели опричников, побитых земскими дворянами. В Москву он вернулся с 49 лошадьми и 22 санями, гружеными награбленным добром [115].

Следы «набега» опричников можно обнаружить даже в самых отдаленных уголках Новгородской земли. Согласно ревизии, проведенной через год после разгрома в «черных» волостях Кирьяжского погоста под Корелой, немало крестьянских дворов погоста запустели после опричного погрома. Крестьян «опричнины замучили, живот пограбили, двор сожгли», «опричные замучили Ивашка, а скотину его присекли, а живот пограбили, а дети збежали от царева тягла», «опричнины сожгли з двором», «опричные в городки на правежи держали, там умер, животы и кони пограбели», «живот опричные пограбили, сам под окны волочитца», «опричные кони, и коровы, и обелье пограбили, и он осиротел и безвестно збежал», «крестьянин осиротил от опричнины» [116].

Погром новгородских посадов и земель длился, по-видимому, несколько дней. 13 февраля царь вызвал в свой лагерь представителей новгородского посада «из всякой улицы по человеку» и объявил им прощение. Он заявил, что пролитая им кровь взыщется на изменнике Пимене и его злых советниках, просил жителей не скорбеть о прошедшем и объявил, что вверяет управление городом земскому боярину князю П. Д. Пронскому. Вслед за тем Грозный отпустил посадских людей восвояси [117].

Опричные санкции против посадского населения Новгорода преследовали две основные цели. Первая из них состояла в том, чтобы пополнить пустующую опричную казну за счет ограбления богатой торгово-промышленной верхушки Новгорода. Другая цель состояла в том, чтобы терроризировать посад, в особенности низшие слои городского населения. Грабежи и бесчинства опричников вызывали страх и возмущение в народе, и царь, помнивший о московском восстании 1547 года, желал предупредить самую возможность возмущения черни. Помимо того, опричная дума не могла не знать об антимосковских настроениях коренного новгородского населения.

Вопреки общепринятому взгляду, разгром новгородского посада носил характер кратковременной акции. Напротив, опричные санкции против новгородского духовенства носили устойчивый характер и продолжались не менее двух лет. «Прощение», объявленное горожанам, не распространялось на новгородское духовенство. Руководить репрессиями против духовенства стал после отъезда царя опричник К. Д. Поливанов. Он поселился во дворе архиепископского дворецкого на Софийской стороне. Его подручные заняли 27 крупнейших монастырей, «у всякого монастыря по сыну боярскому» [118]. Что касается архиепископа Пимена и его многочисленных вассалов, то все они были отосланы под стражей в Александровскую слободу и там заключены в тюрьму. По новгородской дороге в Москву потянулись длинные обозы с награбленным добром.

После окончания новгородского погрома царь приказал всем новгородским помещикам, служившим в опричнине, немедленно покинуть свои поместья. В «великое говино» 7078 года в Водскую пятину привезли из Новгорода «заповедную грамоту и высыльную.., а велели опришных высылать из жемщины» [119].

Великое говенье приходилось в 1570 году на неделю между 8 и 14 февраля, следовательно, приказ о высылке опричных помещиков был издан незадолго до отъезда царя из Новгорода. Подобная мера имела целью полностью отделить опричников от крамольного новгородского населения. Помимо всего прочего, царь опасался, что опричники-новгородцы осядут в своих поместьях и не примут участия в походе на Псков. Таково значение «заповедной грамоты» 1570 года, вызвавшей немало споров в литературе [120].

Из Новгорода опричная армия двинулась на Псков. Не позднее 19—20 февраля царь прибыл в Никольский монастырь на Любятине. Перед городскими воротами его встретил псковский воевода князь Юрий Токмаков. Земский градоначальник не побоялся заступиться за опальный люд. По словам современников, он поклонился до земли и с поднятыми вверх руками просил, чтобы государь пощадил псковичей, при этом он клятвенно поручился за псковичей, что они не виноваты ни в какой измене [121]. Жители Пскова поспешили выразить царю полную покорность. Вдоль всех улиц, по которым должны были проехать Грозный и его свита, были расставлены столы с хлебом и солью. Глава псковского духовенства печорский игумен Корнилий, попы и монахи вышли навстречу опричнине с крестами и иконами [122]. Царь не пощадил Пскова, но здесь опричные репрессии носили куда более умеренный характер, нежели в Новгороде. Псковские дворяне и приказные пострадали в меньшей мере, чем новгородские. По синодику, опричники казнили здесь до 30—40 детей боярских, двух городовых приказчиков и одного подьячего.

В Пскове царь обратил всю свою ярость против местного духовенства. С его представителями он расправился еще более жестоким образом, нежели с новгородскими церковниками. Особые подозрения царя вызывало руководство известного на Руси Псково-Печерского монастыря в лице игумена Корнилия и книжника Васьяна Муромцева. Многие годы Корнилий сочинял местный летописный свод, проникнутый резко выраженными антимосковскими настроениями. Печорский монастырь был цитаделью нестяжателей, пользовавшихся покровительством Сильвестра. Тесную дружбу поддерживал с печорскими старцами противник царя князь Курбский. Он видел в них своих политических единомышленников и даже пытался толкнуть их на открытый протест против опричных репрессий. После бегства Курбского в Литву его переписка со старцем Васьяном попала в руки Грозного, что немало скомпрометировало печорских монахов в глазах правительства.

Крайние антимосковские настроения и дружба с Курбским, инициатором литовских интриг в России, явились главной причиной подозрений

Грозного против печорских старцев. По словам одного псковского летописца, игумен Корнилий был отправлен земным царем к небесному 20 февраля 1570 года [123]. Вместе с Корнилием опричники казнили несколько других лиц. В синодике опальных псковские списки открываются следующей записью: «Изо Пскова Печерского монастыря игумена архимарита Корниля, Бориса Хвостов, Третьяка Свиязев, Печерского ж монастыря старца Васьян инок Муромцев, Еленоу Неудачина теща, Дорофея Курцов инок». Васьян Муромцев был ближайшим помощником игумена Корнилия. Инок Дорофей Курцев служил за несколько лет до казни келарем в Троице-Сергиевом монастыре. Елена доводилась тещей наместнику новгородского архиепископа в Пскове Неудаче Цыплятеву и пользовалась там большим влиянием. Цыплятевы происходили из одного рода с главным новгородским дьяком А. Безсоновым. Вместе с псковскими церковниками погиб Т. Свиязев, родня новгородского подьячего Антония Свиязева, оклеветавшего князя В. А. Старицкого.

Опричная казна наложила руку на сокровища псковских монастырей. Местные монахи были ограблены до нитки. У них отняли не только деньги, но также иконы и кресты, драгоценную церковную утварь и книги. Опричники сняли с соборов и увезли в Слободу колокола [124].

По словам Шлихтинга, царь пощадил население Пскова, всю же ярость и жестокость обратил против черного духовенства [125]. В самом деле, антицерковная направленность опричной политики получила здесь наиболее четкое выражение.

Царь пробыл в Пскове очень недолго. Опричники, начавшие было грабить город, не успели довершить своего дела. Во времена Грозного ходило немало легенд относительно внезапного прекращения псковского погрома. Участники погрома Штаден, Таубе и Крузе сообщают, что царь повстречал псковского юродивого Николу и тот посоветовал ему немедленно покинуть Псков, чтобы избежать большого несчастья [126].

Псковские книжники снабдили легенду о Николе многими вымышленными подробностями. Блаженный будто бы поучал царя «много ужасными словесы еже престати от велия кровопролития и не дерзнути еже грабити божия церкви». Иван не послушался юродивого и велел снять колокола с Троицкого собора. В тот же час пал лучший царский конь, пророчества Николы стали сбываться, и царь в ужасе бежал из города [127].

Полоумный псковский юродивый оказался одним из немногих людей, осмелившихся перечить царю. Весьма возможно, что его пророчества ускорили отъезд опричников из Пскова: царь Иван был подвержен суевериям своего времени. Но, так или иначе, вмешательство Николы нисколько не помешало антицерковным мероприятиям опричнины. Царь покинул Псков не раньше, чем ограбил до нитки псковское духовенство.

Псковский посад избежал погрома не вследствие вмешательства юродивого, а по причинам совсем другого свойства. Незадолго до опричного похода власти выселили из Пскова и отправили в ссылку в разные города несколько сот семей, заподозренных в измене. Как только сыскное ведомство в Александровской слободе приступило к расследованию «заговора» Владимира Андреевича, Грозный велел доставить из городов псковских заговорщиков. В черновиках описи архива 1626 года упоминались «наказы черные дворяном, как посыланы с Москвы в Слободу и по городом за псковичи... и извет про псковичь, про всяких людей, что они ссылались с литовским королем Жигимонтом...» [128]. Новгородцы стали жертвой «извета» — доноса. В дни похода на Новгород опричники застали многих опальных псковичей под Тверью и в Торжке. По приказу царя опричники устроили псковичам кровавую баню, перебив 220 переселенцев с женами и детьми. Царя вполне удовлетворила эта резня, и только потому он пощадил остальных жителей Пскова.

Из Пскова царь уехал в Старицу, где произвел смотр опричной армии, а оттуда отправился в Слободу. Карательный поход на Новгород и Псков был окончен.

В истории кровавых «подвигов» опричнины новгородский погром был самым отвратительным эпизодом. Бессмысленные и жестокие избиения ни в чем не повинного новгородского населения навсегда сделали самое понятие опричнины синонимом произвола и беззакония.

В новейшей литературе новгородский поход получил двойственную оценку. А. А. Зимин подчеркивает варварский, разбойный характер опричных санкций, «бессмысленность тех форм, в которые вылилась завершающая страница борьбы Москвы с Новгородом». В то же время он усматривает в новгородском погроме некоторую объективную необходимость, связанную с ликвидацией пережитков раздробленности [129]. Приведенные выше факты ставят под сомнение такую оценку.

Подлинными «героями» грандиозного политического процесса, известного под названием новгородского изменного дела, были выходцы из старомосковской знати (Данилов, Волынский, Бутурлин), новгородские помещики, приказные люди. Они принадлежали к тем социальным слоям и группам, считать которые носителями традиций раздробленности не представляется возможным.

Суд над Старицким и архиепископом Пименом вызвал серьезные разногласия в опричной думе. «Новгородское дело» встревожило тех деятелей опричнины, которые не утратили способности согласовывать свои действия, помимо соображений карьеры, также и со здравым смыслом. Бессмысленность обвинений, выдвинутых против одного из наиболее авторитетных руководителей церкви Пимена, была очевидна. Среди прочих деятелей церкви Пимен выделялся своей неизменной лояльностью к опричному правительству и преданностью царю. Опальный архиепископ всегда поддерживал дружеские отношения с руководителями опричнины Басмановым и Вяземским.

Более дальновидные члены опричной думы имели основания опасаться, что расправа с Пименом приведет к новым осложнениям во взаимоотношениях между правительством и церковью. Они не могли забыть кризиса, вызванного «делом» Филиппа, и боялись, что расправа с Пименом усилит непопулярность опричной политики и скомпрометирует опричное руководство. Помимо всего прочего, они опасались и за собственную безопасность, ничем не гарантированную в условиях массовых репрессий. Террор был вызван ими самими, но теперь он все больше ускользал из-под их контроля.

Некоторые из руководителей опричной думы пытались помешать расправе с Пименом. Оружничий князь Афанасий Вяземский тайно предупредил Пимена о грозившей ему опасности [130]. Судя по всему, архиепископ и новгородцы ждали царя и готовились к встрече его летом 1569 года. В Новгородской летописи церковного происхождения после маловажной записи 9 июня 1569 года следовала роспись «корму царю и государю великому князю», «коли с Москвы поедет в Великий Новгород, в свою отчину». Царский корм включал 10 коров, 100 баранов, 5 пудов масла, на поварню 200 телег дров, для конского корму 600 телег сена и 600 четвертей овса. Подробнейшая роспись царского корма едва ли могла попасть в летопись, не будь в том практической надобности [131].

Будучи временщиком, Вяземский не осмелился открыто возражать против решения царя о разгроме Новгорода. Но в опричном правительстве были люди значительно более независимые в своих суждениях и поступках, чье влияние основывалось на выдающихся заслугах, знатности и богатства. В числе их был боярин А. Д. Басманов, один из самых видных воевод своего времени. Неизвестно, предпринимал ли он какие-нибудь шаги, чтобы предотвратить расправу с Пименом, или же он проявил недостаточно рвения при разоблачении «измены». Так или иначе карьера Басмановых оборвалась накануне новгородского разгрома. Первые признаки надвигавшейся царской опалы на Плещеевых относятся к зиме 1568—1569 годов. В кратком синодике опальных среди других видных воевод записан Г. Плещеев. Судя по приказному списку синодика, он погиб незадолго до розыска об изборской измене в 1569 году. Г. Плещеева не спасло родство с главой опричного правительства А. Д. Басмановым. С весны 1569 года любимец Грозного кравчий Ф. А. Басманов был отослан с опричными отрядами в Калугу для отражения возможного нападения крымцев. Ему были подчинены опричные воеводы окольничий В. И. Умной и боярин З. И. Очин. Первым симптомом падения былого влияния Плещеевых была попытка воеводы князя А. П. Телятевского «посчитаться» местами с Федором Басмановым. Спор не был разрешен, поскольку Телятевский скоропостижно умер. Но уже в августе 1569 года кравчий был отозван из армии в Москву. Никаких новых назначений он не получил [132].

В дни новгородской экспедиции опричники казнили несколько дворян Плещеевых, а также слуг Басманова, что было дурным знаком. Сразу после завершения новгородского похода глава опричного правительства А. Д. Басманов был объявлен главным сообщником Пимена в опричнине [133].

Не вызывает сомнения, что падение Басмановых было следствием интриг со стороны руководителей сыскного ведомства опричнины В. Г. Грязного и М. Л. Скуратова-Бельского, выступивших главными инициаторами расправы со Старицким.

Малюта Скуратов получил думный чин и вошел в опричное правительство после разгрома вотчин Федорова и «разоблачения» новгородской измены. Но в местнических счетах он еще в 1570 году уступал всем прочим думным дворянам, включая Грозного [134].

Скуратов и Грязной были типичными представителями низшего дворянства, выдвинувшегося в годы опричнины. В. Г. Грязной происходил из худородных детей боярских, издавна служивших ростовским епископам. Некоторое время Грязной служил в Старицком уделе. По словам царя, он был «мало что не в охотниках с собаками» у старицкого боярина князя Ю. И. Пенинского-Оболенского [135]. После роспуска старицкого двора Грязной перешел на царскую службу и был принят в опричнину, где вскоре выслужил чин головы в царском полку [136]. Неутомимый собутыльник и веселый балагур, он быстро завоевал расположение царя [137]. Но подлинного успеха новый фаворит достиг в период розыска о «новгородской измене». Ни один опричник не проявил столько усердия в разоблачении «заговора» Старицких, сколько вчерашний старицкий вассал. Именно он исполнял роль судьи и следователя во время судебного «разбирательства» на Богане. В разгроме Новгорода Грязной и его родня приняли самое непосредственное участие. Троюродному брату Василия Ошанину царь поручил доставить в Москву опального Пимена. В государственном архиве хранилась наказная «память» Федору Ошанину, «как ему вести к Москве новгородского архиепископа Пимена» [138]. Спальник Б. Г. Грязного тогда же отконвоировал в Москву арестованных шведских послов [139].

Чудовищный новгородский процесс явился делом авантюристских элементов опричной думы, руководствовавшихся узкокорыстными, карьеристскими соображениями. Раскрытие «измены» позволило этим деятелям устранить старых и наиболее авторитетных вождей опричнины Басмановых и захватить руководство опричнины.

Одной из пружин «новгородского дела» были корыстные расчеты опричной казны. Непрекращавшаяся война, содержание опричного корпуса и дорогостоящее опричное строительство требовали от правительства чрезвычайных расходов. Между тем государственная казна была пуста. Податные поступления упали во много раз из-за неурожая и голода, поразившего страну в конце 60-х годов. Испытывая сильную финансовую нужду, правительство все чаще обращало свои взоры в сторону обладателя самых крупных денежных богатств — церкви. Но осифлянские церковники не желали поступиться своим имуществом.

Опричнина не осмелилась использовать низложение Ф. Колычева для секуляризации богатств митрополичьего дела. Но суд над митрополитом нанес сильнейший удар престижу и влиянию церкви. Этим обстоятельством и воспользовалось опричное руководство, решившее наложить руку на богатства новгородской церкви.

Сфабрикованное в опричнине новгородское «изменное» дело послужило удобным предлогом для ограбления новгородско-псковского архиепископства.

Ограбление монастырских и церковных сокровищ явилось одной из главных целей опричного похода на Тверь, Новгород и Псков [140]. Государев разгром надолго подорвал влияние и могущество крупнейшей в стране новгородско-псковской епархии. После низложения митрополита Филиппа и суда над архиепископом Пименом русская церковь надолго лишилась того влияния, которым она пользовалась ранее. Благодаря ограблению церкви и посадского населения Твери, Новгорода и Пскова опричное правительство смогло разрешить свои финансовые затруднения и получить средства для продолжения дорогостоящих опричных затей.

Разгром Новгорода стал важной вехой в процессе формирования имперской политики России. Естественным продолжением внешних завоевательных войн стала политика прямого грабежа собственного населения.

Во второй половине XVI века Новгород Великий пришел в полный упадок, свидетельством чему служат писцовые книги 1581—1584 годов с систематическими сведениями о времени и причинах запустения новгородского посада. О. Ф. Терешкевич обработал материалы названных писцовых книг и в итоге пришел к выводу, что опричный разгром имел временное значение и сам по себе не мог оказать решающего влияния на запустение новгородского посада [141]. На основании тех же данных А. М. Гневушев заключил, что год опричного разгрома не выделяется среди других кризисных лет в истории Новгорода [142].

Самым тяжелым бедствием для жителей Новгорода была эпидемия чумы в 1566—1567 годах. Эпидемия началась в Шелонской пятине в июле 1566 года, а затем распространилась по всем западным уездам страны. В сентябре 1566 года Пимен известил царя, что от лихого поветрия «многие люди умирают знамением» на «штинадцати» улицах Новгорода. Эпидемия стихла только в мае 1567 года [143]. Вторично чума постигла Новгород в 1570—1571 годах. Согласно писцовым книгам, от чумы и по другим причинам только на Софийской стороне запустел 161 тяглый двор в 1567-м, 190 дворов в 1570-м и 240 дворов в 1571 году [144].

1569—1570 годы оказались неурожайными не только в Новгороде, но и в московских городах. По летописям, «недород был великой... рожь обратилась травою мятлицею, и бысть глад велий» [145]. Для Новгородской земли плохой урожай и невозможность подвезти хлеб из Москвы имели катастрофические последствия. Опричники явились в Новгород в разгар страшного голода. Доведенные до отчаяния горожане крали в глухие зимние ночи тела убитых людей и питались ими, иногда солили человечину в бочках [146]. Участники похода Таубе и Крузе передают многие подробности относительно страшного голода в Твери и Новгороде. «Один человек ел другого», «трупы выкапывались из могил и съедались», «в общем, тяжело говорить о том бедствии и горе, которое мы видели своими глазами». По свидетельству тех же авторов, в Твери от голода умерло втрое больше людей, чем погибло от опричнины [147]. То же самое наблюдалось и в Новгороде.

Ущерб, нанесенный Новгороду голодом и чумой в 1570—1571 годах, далеко превосходил последствия опричного разгрома. Об этом свидетельствуют многочисленные описания, дозоры и обыски новгородских погостов и деревень [148].

Репрессии не были главной причиной крестьянского разорения на новгородских землях даже в 1570 году. Более страшным бичом для крестьян были голод, эпидемии и в особенности непосильный фискальный гнет.

На современников опричный разгром произвел ошеломляющее впечатление, и они писали о гибели десятков и сотен тысяч людей. В поздних мемуарах англичанина Джерома Горсея можно найти сведения о том, что царь погубил в Новгороде 700 тысяч человек. Один из псковских летописцев привел цифру в 60 тысяч жертв. Курбский был причастен к новгородской интриге и располагал более надежными источниками информации. Но ради обличения царя он готов был поступиться истиной. По его словам, опричники утопили Пимена и только за один день перебили 15 тысяч человек. Более осторожный в своих выводах итальянский дипломат Джерио записал слух об избиении 18 тысяч новгородцев [149].

Известный исследователь новгородской истории А. Г. Ильинский, опираясь на данные Новгородской летописи, подсчитал, что в погроме погибло не менее 40 тысяч человек [150]. А. А. Зимин солидаризировался с его мнением [151].

Однако при ближайшем рассмотрении аргументация А. Г. Ильинского не выдерживает критики. В основе его расчетов лежит сообщение «Повести о приходе царя Ивана в Новгород». Автор «Повести...» подробно описывает казни опричнины и замечает, что «таково горе и мука бысть... яко на пять недель и боле, по вся дни в воду вметаша... человек до 1000 на день», или же 1500, или 500—600 человек [152]. Помножив приведенные цифры на 35 (пять недель погрома), А. Г. Ильинский и получил цифру в 40 тысяч. Но, как показано выше, разгром посада в Новгороде продолжался не пять, а одну-две недели. При этом совершенно очевидно, что автор «Повести...» оперировал не точными, а весьма примерными цифрами (1000, 1500 и пр.). В недавно изданной книге В. Б. Кобрин предпринял попытку заново решить вопрос о масштабах репрессий в Новгороде, опираясь на следующее летописное известие: в 1570 году «сентября в 24, в неделю, за городом у Рождества Христова на поле, всем Новымгородом, всеми семи соборы, отпевали умерших над скудельницею и загребли скудельницу, а душ в той скудельницы 10 тысяч, а тут был на провоженьи Иван Жьгальцо, нищий старец, который тех в скудельницах погребает» [153]. В. Б. Кобрин интерпретировал летописное известие следующим образом: 24 сентября в Новгороде «состоялось торжественное отпевание жертв опричнины, похороненных в одной большой братской могиле («скудельнице»); могилу вскрыли и посчитали тела; их оказалось 10 тысяч»; в городе были и другие места погребения убитых; следовательно, «10—15 тысяч жертв остается наиболее вероятной цифрой» [154]. С такой интерпретацией трудно согласиться. Во-первых, новгородскую «скудельницу» едва ли можно рассматривать как братскую могилу. В летописях можно найти сведения о том, что новгородцы в одном случае «накидаша скудельницу» на Пруской улице, в другом — «наметаша мертвых 3 скудельници — одну у святей Софии, а две — у Рожества на поле» [155]. Горожане не могли устраивать братские могилы посреди улицы или перед главным храмом. Это позволяет заключить, что «скудельницами» называли не братские могилы, а загородки или сараи, куда в дни мора на время со всей округи собирали мертвые тела. При первой возможности их отпевали и предавали земле за городом. Опричники покинули Новгород в 1570 году в разгар голода, который продолжался и после их отъезда. Позже в Новгороде началась чума. Совершенно очевидно, что в «скудельницу» к сентябрю 1570 года собрали кроме убитых также умерших весной и летом от голода и болезней. Цифра, названная в летописи, разумеется, носила самый примерный характер.

Самым надежным источником для определения масштабов репрессий остается синодик опальных, составленный на основе подлинных документов опричного архива. В текст синодика включено донесение М. Скуратова о казни в Новгороде 1505 безымянных опальных. В. Б. Кобрин считает, что Скуратов не был главным распорядителем новгородского погрома и маловероятно, чтобы в присутствии самого царя и его сына карательными акциями распоряжался только или хотя бы главным образом Малюта. Если это так, то 1505 человек — это цифра из отчета только одного из нескольких карательных отрядов [156]. Скуратов занимал особое место в опричной иерархии. Он руководил сыскным ведомством, расследовавшим заговоры и проводившим казни. Представленная им «сказка» и была отчетом этого ведомства, а вовсе не «одного из отрядов». Факты свидетельствуют о том, что Малюта руководил репрессиями на протяжении всей экспедиции. В Твери он собственноручно удушил Филиппа, в Торжке лично участвовал в избиении тюремных сидельцев и пр. Опричные донесения подчеркивали роль Скуратова в разгроме, именуя поход «новгородской посылкой Малюты». По окончании экспедиции обер-палач составил следующий отчет о произведенных им казнях: «По Малютине скаске в ноугородцкой посылке Малюта отделал 1490 человек, ис пищалей отделано 15 человек». Рассказы очевидцев подтверждают достоверность отчета Скуратова. По свидетельству А. Шлихтинга, в тюрьме в Торжке сидело 19 пленных татар. Малюта явился в тюрьму и велел рубить им головы. Татары оказали отчаянное сопротивление и ранили ножом самого Скуратова. Смелые в расправах с безоружным населением, опричники спасовали перед татарами и вызвали на помощь стрельцов, которые издали перестреляли оставшихся в живых 15 пленников [157]. Это был едва ли не единственный случай, когда подручные Скуратова прибегли к помощи огнестрельного оружия. В «сказке» Малюты этот эпизод отмечен в виде записи: «...ис пищалей отделано 15 человек».

Как главный руководитель погрома, Малюта располагал наиболее точными сведениями насчет жертв террора. Вместе с тем он не имел причин преуменьшать значение своих «подвигов». В среде опричников жестокость служила лучшим доказательством преданности царю, а милосердие к изменникам наказывалось как предательство.

В «сказке» Малюты фигурируют безымянные опальные, жертвы массовых расправ. Кроме них в синодике записаны сотни лиц, названных по именам. Их казни предшествовала какая-то судебная процедура. Некоторых из них пытали и убивали в присутствии царя, что нисколько не принижает роли Скуратова и его подручных — пыточных мастеров. Суммируя все данные, можно заключить, что во время погрома погибли 2170—2180 человек, помянутых в синодике. Эти данные нельзя считать полными, поскольку многие опричники грабили и убивали на свой страх и риск. Однако число их жертв было невелико по сравнению с количеством жертв организованных массовых убийств.

Государев разгром Новгорода сопровождался избиениями военнопленных. Кроме татар жертвами опричников стали ливонские немцы и литовцы. Их подозревали в заговоре с новгородцами и тайных сношениях с Литвой. После занятия Полоцка в 1563 году воеводы получили от царя следующий наказ: «А будет в которых людях приметят шатость и тех людей, не вдруг за тея дела, ссылати во Псков и в Новгород... а из Новгорода ссылати их к Москве» [158]. Следуя этому наказу, воеводы выслали в Новгородско-Псковскую землю сотни жителей Полоцка. Опричные дипломаты Таубе и Крузе знали, что полочан ссылали не только в Новгород, но и в Тверь. Там многие из них жили в тюрьмах и «более ста в домах» [159]. Шлихтинг передает, что только в Твери и Торжке опричники истребляли до 500 полочан [160]. Таким образом, пленные составляли не менее трети безымянных опальных лиц, указанных в «сказке» Малюты. Среди жертв новгородского разгрома около одной пятой (455 человек) названы в царском синодике по именам. По большей части это представители высших сословий: помещики и приказные (250—260 человек) и члены их семей (140 человек). Лица, показанные в синодике безымянно (1725 человек), были преимущественно выходцами из низших сословий. Данные синодика поддаются проверке посредством сопоставления с другими источниками. Одним из самых осведомленных мемуаристов опричнины был Шлихтинг. В доме его господина лейб-медика А. Лензея несколько дней скрывался А. Вяземский, один из руководителей карательного похода на Новгород, попавший в опалу тотчас по возвращении в Москву. По-видимому, с его слов Шлихтинг знал, что в Новгороде погибли 2770 человек [161]. Однако надо иметь в виду, что в своих «Сказаниях», написанных по заданию короля, Шлихтинг сознательно сгущал краски. В дни похода, утверждал памфлетист, опричники перебили 2770 «только именитых людей», простонародье уничтожили.

Сведения о 2770 перебитых новгородцах были заимствованы у Шлихтинга литовским хронистом Гваньини, работа которого была широко известна на Руси в XVII веке. Оттуда, как предположил А. А. Зимин, это сообщение перешло в поздние новгородские летописи [162]. Летописец истолковал сведения о разгроме не менее тенденциозно, чем Шлихтинг: 2770 новгородцев погибли будто бы за один только день [163].

«Новгородское дело» служило продолжением розыска о заговоре Федорова в пользу Старицких. Поэтому Вяземский имел в виду, по-видимому, всех казненных с момента раскрытия заговора в 1567 году. С указанной поправкой данные Шлихтинга полностью совпадают с показанием синодика. В ходе судебного процесса по делу об измене Старицких с 1567 года и до разгрома Новгорода погибло до 2700—2800 человек, записанных в синодик. Таковы наиболее точные данные о масштабе опричного террора Грозного.

Для оценки последствий террора существенно то, что население Новгородской земли в XVI веке не превышало полутора миллионов человек, а в Новгороде даже в пору расцвета проживало менее 25—30 тысяч человек [164]. Опричные избиения нанесли главный ущерб городам Новгородской и Псковской земель, в значительно меньшей степени — крестьянскому населению. Разгром надолго подорвал торговлю Новгорода и Пскова со странами Западной Европы. В целом опричные санкции против меньших людей в городах и против деревни носили скоротечный характер. Их целью было скорее устрашение, чем поголовное истребление населения.

Разорение Новгородской земли началось задолго до разгрома. Опричный погром усугубил бедствие, хотя сам по себе он и не был главной причиной экономического упадка Новгорода.

Глава 5

Завершение
«новгородского дела»

В 1569 году произошла первая русско-турецкая война. При поддержке крымской Орды турки попытались захватить Астрахань, но потерпели неудачу. В дни похода царя на Новгород русские агенты донесли из Крыма, что турки лелеют планы нового вторжения в Россию и что возможен их поход на Москву [1]. В мае 1570 года крымцы подвергли страшному опустошению Рязанскую землю [2]. Царь с полками выступил на Оку, чтобы не допустить татар к Москве. Опричные воеводы Д. И. Хворостинин с товарищами были посланы к Рязани, где они «крымских воевод побили и языки многие поимали и полону много отполонили» [3].

Невзирая на то, что опасность турецко-татарских вторжений не была устранена, опричное правительство приняло решение о возобновлении борьбы за Ливонию. Предполагалось заключить перемирие с Речью Посполитой и обратить все силы против Швеции, с тем чтобы изгнать шведов из ливонских крепостей. В сентябре 1569 года в Новгород прибыли шведские послы, домогавшиеся мира с Россией. Новгородские наместники и воеводы приняли послов, но отказались пропустить в Москву для переговоров с царем. По энергичному выражению Грозного, шведы, придя к боярам, «уродственным обычаем стали, что болваны, и сказали, что с ними к боярам никоторого приказу нет, а прежнего обычая позабывши» [4]. Желая вразумить строптивых шведов, воеводы подвергли послов побоям и ограбили их, отобрав деньги, золотые вещи и пр. Несколько дней спустя к послам, согласно их отчету, явился царский спальник Григорий Грязной и объявил, что их подвергли унижению в отместку за ограбление русских послов в Стокгольме после свержения Эрика XIV. Послов продержали в Новгороде четыре месяца, после чего под конвоем увезли в Москву [5]. Осенью шведов пригласили в Посольский приказ и объявили, что царь на них «пороскручинился и велел отпустити в Муром город, а ссылати их с Москвы наборзе». В Муроме послов держали в строгом заключении и едва не уморили голодом. Посольский приказ отпускал пленникам по 3 деньги в день на человека. Из-за голода и дороговизны этих денег не хватало на самое скудное пропитание. Послы не раз просили прибавить им корму, «зань ж хлеб в цене, и им прокормиться нечим» [6]. Но приставы неизменно отказывали им. Из 57 членов посольской свиты 15 человек погибли из-за недоедания, а также эпидемии чумы [7].

Готовя войну со Швецией, опричная дипломатия вновь выдвинула проект образования вассального королевства в Ливонии под эгидой царя. Русское правительство предложило ливонскую королевскую корону владетелю острова Эзель герцогу Магнусу, брату датского короля.

В июне 1570 года Магнус прибыл в Москву и был объявлен ливонским королем [8]. Новоявленный король должен был получить все русские владения в Ливонии после того, как он покорит Ревель и Ригу. До осуществления этого условия царь передал своему леннику только один небольшой ливонский замок Полчев (Оберпален) с округом [9].

Готовясь к войне со шведами из-за Ливонии, Россия искала мирного урегулирования с Речью Посполитой. Грозный имел причины негодовать на происки королевской секретной службы в России. Но Польша стояла на пороге династического кризиса. Бездетный король Сигизмунд II, под власть которого якобы хотели перейти Новгород и Псков, был тяжело болен. Польшу ждало бескоролевье. Между тем среди православной шляхты Речи Посполитой было немало сторонников избрания на трон члена царской семьи. В начале 1569 года в Москве ходили слухи о возможном избрании на польский престол царевича Ивана. Посол Ф. Мясоедов должен был проведать в Литве, «почему то слово в люди пущено, оманкою ли, или в правду того (избрания царевича.— *Р. С.*) хотят... и почему то слово делом не объявится, а в людей носится» [10].

Осенью 1569 года Боярская дума пригласила в Москву королевских послов. Мирные переговоры в Москве продолжались в течение двух месяцев. 18 июня 1570 года польско-литовские послы согласились с предложением бояр о трехлетнем перемирии и через четыре дня подписали договор [11].

Дипломатическая подготовка к возобновлению борьбы за Ливонию окончилась. Россия стремительно двигалась навстречу войне со Швецией, располагая непрочным временным перемирием с Речью Посполитой, не завершив войны с турками и татарами и фактически не имея ни одного союзника. Принимая решение о возобновлении военных действий в Ливонии, царь и его правительство не желали считаться с тем, что страна была истощена войной, продолжавшейся без перерыва почти двадцать лет.

Экономическое положение России резко ухудшилось. Вслед за Новгородской землей сильный голод охватил центральные уезды страны [12]. Польские послы, выехавшие из Москвы в июле 1570 года, наблюдали страшную картину на протяжении всего пути до границы. В поле вокруг Москвы, в столице и других городах, во многих деревнях они видели множество брошенных мертвых тел. Все эти люди погибли от голода. В самой Москве участились убийства, голодные нападали по ночам на дома зажиточных горожан, люди питались трупами [13].

Бедствия народа были неописуемы, но правительство не принимало никаких мер к тому, чтобы облегчить его страдания. Во время страшного голода, передает Г. Штаден, у царя «по дворам в его подклетных селах, доставлявших содержание дворцу, стояло много тысяч скирд необмолоченного хлеба в снопах, но и он не хотел продавать его своим подданным...» [14].

Опасаясь нового неурожая, власти отказались продать хлеб голодающим из дворцовых запасов. Крупные землевладельцы и купцы старались придержать хлеб, чтобы сбыть его с наибольшей выгодой.

Несмотря на бедственное положение страны, опричное правительство намерено было любой ценой продолжать войну. Новые репрессии, обрушенные на голову земщины, должны были подавить последние элементы недовольства в земской Боярской думе.

Расправа с конюшим И. П. Федоровым и боярином В. Д. Даниловым, кровавый погром земского Новгорода усилили страх и негодование в верхах земщины. Большинство молчало, поддавшись панике и надеясь пережить трудное время. Однако некоторые лица из числа выдающихся государственных деятелей нашли в себе мужество, чтобы протестовать против кровавого царского произвола.

По возвращении из Новгорода царь имел длительное объяснение с государственным печатником и «канцлером» Висковатым. Печатник настойчиво советовал Ивану, чтобы тот не проливал столько крови, «в особенности же не истреблял своего боярства, и просил его подумать о том, с кем же он будет впредь не то что воевать, но и жить, если он казнил столько храбрых людей. В ответ на увещевания царь разразился угрозами по адресу печатника и его покровителей-бояр. «Я вас еще не истребил, а едва только начну,— заявил он,— но я постараюсь всех вас искоренить, чтобы и памяти вашей не осталось. Надеюсь, что смогу это сделать, а если дело дойдет до крайности, и Бог меня накажет, и я буду принужден упасть ниц перед моим врагом, то я скорее уступил бы ему в чем-либо великом, лишь не стать посмешищем для вас, моих холопов» [15].

Протест Висковатого был прямым выражением недовольства в правительственных кругах земщины. На царя его выступление, по-видимому, произвело сильное впечатление. Объяснялось это двумя обстоятельствами.

Печатник занимал выдающееся положение в земском правительстве благодаря своим блестящим способностям и редкому уму. Выходец из низов («всенародства»), он в течение 20 лет входил в ближнюю думу царя и возглавлял дипломатическое ведомство России, Посольский приказ. Ко времени опричнины Висковатый объединил в своих руках управление различными ведомствами приказного аппарата. Вместе с казначеем Фуниковым он ведал «государеву казну», т. е. Казенный приказ [16]. В качестве печатника Висковатый хранил большую государственную печать и утверждал («печатал») важнейшие документы, исходившие из других приказов [17]. Формально печатник стоял ступенью ниже царских казначеев. Фактически же Висковатый пользовался бо́льшим влиянием, нежели казначеи, а его канцелярия приобрела значение ведущего ведомства приказного аппарата управления. Недаром современники называли печатника «главным канцлером» государства [18].

Печатник И. М. Висковатый и его сподвижник Н. Фуников пользовались покровительством родни царя Захарьиных и других земских бояр, возглавлявших Боярскую думу. По существу, Висковатый вслух выразил настроение всей земщины, и это обстоятельство больш всего тревожило Грозного.

Висковатый имел особые причины протестовать против опричного террора. В начале июля 1570 года был арестован и после жестоких пыток убит его родной брат Третьяк Висковатый [19]. Печатник предпринимал отчаянные попытки спасти брата, но все было тщетно.

Земские верхи восприняли вести о разгроме Новгорода и Пскова опричниной со страхом и возмущением. После объяснения с Висковатым Грозный и его подручные решили обезглавить высшие приказные ведомства страны.

Ко времени ареста Висковатого следствие по делу Пимена шло полным ходом. Царь делил труды с Малютой, проводя в застенках дни и ночи. Сотни новгородцев, содержавшихся в тюрьмах Александровской слободы, стали жертвами чудовищных пыток. Под пытками они признавались в любых преступлениях. Согласно следственным материалам, «в том деле с пыток (! — *Р. С.*) многие (опальные.— *Р. С.*) про ту измену на новгородского архиепископа Пимина и на его советников и на себя говорили». С помощью пыток и шантажа опричники без труда заполучили нужные им показания против главных московских дьяков и их покровителей Яковлевых-Захарьиных. В частности, опальные новгородцы показали, будто Пимен и его сообщники «ссылались к Москве... с казначеем с Микитою с Фуниковым, и с печатником с-Ываном Михайловым Висковатого, и с Семеном Васильевым сыном Яковля...» [20]. Вслед за новгородцами московских дьяков обвинили в том, что они намерены были посадить на престол Старицкого и в то же время сдать литовцам Новгород. Но гласности было предано лишь второе обвинение. Власти объявили, будто печатник «написал королю польскому, обещал ему предать крепость Новгородскую и Псковскую» [21].

Царь нимало не сомневался в справедливости подобных обвинений и в конце 1570 года поручил дать соответствующие официальные разъяснения в Литве. На вопрос: «Почему государь ваш казнил казначея Микиту Фуникова, печатника Ивана Михайловича и дьяков и детей боярских и подьячих многих?» — послы должны были отвечать литовцам: «Али вам то ведомо?»... «Которую был думу государьский изменник Курбской и с вами с паны с радою и с теми государьскими изменники ссылались, измену здумали которую измену учинить и государю́ нашему Бог тое их измену и ваше лукавство объявил, и они потому и кажнены... А Ноугороду и Пскову за Литвой быти непригоже» [22].

Заодно опричное правительство решило использовать осуждение печатника для оправдания внешнеполитических провалов и неудач, вызванных некомпетентным вмешательством царя и его советников в дела Посольского приказа. За год до казни Висковатый послал тайную грамоту в Кафу к Касим-паше, назначенному руководить походом турок на Астрахань. Печатник пытался подкупить продажного пашу, чтобы предотвратить турецкое вторжение. Попытка эта не удалась, и тайные переговоры с турками были использованы как повод для обвинения печатника в измене. Отзвуком подобных обвинений явилось сообщение опричника Штадена о том, что Висковатый «был расположен ко всем татарам и помогал им», что он «был не прочь, чтобы крымский царь забрал Русскую землю» [23]. Изменой главы земского Посольского приказа опричники стали объяснять и поход турок на Астрахань в 1569 году, и разорение татарами южных уездов в следующем году. Печатник будто бы писал султану, увещевая его послать войска к Астрахани и Казани [24]. Он же будто бы побудил напасть на Русь крымских татар [25]. Все эти обвинения в двойной и даже тройной измене были абсурдны, но опричные следователи и судьи давно утратили чувство меры и не заботились о правдоподобности собственных измышлений. Суд над печатником был скорым и неправым. В конце июня Висковатый привел к благополучному концу сложные и ответственные переговоры с литовскими послами, а вскоре после 3 июля попал под стражу [26].

После низложения Филиппа Колычева русскую церковь возглавил Кирилл, поставленный на митрополию из архимандритов крупнейшего в стране Троице-Сергиева монастыря. Преемником Кирилла в Троице стал его ученик Памва, вскоре же арестованный опричниками. Окончательно судьба Памвы решилась в дни суда над Старицкими. 13 ноября 1569 года его привезли в Новгород и заточили в Хутынский монастырь [27]. После Памвы в Троицу был прислан бывший андронниковский архимандрит Ф. Вятка, близкий к опричному правительству [28]. Расправа с Памвой должна была послужить грозным предостережением для митрополита Кирилла. Опричные власти стремились запугать его и одновременно использовать авторитет главы церкви для новых гонений на земщину.

Накануне похода на Новгород царь прислал Кириллу послание с просьбой, «чтоб он бояр и всяких людей о службе безо всякие хитрости утверждал попрежнему» [29]. С помощью церкви правительство старалось предотвратить возможные протесты земских бояр против террористических действий опричнины. Кирилл немедленно уведомил царя, что исполнил его приказание и со всем священным собором «бояр и всяких чинов людей утверждал, чтоб ему, государю, служили безо всякие хитрости». Лишь после этого Иван известил митрополита об «измене» новгородского архиепископа Пимена и его аресте.

Близкие к опричнине иерархи были встревожены, но у Пимена хватало недругов. В глазах многих церковников новгородский архиепископ давно скомпрометировал себя пособничеством опричнине. Собравшийся в Кремле священный собор поспешил осудить Пимена.

В разгар новгородского погрома Кирилл и епископы направили царю грамоту с сообщением, что «приговорили они на соборе новгородскому архиепископу Пимину против государевы грамоты за его безчинье священная не действовати». Пимен был выдан опричнине головой. Но высшее духовенство переусердствовало, угождая царю. В третьем послании из Новгорода царь дал знать митрополиту, что «архиепископу Пимину служити не велено», но просил до окончания следствия не лишать его архиепископского сана. «А сану б с нево,— писал царь,— до подлинного сыску и до соборного уложенья не снимати» [30].

Опричное правительство знало, что ограбление новгородской церкви вызвало глубокое негодование всего духовенства, и с особенной тщательностью подготавливало суд над Пименом. В свое время новгородский архиепископ помог властям низложить митрополита Филиппа Колычева. Теперь власти решили использовать имя и авторитет опального митрополита, чтобы оправдать расправу с его «гонителями». Самый рьяный помощник Пимена на соборе, низложившем Колычева, рязанский архиепископ Филофей подвергся опале. Царь «изверже его из сану» [31]. В то же время были казнены некоторые из близких к нему лиц. В синодике среди лиц, казненных сразу после возвращения царя из новгородского похода, записан «архимарит солочинский». Солотчинский монастырь, располагавшийся в 15 верстах от Рязани, принадлежал к числу крупнейших монастырей Рязанской епархии. Опричники, «отделавшие» архимандрита, не удосужились узнать его имя и в донесении царю упомянули лишь чин убитого.

Репрессии затронули Нижегородскую епархию. В Нижнем Новгороде не было епископской кафедры, и местное духовенство подчинялось непосредственно митрополиту в Москве. Старшим иерархом среди духовных лиц был Митрофан, архимандрит Печерского Вознесенского монастыря. Он был убит опричниками.

Во второй половине июля 1570 года священный собор приступил к суду над Пименом. Церковники были запуганы кровавым террором и не осмелились возражать царю. Против Пимена выступили царские «ласкатели» — опричный симоновский архимандрит, кирилловский игумен, новый троицкий архимандрит Ф. Вятка и др. Противников Пимена охотно поддержали те члены собора, которые не могли простить ему интриг против Филиппа.

После недолгого судебного разбирательства собор объявил о низложении Пимена. Опального архиепископа заточили в Никольский монастырь в Веневе, где он вскоре же умер. По авторитетному свидетельству новгородского архиепископского летописца, Пимен жил после своего «владычества», т. е. после низложения из владык, год и два месяца без шести дней. Умер он 25 сентября 1571 года, следовательно, сана лишился 18—20 июля 1570 года [32].

Через несколько дней после осуждения Пимена царь отдал приказ о казни всех его «сообщников» — новгородских дворян и приказных, а также главных московских дьяков. Их казнь была назначена на 25 июля 1570 года [33]. Местом экзекуции была избрана обширная рыночная площадь в Китай-городе, именовавшаяся Поганой лужей. В день казни царь Иван явился на площадь в полном облачении — «в доспехе, в шоломе и с копием» [34]. При нем находился наследник и многочисленная вооруженная свита. Полторы тысячи конных стрельцов оцепили Поганую лужу с трех сторон. Еще накануне опричные мастеровые сделали необходимые приготовления к экзекуции, забили в землю колья [35]. Вступление опричных войск на земскую половину Москвы и приготовления к казням вызвали панику среди столичного населения. Люди спешили спрятаться в домах. Улицы и площади опустели. Такой оборот дела озадачил царя Ивана, который поспешил обратиться к народу с увещеваниями. Очевидцы передают, что царь разъезжал по всей площади, уговаривал жителей отбросить страх, приказал им «подойти посмотреть поближе, говоря, что, правда, в душе у него было намерение погубить всех жителей города, но он сложил уже с них свой гнев» [36]. В речах Грозного заключалось одно поразительное признание. «Изобличив» в измене главных московских дьяков, опричное руководство серьезно помышляло о том, чтобы покарать все земское население Москвы и учинить в столице такой же погром, как и в Новгороде. Однако здравый смысл взял верх, и новые чудовищные планы опричнины так и не были осуществлены.

Паника, вызванная прибытием опричников, постепенно улеглась, и народ заполнил рыночную площадь. В этот момент царь вновь обратился к «черни» и, «стоя в середине ее, спросил, правильно ли он делает, что хочет карать своих изменников». В ответ раздались громкие крики: «Живи, преблагий царь! Ты хорошо делаешь, что наказуешь изменников по делам их» [37]. «Глас народа», всенародное одобрение опричной расправы были, конечно, сплошной фикцией.

После речи к народу царь «великодушно» объявил о помиловании более чем половины осужденных. Из 300 опальных, выведенных на площадь, примерно 184 человека были отведены в сторону и тут же переданы на поруки земским боярам и дворянам. Царь Иван будто бы заявил: «Вот возьмите, дарю их вам, принимайте, уводите с собой, не имею никакого суда над ними». В архиве, согласно позднейшей описи, хранился «приговор государя царя и великого князя Ивана Васильевича всеа Русии и царевича Ивана о тех изменниках, ково казнить смертью, и как государь, царь и великий князь Иван Васильевич всея Русии и царевич Иван Иванович выезжали в Китай-город на полое место, сами велели тем изменникам вины их вычести перед собой и их казнити» [38].

После отпуска помилованных В. Я. Щелкалов стал громко вычитывать остальным осужденным их «вины», и начались казни. Первыми казни подверглись члены земской Боярской думы печатник И. М. Висковатый и главный казначей Н. А. Фуников, руководитель Поместного приказа В. Степанов, руководитель приказа Большой казны И. Булгаков и руководитель Разбойного приказа Г. Шапкин с их семьями. Опричники пытались заставить Висковатого публично признаться в своих «преступлениях» и просить царя о помиловании. Однако гордый печатник отвечал на все уговоры проклятиями. «Будьте прокляты, кровопийцы, вместе с вашим царем!» — были его последние слова. Висковатого раздели донага и привязали к бревнам, составленным наподобие креста. По желанию царя роль палачей взяли на себя присутствовавшие на площади дворяне и приказные. Казнь Висковатого начал Малюта и кончил опричный подьячий И. Реутов. Печатника, висевшего на кресте, разрезали живьем на части. После печатника на эшафот взошел Фуников. Казначей вел себя с таким же достоинством, как и Висковатый, и также отказался признать себя виновным. Фуникова сварили, обливая попеременно крутым кипятком и студеной водой. За Фуниковым пришел черед другим руководителям приказов. Дьяка Г. Шапкина казнил князь В. И. Темкин, дьяка И. Булгакова — земский боярин И. П. Яковлев-Захарьин [39].

Казни на Поганой луже продолжались четыре часа. По определению самых различных авторов, опричники избили до 116 (Шлихтинг), 120 (Пискаревский летописец), 130 человек (Штаден) [40]. Эти показания современников полностью подтверждаются царским синодиком опальных. В текст синодика включен полный поименный перечень казненных, насчитывающий до 120—130 лиц. Это были главным образом новгородские дворяне и приказные, привезенные в Москву из Слободы.

Тотчас после казни московских приказных опричники обезглавили главных новгородских дьяков К. Румянцева и Б. Ростовцева. За ними последовали знатные вассалы новгородского архиепископа: князь А. Тулупов-Стародубский, князь В. Шаховской-Ярославский, псковский наместник владыки и его дворецкий Неудача Цыплятев [41], сын последнего Никита, архиепископские дворяне Ч. Бартенев, Г. Милославский (родня архиепископского конюшего), С. Пешков (родня архиепископского дворянина Т. Пешкова), Б. Мартьянов [42], владычный дьяк М. Дубнев, архиепископский чашник Ш. Волынский, а также помещики различных новгородских пятин: Курцевы, Палицыны, Матвеевы, Чертовский, Сысоев, Аникеев, Паюсов, Рязанцев, Кроткий, Жданский. По синодику, казни подверглось до 50—70 новгородских дворян и приказных и еще несколько десятков лиц из числа дворцовой прислуги.

Присутствовавший на площади А. Шлихтинг передает, что в числе других опричники убили царского повара, будто бы пытавшегося отравить царя по наущению Старицкого. Имя повара записано в синодике опальных в списке 25 июля 1570 года. Это Алексей Молявин, последний из сыновей повара Молявы, убитого в день суда над Старицким на Богане. Алексей был, очевидно, одним из главных свидетелей обвинения по делу о заговоре Старицких. Участь доносчика повара разделили повар А. Быков, какой-то истопник, подключник И. Кайсаров, часовой мастер Суета, четыре конюха, некий скоморох и другие. Во время суда над Старицким и боярином Даниловым опричники охотно пользовались доносами дворцовой прислуги. После завершения суда в их услугах больше не нуждались.

Помимо дьяков опричники казнили трех московских подьячих. Однако в целом московский приказный аппарат избежал участи новгородского. Правительство опасалось дезорганизовать сложный механизм государственного управления.

Массовая экзекуция новгородцев завершилась спустя одну-две недели после 25 июля 1570 года. На этот раз жертвами опричнины стали семьи опальных новгородских дьяков и дворян. По словам очевидцев, погибло примерно 80 человек — жен и детей «изменников» [43]. Более точные данные на этот счет сообщает синодик, где записаны общим списком более 60 женщин и детей, членов семей новгородцев, убитых 25 июля. Среди них были семья князя Тулупова, К. Румянцева, Б. Ростовцева и т. д. Все они были утоплены в реке. То, что произошло в свое время в Новгороде на Волховском мосту, повторилось отчасти в Москве.

В день массовых казней 25 июля 1570 года царь помиловал около 180 человек опальных новгородских дворян. Отнюдь не все из «прощенных» были отпущены на свободу. Среди подлинных дел о суде над новгородцами хранился «список, за дьячьею пометою, хто кажнен, и хто куды в тюрьму послан, и хто отпущен и дан на поруки» [44]. По Новгородской летописи, часть помилованных новгородцев «по многом испытании» была разослана «по иным градам» на жительство [45]. Некоторые опальные были отпущены на свободу и «пожалованы». Согласно подлинным документам, в ходе суда над новгородцами «многие (опальные.— *Р. С.*) кажнены смертью, розными казнми, а иные розосланы по тюрьмам, а до кого дело не дошло, и те освобождены, а иные и пожалованы» [46].

Опричнина была по существу чисто политической мерой. Задачи ее сводились к утверждению неограниченной единодержавной власти монарха. На шестом году существования опричники, казалось бы, добились своего. Под тяжестью кровавого террора исчезли все видимые признаки недовольства в стране. Все кругом безмолвствовало. Но террор также чрезмерно усилил влияние опричного руководства, образовавшего как бы «правительство над правительством». Решение о разгроме Новгорода вызвало первые серьезные разногласия в опричной думе, что не могло не встревожить царя. В конечном итоге Басманов и Вяземский стали жертвами созданного ими же самими сыскного ведомства опричнины. Князь А. Вяземский был скомпрометирован попыткой предупредить архиепископа Пимена о готовившемся походе на Новгород. На него донес его ближайший приятель ловчий Григорий Ловчиков. Басмановы были отстранены от дел до начала новгородского похода. Обер-палачи опричнины Малюта Скуратов и Василий Грязной использовали донос Ловчикова, чтобы окончательно свергнуть старое руководство опричнины.

«Новгородское дело» оборвало карьеру Басмановых и Вяземского, этих наиболее видных руководителей опричнины в пору ее возникновения и расцвета. Согласно подлинным документам, изменник Пимен и новгородцы будто бы «ссылалися к Москве з бояры с Олексеем Басмановым и с сыном его с Федором... да со князем Офонасьем Вяземским о задаче Великого Новгорода и Пскова» [47].

Земские «изменники» были казнены публично, при огромном стечении народа. С руководителями опричнины расправились втихомолку, без лишнего шума. Царь пощадил фаворита Федора Басманова, который, по словам Курбского, избежал казни страшной ценой. Он будто бы сам «последи зарезал рукою своею отца своего Алексея, преславного похлебника, а по их языку, мальяка и губителя своего и святоруские земли» [48]. Насколько достоверно известие Курбского, трудно сказать. Федор Басманов доказал свою преданность самодержцу, но опалы не избежал. Его с семьей сослали на Белоозеро, где он и умер в тюрьме. Заодно с А. Д. Басмановым казни подвергся его сын Петр. Катастрофа постигла весь род Плещеевых разом, свидетельством чему служила следующая запись синодика: «Алексия, сына его Петра Басманова, Захарью, Иону Плещеевы». Захарий Иванович Очин-

114

Плещеев входил в опричную думу с боярским чином, а его брат Иван был видным опричным воеводой. В разрядах опричных походов за май — сентябрь 1570 года никто из Плещеевых не фигурировал.

А. Вяземский пытался предупредить Пимена о грозившей ему опасности. Его «измена», видимо, раскрылась после возвращения Грозного в Слободу. Царь, уязвленный неверностью любимца, поначалу не тронул его самого, но велел, по словам А. Шлихтинга, убить из засады его брата и несколько челядинцев [49]. Синодик опальных полностью подтверждает слова А. Шлихтинга. Вслед за списком казненных в Пскове там записаны «Иона Вяземский», а ниже «Грязнов Вяземский». Спасаясь от неминуемой гибели, бывший любимец Грозного укрылся в доме царского лейб-медика Лензея, где оставался в течение пяти дней. Убежище его было вскоре же обнаружено. Царь велел арестовать Вяземского и подвергнуть его торговой казни. Опричного оружничего били палками на рыночной площади, принуждая вносить ежедневно 1000, затем 500 и 300 рублей. Чтобы откупиться от торговой казни, опричник стал называть имена богатых столичных купцов, будто бы занимавших у него деньги, а те должны были платить несуществующие долги. Видевший Вяземского в доме Лензея, Шлихтинг писал: «Несчастный до сих пор подвергается непрерывному избиению» [50]. Поскольку Шлихтинг бежал из России вскоре после сентября 1570 года, то, очевидно, его сведения относились к осени этого года. Позже опальный оружничий был сослан в посад Городецкий на Волге и там умер в тюрьме «в железных оковах» [51]. С удалением Вяземского из опричнины были изгнаны все его многочисленные родственники. С мая 1570 года их имена полностью исчезли из опричных разрядов.

Устранив Басмановых и Вяземского, царь и его новые советники приступили к систематическому разгрому опричной думы.

Глава 6

«Опричная благодать»

Персональные перемены в составе опричного руководства не привели первоначально к каким-нибудь заметным изменениям в принципах и целях опричной политики.

На период после «новгородского дела» приходится последнее крупное расширение территории опричнины. В опричных земельных мероприятиях 1569—1571 годов, по мнению А.А.Зимина, наметился важный сдвиг. Иван IV забрал в опричнину уже ряд уездов. «Это мероприятие по своим целям резко отличалось от задач создания опричной территории, как они мыслились в 1565 году. Теперь дело шло о том, чтобы путем опричных переселений в уезды, которые царь рассматривал как очаги смуты, ликвидировать в них социальную базу возможных заговоров и мятежей»[1]. Спора нет, зачисление Новгорода в опричнину в 1571 году произошло в иных условиях, чем зачисление Суздаля в 1565 году. Но различия едва ли носили принципиальный характер. Главной целью царя было укрепление военной базы опричнины посредством дополнительного набора уездных детей боярских на опричную службу.

Опричный разгром покончил с «изменой» в Новгороде, и теперь Новгородская земля была вполне подготовлена для высокой милости — вступления в «государеву светлость». (Так именовал опричнину новгородский летописец — верноподданный царя.)

28 февраля 1571 года в Новгород прибыли опричные дьяки С.Ф.Мишурин и А.М.Милюков-Старой, отписавшие в опричнину Торговую сторону Новгорода, Бежецкую и Обонежскую пятины. Главный новгородский воевода князь П.Д.Пронский, правивший земским Новгородом в течение полутора лет, покинул свою резиденцию на Софийской стороне и переехал в опричнину на Торговую сторону[2]. Пронский помогал опричникам громить новгородцев в 1570 году, и эта его заслуга получила теперь официальное признание[3]. Знатный земский боярин был принят на службу в опричный двор.

В целях набора новых контингентов в опричное войско администрация провела генеральный смотр дворян двух опричных пятин. Судя по данным Разрядных книг, в результате опричного «перебора» численность служилых людей в Бежецкой пятине сократилась не очень значительно, а следовательно, основная масса местных служилых людей поступила на опричную службу.

Численность дворян по Разрядам[4]

	1563 г.	1572 г.
Бежецкая пятина	536	450 (300)

Непонятно, писал С.Б.Веселовский, зачем царь взял в опричнину Бежецкую и Обонежскую пятины, в которых было не более двух-трех десятков помещиков[5]. Очевидно, С.Б.Веселовский не учел показаний Разрядных книг.

Среди выселенных из опричных пятин помещиков преобладали родственники казненных ранее лиц. В их числе были П.Ф., В.Я. и М.Я.Пыжовы-Отяевы из рода Хвостовых; И.С.Мусоргский из рода Монастыревых, З.М. и С.М.Сысоевы, А.Т.Аникеев, И.И. и М.И.Баскаковы, К.Н.Паюсов, З.С.Лаптев, З.М.Опалев. Помимо них высылке подверглись помещики В.В., К.В., С.В., З.З., И.А. и В.Г.Харламовы, И.Д., Д.Д., С.И.Моклоковы, С.С.Корсаков, Н.Н.Нечаев, И.Ф.Путятин.

К октябрю 1571 года переселенцы получили новые поместья в земских пограничных уездах — Себеже, Усвяте и др.[6]. После разгрома Новгорода и казни многих помещиков Бежецкой пятины в 1570 году там образовался значительный фонд свободных земель, что и позволило властям избежать массовых выселений дворян из этой опричной пятины. В Обонежской пятине было много «черных» и оброчных государственных земель, которые, по-видимому, также использовались для испомещения опричников. В Новгородской земле полностью отсутствовало светское вотчинное землевладение, поэтому весь земельный пересмотр сводился здесь к перераспределению поместного фонда и раздаче дворянам государственных земель.

Опричная армия получила крупнейшее за всю свою историю пополнение: в ее состав влилось более пятисот новгородских дворян. Распространив опричные привилегии на часть служилых людей Новгородской земли, опричные власти раскололи новгородское дворянство. Тем самым они ослабили земщину и одновременно расширили собственную военную базу. Царь, утративший доверие к старому опричному руководству, стремился создать в лице новгородских опричников такую силу, которую можно было противопоставить старой опричной гвардии. Новгородские служилые люди более всего пострадали от террора старых опричников.

Иван IV рассчитывал превратить Новгород в главный опорный пункт опричнины на Северо-Западе. В опричной половине Новгорода против земского кремля предполагалось выстроить мощный опричный замок. Подготовка к строительству началась через месяц после опричного разгрома Новгорода. На стройке использовался барщинный труд посадских тяглых людей. Как записал новгородский летописец, 13 марта 1570 года «на Торговой стороне от Волхова все дворы очистили, нарядили площадью, а ставити на том месте двор государев»[7]. Приведенный акт не оставляет сомнения в том, что Грозный решил забрать Новгород в опричнину в дни разгрома этого города.

В короткий срок власти пустили на слом 227 дворов на Торговой стороне и тем самым расчистили строительную площадку для новой крепости. Под «государев двор» были взяты казенный Денежный двор, 32 нетяглых двора, принадлежавших помещикам и духовенству, и 190 тяглых дворов, владельцами которых были в подавляющем большинстве «молодшие» и «середние» посадские люди[8]. Опричники изгоняли горожан из их жилищ, а дворы ломали или перевозили на новые места.

Строительные работы на Торговой стороне были прекращены так же внезапно, как и начаты. Татары сожгли Москву, и казна прекратила финансировать работы в Новгороде и Вологде. Все наличные средства были обращены на восстановление столицы.

В течение длительного времени после «государева погрома» политика в отношении Новгорода сохраняла ярко выраженный антицерковный характер. Московский священный собор, созванный в Москве для суда над Пименом, покорно одобрил опричные репрессии против новгородской церкви и тем самым санкционировал новые гонения на новгородское черное духовенство. 29 августа 1570 года новгородцы получили из Москвы распоряжение немедленно собрать по монастырям все жалованные грамоты и отправить их в Москву[9]. На другой день, повествует Новгородская летопись, «взял государь по манастырем грамоты к себе, к Москве, жалованныи, по всем»[10]. Изъятие документов из монастырских архивов осуществили опричные приставы, посаженные в крупнейшие новгородские монастыри в период государева погрома[11]. Вся операция продолжалась один-два дня. В такой короткий срок исполнители не имели возможности детально разобраться в монастырских архивах и, по-видимому, изымали всю документацию без разбора. В новых мероприятиях опричнины таилась опасность, перед которой бледнели все предыдущие бедствия духовенства — разграбление казны, разгром монастырского хозяйства и т.д. Жалованные грамоты служили главным подтверждением права монастырей на земли и привилегии, сохраненные ими после присоединения Новгорода к Москве. Однако опричное правительство все же не осмелилось посягнуть на земельные богатства церкви. Наибольшие его вожделения вызывали по-прежнему денежные богатства и сокровища монастырей, с помощью которых можно было пополнить опричную казну.

Покидая Новгород в феврале 1570 года, царь оставил там своих эмиссаров К.Д.Поливанова и У.В.Безопишева. Главный опричный эмиссар Поливанов занял резиденцию новгородского дворецкого на Софийской стороне. Отсюда он руководил продолжавшимися реквизициями монастырских богатств. В период с 13 февраля до 13 октября 1570 года опричники взыскали с монастырей тринадцать тысяч рублей. Специальный царский посланник опричник П.Г.Совин в середине октября вывез собранные деньги в Москву[12]. В декабре 1570 года опричное правительство приняло решение о прекращении реквизиций в Новгороде. 5 января 1571 года в Новгород прибыл Д.И.Черемисинов с распоряжением снять монастырских старцев с правежа. Через несколько дней из Новгорода в Москву двинулись обозы с монастырской казной и добром. В повозках были уложены доправленные на монахах деньги, «иные считанные, а иные не считанные», а также «запасы на всех монастырех, которые не заплатили».

Новгородские попы разделили участь монашествующей братии. Многие из них были увезены в Москву и там поставлены на правеж. Городские попы не располагали богатствами монастырей и не могли откупиться от опричников, ввиду чего власти решили доправить недостающую сумму на новгородцах. После годового правежа, 30 декабря 1570 года, в Новгород прибыл поповский праветчик М.М.Кузьмин. Но и на этом правеж не кончился. Последние новгородские попы (Ф.Шепочев и др.) были отпущены из Москвы в Новгород только в сентябре 1571 года[13].

Причины, побудившие опричнину прекратить гонения против духовенства, довольно просты. К началу 1571 года власти приурочили объявление о переходе половины Новгородской земли в опричнину.

В течение длительного времени высшие церковные должности Новгородской епархии пустовали. Прошло полтора года со дня казни Корнилия, прежде чем Грозный разрешил священному собору назначить ему преемника. 15 июня 1571 года в Печоры явился новый архимандрит Сильвестр[14]. Печорские святители фактически возглавляли все местное псковское духовенство.

Новгородская церковь не имела пастыря почти два года со дня ареста Пимена. За это время в положении древнейшей епархии России произошли крупные перемены. В источниках имеются указания на то, что в 7079 (1571) году царь изъял из ведения Новгородского Софийского дома северные земли, некогда принадлежавшие Новгородской республике, включая Двину, Холмогоры, Каргополь, Турчасов, Вагу «с уезды». Царь Иван передал эти территории под управление опричного вологодского епископа[15]. Иван IV старался подорвать влияние новгородской церкви с такой же решительностью, с какой Иван III искоренял новгородское боярство. Московские власти разрешили восстановить высшую церковную иерархию в Новгороде лишь после того, как там пустили корни опричные порядки[16]. Решение о посылке в Новгород нового архиепископа объяснялось в значительной мере тем, что новая опричная администрация Новгорода нуждалась в авторитете церкви.

В конце 1571 года на архиепископство в Новгород был прислан Леонид, бывший архимандрит кремлевского Чудова монастыря[17]. Ученик и преемник известного царского «ласкателя» Левкия, в свое время заслужившего проклятия от Курбского, Леонид пользовался полным доверием опричного руководства.

Прибыв в Новгород, владыка оказался в крайне затруднительном положении. Софийский дом был разграблен, архиепископская казна опустошена. Недавнему чудовскому иноку пришлось изыскивать всевозможные средства, чтобы преодолеть финансовые затруднения. Образ действия пастыря вызвал возмущение новгородского духовенства. Едва прибыв в Новгород, Леонид объявил, что будет штрафовать попов и монахов, которые осмелятся звонить в колокола раньше, чем позвонят у Софии. Сумма штрафа была исключительно велика и составляла 2 рубля новгородских. Это первое распоряжение архиепископа сильно охладило радость местного духовенства по поводу назначения нового пастыря[18].

Стремясь поправить денежные дела Святой Софии, Леонид ввел в Новгороде правила, достаточно распространенные в Москве. Он стал изыскивать с подчиненных мзду за переутверждение их «престольных грамот». Однажды во время службы владыка стал ругать юрьевского архимандрита Феоктиста за то, что тот не «кажет» и не подписывает у него «настольной грамоты». Феоктист достаточно хорошо знал владыку и решил объясниться с ним начистоту: «Тоби деи у меня хочется содрать, а мне тебе нечего дать; ...хочешь де с меня, владыко, и ризы здери, и я о том не тужю»[19].

При посещении Новгорода в 1572 году царь пожаловал новгородскому духовенству «милостинные деньги», которые целиком присвоил себе Леонид. Игумен и попы пытались искать справедливости у Ивана Васильевича. Тогда архиепископ вызвал всех жалобщиков в Софийский собор, велел им снять ризы и обругал последними словами: «Собаки, воры, изменники, да и все новгородци с вами, вы де меня оболгали великому князю»[20]. Оскорбленные священники отказались служить обедню во всех городских церквах. Разразился скандал, который удалось замять лишь после вмешательства царя. Леонид объявил «прощение» монахам, но еще целый месяц держал гнев на городских священников[21]. Вскоре он придрался к софийским дьякам и поставил их на правеж, требуя по полтине с головы за их опоздания, «что дьяки не ходят к началу к церкви»[22].

После утверждения опричных порядков в Новгороде власти отказались от прежней политики реквизиций в отношении духовенства. Тем не менее с полного согласия нового владыки они продолжали облагать местные монастыри различными поборами и повинностями. В лице Леонида они нашли достойного подражателя и помощника. Архиепископ полностью подчинил новгородскую церковь целям опричной политики.

Из-за крайней скудости источников до сих пор недостаточно изучены экономические меры опричнины и ее торговая политика. Во время государева погрома опричная казна наложила руку на денежные богатства купечества Новгорода. После зачисления Торговой стороны в опричнину власти подвергли новгородскую торговлю более систематической эксплуатации. По своим оборотам новгородская торговля не уступала торговле богатых городов Поморья, попавших под опричный контроль при учреждении опричнины. Значительным стимулом для ее развития явилось присоединение к России крупного морского порта Нарвы. Через Нарву власти надеялись наладить торговлю с ганзейскими городами в Германии, Англией и Голландией. Грузы из Западной Европы не могли миновать опричных таможенных застав в Новгороде, и опричная казна надеялась получить новый солидный источник доходов.

Спустя три недели по прибытии в Новгород опричные дьяки издали новую таможенную грамоту (17 марта 1571 г.), регламентировавшую деятельность новгородского рынка[23]. Первой заботой опричных властей было введение привилегий для тех, кто приобщился к «государевой светлости». Купцу грозила казнь «от государя», его товар конфисковывался в казну в случае нарушения правил торговли. Приезжие купцы могли останавливаться только в гостиных дворах. Если они ставились во дворе посадских людей, их товары реквизировались «по тому же, как и на Москве». Если кто-нибудь из жителей пускал к себе купца-постояльца, у него конфисковывали двор. На словах Таможенная грамота 1571 года предписывала чиновникам «ни в которых пошлинах ничем не корыстоватися и поминков и посулов не имати ни у кого». В то же время при недоборе пошлин «против прежних лет» опричная администрация взыскивала с таможенников вдвое, независимо от рыночной конъюнктуры[24]. Сравнение Новгородской таможенной грамоты 1571 года с аналогичной Орешковской грамотой 1563 года обнаруживает факт усиления опеки и регламентации со стороны власти.

Для верного суждения о торговой политике опричнины немаловажное значение имеет вопрос об особых взаимоотношениях между опричниной и английскими купцами, членами крупнейшей иностранной купеческой компании в России. Английская компания была зачислена в опричнину в конце 60-х годов вследствие настоятельных домогательств англичан. Жалованная грамота, выданная из опричнины 20 июля 1569 года, закрепила за английскими купцами все их прежние привилегии, дарованные двумя годами ранее, и предоставила новые права. Земским судам было запрещено вмешиваться в дела компании. Все торговые фактории и дома англичан перешли в ведение опричных судей. В виде исключения англичане сохранили дом в земской половине Москвы, торговые склады в Нарве и других земских городах[25]. Царь старался всеми средствами упрочить и расширить торговлю с Англией и с этой целью предоставил английским купцам право беспошлинной торговли по всей России[26]. Англичане могли чеканить русские деньги из иностранных серебряных талеров и т.д. Щедрые льготы и привилегии должны были привлечь в страну английский торговый капитал. Однако для политики опричнины характерны были нестабильность и импульсивность. Она как в зеркале отражала не только политические симпатии и антипатии Грозного, но и его минутные настроения. Поддавшись гневу, Иван IV уже в 1570 году аннулировал жалованную грамоту англичан.

Экономические мероприятия опричнины затрагивали не только сферу торговли. Предметом особых забот опричной администрации служило дворцовое хозяйство. Примером тому была организация государевой слободы в дворцовой волости Холыни под Новгородом в первой половине 1572 года. В начале XVI века в селе Холынь насчитывалось 20 тяглых дворов и 29 дворов рыболовов. В середине века к Холыни тянуло 19 деревень[27]. В неизвестное время власти конфисковали у Софийского дома и приписали к Холыни несколько смежных деревень[28]. Не ранее осени 1572 года границы волости были значительно расширены в результате приписки села Коростыня со многими деревнями. Названное село ранее находилось в поместной раздаче.

После зачисления Холыни в опричнину вновь присланные туда приказчики начали свозить в дворцовую волость старожильцев, вышедших в соседние волости. Некто Т. Линев за несколько месяцев успел «навести» в дворцовую волость более полусотни крестьян и выдал им в виде ссуды 70 рублей. «По цареву наказу,— значилось в отчете администрации,— привез Туруса Линев старых жильцов в государево село Холынь с Бронннич Истому Яковлева сына Лакомца и посадил его в старый его двор, на пол-обжи; Истома взял рубль денег». Опричные власти умудрились покрыть расходы, связанные с заселением Холыни, за счет «церковных денег», т.е. средств Софийского дома. Т.Линев передал опричным дьякам холынские «книги... и (крестьянские.— *Р.С.*) записи и отчет деньгам церковным»[29].

В Холыни была устроена торгово-промышленная слобода, для заселения которой власти употребили весьма необычный прием. Как передает Новгородская летопись, 24 августа 1572 года «в Новигороде кликали, которые люди кабальные и всякие и монастырские, чей хто ни буди, и они бы шли во государьскую слободу на Холыню, и государь дает по пяти рублев, по человеку посмотря, а льгота на пять лет»[30]. Опричные приказчики не имели в виду поселения в Холыни всех явившихся туда кабальных людей и монастырских работников. Они отобрали из их среды лучших ремесленников и мастеров и выдали им ссуду значительно большую, чем крестьянам-старожилам. Избранных кабальных, поселенных в опричной слободе, освобождали от прежней зависимости.

Опричнина утвердилась в Новгороде в тот момент, когда экономика Новгородской земли испытывала глубокий упадок. Дозорщики, посланные в различные пятины Новгорода, с полной очевидностью выяснили, что одной из главных причин упадка производства была помимо неурожаев непосильность царевых податей для разоренных тяглецов. Однако новая администрация Новгорода не желала считаться с донесениями собственных агентов. Несмотря на полное разорение тяглого населения, она продолжала неукоснительно взыскивать казенные подати и недоимки за прошлые годы.

Дворцовый приказ владел землями во многих новгородских погостах и городах. В Ладоге ему принадлежало семь рядков и три непашенных деревни со 116 дворами и 146 рыболовами. К Ладоге тянули дворцовые волости (34 обжи) и великокняжеские оброчные волости (267 обеж)[31]. Ладожские рыболовы доставляли дворцу «государьскую обиходную рыбу», а также платили денежный оброк. В 1565 году в опричнину перешел Ладожский порог, к которому были приписаны затем некоторые окрестные местности, в том числе Михайловский погост на Волхове[32].

В феврале 1570 года в Ладогу явился князь П.И. Борятинский с отрядом опричников. По царскому приказу они разгромили посад. Относительно дворов, запустевших в 1570 году, старожилы показали: «А ис тех дворов жильцы разошлись безвестно, а иные вымерли после государьского разгрому лета 7070 осьмого, как был князь Петр Иванович Болятинский»[33]. Жители

Ладоги голодали так же, как все население Новгородской земли. Погром довершил их бедствия. В 7 тяглых дворах дворовладельцы умерли, из 23 разбежались, причем 2 рыболова вышли в опричные владения и 2 искали спасения в монастыре.

На следующий год разоренное посадское население Ладоги не выполнило своих обязательств перед дворцом и не сдало «государьской обиходной рыбы» (ладожане обеспечивали рыбой царскую кухню). Тогда власти прислали в Ладогу сборщиков недоимок — праветчиков. Дозорщики, присланные в город в мае 1572 года, отобрали у ладожан подробные «сказки» о «пустоте». Оказалось, что с осени 1570 года и до осени 1571 года в 15 дворах дворовладельцы умерли от голода и чумы. Из 30 дворов посадские люди «разошлись», в основном «пошли в нищих» (из 21 двора). Прибывшие в Ладогу праветчики, выколачивая недоимки, убили на правеже двух рыболовов, многих пустили по миру. По существу, они причинили городу больший ущерб, нежели опричный отряд Борятинского, громивший Ладогу в 1570 году. Праветчики выколотили оброки из населения, но зато окончательно разорили один из старейших посадов Новгородской земли[34].

Разорение Новгородской земли и невозможность взыскать с населения денежные налоги побуждали администрацию увеличивать натуральные повинности. Сами эти повинности носили разнообразный характер и связаны были прежде всего с потребностями военного времени. Царь разгромил Новгород, повествует псковский летописец, и приказал жителям «правити посоху под наряд и мосты мостити в Ливонскую землю и Вифлянскую и зелеиную руду збирати; и от того налогу и правежу вси люди новгородцы и псковичи обнищаша и в посоху пойдоша сами, а давати стало нечево»[35]. Согласно новгородской летописи, только за первое полугодие 1572 года власти по крайней мере четыре-пять раз привлекали посадское население Новгорода к исполнению различных казенных работ.

Весной 1572 года жители участвовали в сооружении нового моста на Волховце: «Мост делали через Волховцо на лодьях, пригоном со всего города и с волостей и с манастырей и было нужно людем добре»[36]. Через несколько месяцев к дорожной повинности было привлечено население всей Новгородской земли: «На государя по всем дорогам мосты мостили и дороги чистили»[37].

Новгородцам пришлось нести особую повинность — по строительству государева опричного замка. В мае 1572 года «со всего Великого Новгорода со всякого двора ставили по человеку к государьскому делу... двор (царский.— Р.С.) чистить и огород ровняти, ставити государевы около конюшни; да иных людей посылати на Хутыню конюшней у Спаса ставить к государьскому приезду» и т.д. Через месяц посадские люди по царскому указу разобрали земские судебные избы и на их месте копали подшев, чтобы «на том мисте ставить полата»[38]. Строительные работы в опричной половине Новгорода вели «пригоном», иначе говоря, на работу сгоняли все тяглое население.

В июле 1572 года власти предписали новгородскому посаду снарядить посошных людей — казаков «своих дворов с улицы» — для отправки пушек из Новгорода в Псков. Одновременно они реквизировали у посадских людей гужевой транспорт для перевозки казенных грузов: «Да и телеги того же дни имали в Новигороде, двоеколки, и с лошади, у старост по всим улицам, на государя»[39].

В том же году новгородские посошные люди должны были отвезти в ливонские города для размещенных там войск хлеб, собранный в Новгороде[40].

Вследствие гибели всех опричных архивов источники по истории внутренней политики опричнины отличаются крайней скудостью. Исключением являются источники новгородского происхождения начала 70-х годов, которые сохранились сравнительно хорошо. Новгородские источники сообщают интересные подробности относительно повседневной деятельности опричной администрации и ее взаимоотношений с земщиной.

Земская администрация Новгорода ведала Новгородским кремлем и большей частью Новгородской земли. Но во главе ее были поставлены люди малоавторитетные, занимавшие до того невысокое служебное положение. Первоначально земскую администрацию возглавлял Д.Бартенев, а затем воевода князь Т.И.Долгорукий[41].

Земские власти подвергались всяческим унижениям со стороны опричнины. Иллюстрацией тому могут служить похождения в Новгороде некого Субботы Осетра, или же Субботы Осорьина. А.А.Зимин полагал, что Субботы Осорьин был опричником, «зато сомнительны связи с опричниной новгородца Осетра Субботы»[42]. На самом деле это одно и то же лицо, фамилия которого неверно записана местным новгородским летописцем. Царь прислал в Новгород Субботу Осорьина (он же Суббота Осетр) с весьма необычным поручением. Опричник должен был привезти в Москву к царской свадьбе лучших новгородских скоморохов и ученых медведей для медвежьих потех. По этому случаю власти произвели в Новгороде специальную перепись. По всем городам и волостям были переписаны и взяты на государево имя «веселые люди и медведи»[43]. Царский приказ был выполнен неукоснительно. За полтора месяца до свадьбы царя с Марфой Собакиной «Осетр» выехал в Москву с целой ватагой веселых новгородских скоморохов. Ехали подводы с медведями. По возвращении в Слободу Осорьин гулял на царской свадьбе, притом на пиру он заведовал всей столовой рухлядью и, вероятно, застольными потехами[44].

В Новгороде Осорьин вел себя как должностное лицо, облеченное чрезвычайными полномочиями. Успешно выполнив царское задание, Суббота перед отъездом решил развлечься в земщине. Явившись на Софийскую сторону с компанией потешных, опричник велел пустить в земскую дьячью избу медведей. Перепуганные насмерть «подьячие из избы из сытницы сверху метались вон из окон». Главный земский дьяк Бартенев, как видно, пытался урезонить опричника, но тот избил его в кровь и запер в комнате с медведем. Зверь помял земца и изорвал на нем платье. В одном кафтане дьяка отнесли на его подворье. Земские власти поспешно покинули приказы, «из диячей избы... вон вышли и дьячью заперли». Опричники же продолжали озоровать на Софийской стороне: избивали людей, травили и драли их медведями. «А в те поры,— замечает летописец,— много в людях учинилось изрону»[45]. Будь Осетр новгородцем, да еще и земцем, его бы ждали тюрьма или плаха за нападение на приказную избу. Однако в качестве опричника Осорьин пользовался полной безнаказанностью.

Власти земского Новгорода непосредственно испытали на себе действие опричнины, но то, что было исключение по отношению к представителям привилегированных сословий, являлось правилом в отношении к простому народу. Утверждение опричных порядков в Новгороде ознаменовалось всевозможными злоупотреблениями и насилиями, лихоимством и волокитой в судах и т.д. По свидетельству осведомленного псковского летописца, когда царь забрал Новгород в опричнину и посадил там своих наместников, «бысть живущим продажа велика и поклепы и подметы и от сего мнози людие поидоша в нищем образе, скитаяся по чюжим странам»[46].

Деятельность опричной администрации в Новгороде была весьма разнообразной и охватывала различные сферы жизни. Вследствие острых социальных противоречий новгородские власти никогда не пользовались авторитетом среди «меньших людей» города. Бессилие администрации издавна служило предметом насмешек для недоброжелателей Новгорода. В древнем «Сказании о градех», составленном в пору независимого Новгорода, можно прочесть, что «меньшие люди» города никогда не слушали бояр, «а люди сквернословы, плохы, а пьют много и лихо»[47]. Едва ли не на другой день по приезде в Новгород опричные дьяки принялись исправлять нравы крамольного города. Первым делом они взялись за искоренение пьянства среди жителей и «заповедали: винщиком не торговати... а поимают винщика с вином или пияного человека, и они велят бити кнутом да в воду мечют с великого мосту»[48]. Указ против пьянства стал применяться с последней зимней недели. Неудивительно, что для многих гуляк купание в ледяной волховской воде имело печальный исход. Более всех страдали от опричных «забот» о нравственности «меньшие люди»: многочисленные ярыжки, подмастерья, холопы, нищий люд — словом, все те, кого за непочтение к властям называли лихими людьми. По замыслу администрации, меры против пьянства должны были устрашить строптивую новгородскую чернь и укрепить авторитет новых властей. Отчасти эти меры были продиктованы финансовыми соображениями.

Московские власти пытались ввести в Новгороде казенную виноторговлю еще во времена боярского правления. При Шуйских в Новгород прибыл дьяк, устроивший там восемь корчемных дворов[49]. Народ негодовал на ненавистную казенную виноторговлю, и в конце 1547 года правительство уступило, отставив корчмы и «питие кабацкое» в Новгороде. В результате виноторговля вновь перешла в ведение посадской общины. Казна установила особую квоту производства и продажи вина по разверстке («на разруб»): полтора ведра вина горького, две бочки пива и шесть ведер меда на 30 человек[50]. Винокурением и виноторговлей заведывали старосты каждого «конца» и улицы города, державшие своих винщиков. Опричная администрация изменила порядок продажи вина. Преследование посадских виноторговцев, очевидно, явилось следствием ликвидации привилегии новгородской посадской общины на производство и продажу вина. Эти меры должны были увеличить доходы казны от виноторговли. Как видно, опричные власти распространили на Новгород порядки, действовавшие в Москве. В столице государев кабак приносил казне немалые барыши. Бедняки, мастеровые, работные люди, случалось, спускали в кабаке все имущество до последней рубашки. В кабаках пили за здоровье царя, и никто, даже близкие люди, не смел вызвать и увести человека из питейного заведения, чтобы не помешать приращению царского дохода[51].

Опричные власти Новгорода проявили исключительную расторопность по части различных полицейских мер. В свое время составитель обличительного «Сказания о градех» упомянул о бессилии администрации и всегдашних беспорядках, царивших в Новгороде. Книжника возмущало отсутствие в Новгороде ворот с привратниками: «Хто хочет, тот идет и выидет, а сторожен нету»[52]. Опричная администрация расставила стражу по всему городу. Особое внимание она уделила охране мостов на реке Волхов, отделявшей земскую половину города от опричной. Власти «заповедали перевозникам через Волхов людей перевозити, а ходити по великому мосту велели, ⟨...⟩ да и сторожню уставили, на великом мосту решотки»[53]. Решеточная стража была устроена в Новгороде по московскому образцу[54]. С наступлением вечера решетки запирались, и всякое сообщение между опричной и земской частью Новгорода прекращалось.

Бесспорным достоинством опричной администрации в Новгороде было умение добиться неукоснительного исполнения ее распоряжений. Но авторитет опричных властей основывался исключительно на принуждении и строжайших полицейских мерах.

После государева разгрома и водворения в Новгороде опричников новгородцы жили в постоянном страхе. То и дело в городе возникала паника. 25 мая 1571 года множество горожан собрались к обедне в Пятницкую церковь на Ярославовом дворище. Едва кончилась служба и ударили в колокола, как в народе поднялась страшная паника, «смятение было таково: ...побежали люди, весь народ, мужи и жены, от церкви, по всем странам, и друг на друга металися, невидимым страхом Божиим гонимы, и товаров много истеряли»[55]. Осенью того же года опричники ввели в Новгороде чрезвычайные меры, чтобы покончить с чумой. Дворы, в которых умирал «знамением» хотя бы один человек, немедленно заколачивались. Вместе с мертвецом замуровывалась вся семья. Через окошко в воротах обреченных кормили всей улицей. Власти запретили хоронить умерших под городом и повсюду расставили заставы. Священникам не разрешали исповедовать больных «знамением» православных, в случае ослушания их сжигали «с теми же людьми з болными»[56]. Во время пребывания царя в Новгороде летом 1572 года власти приняли меры к предотвращению пожаров. Дьяки «по всему Новгороду не велели изб топити, и ноугородци делали печи в огородах и по двором, где хлебы печи и колачи»[57]. Указ, воспрещавший топить печи в избах, был безукоризненным с точки зрения целей администрации, но населению он причинил массу хлопот.

Глава 7

Отмена опричнины

В то время как период «боярского правления» и реформ Избранной рады были отмечены экономическим подъемом, годы опричнины принесли с собой глубочайший упадок. Б. Д. Греков относил начало кризиса к середине 1570-х годов и считал, что кризис был вызван причинами частными и временными, длительной, дорогостоящей войной, а также борьбой опричнины с земщиной [1]. В работах по истории новгородского поместья автор этой книги пришел к заключению, что на поместных землях разорение быстро прогрессировало с конца 1560-х годов в связи с усилением феодального гнета и упадком мелкокрестьянского производства [2].

Авторы «Аграрной истории Северо-Запада России в XVI в.» окончательно установили, что начальной гранью кризиса в Новгородских пятинах были 1569—1571 годы, а его основными признаками явились длительное и катастрофическое сокращение сельского населения и посевных площадей, регресс системы земледелия и обнищание крестьян, сокращение городского населения и т. д. [3].

Понятие «кризис 70—80-х годов XVI века», прочно вошедшее в историографию, нуждается в коррективах. Прежде всего следует отказаться от представления о равномерном нарастании разрухи в стране.

Кризис имел свой порог, и его наступление было связано прежде всего с крупными стихийными бедствиями. Похолодание наступило в конце 1560 — начале 1570-х годов повсеместно. В центральных и южных районах, служивших главными житницами страны, погодные условия были более благоприятными, чем в Новгороде и северных районах страны. Поэтому в московских источниках можно найти указания на двухлетний неурожай. В мае 1571 года русские перебежчики под клятвой сообщили крымцам, что «на Москве и во всех городах по два года была меженина великая и мор великой...» [4]. Период неурожая («меженины») приходится, по свидетельству перебежчиков, на время с весны 1569 года по весну 1571 года. Однако в северных районах с более суровым климатом многие погосты пережили три неурожайных года. «Дозоры», проведенные на новгородских землях, обнаружили, что крестьяне страдали от голода и наблюдались случаи голодной смерти уже в 7076 (1568) году [5].

На страницах Часослова XVI века неизвестный современник оставил запись под 7076 (1567—1568) годом о том, что «три года хлеб не родился», а в третий — 7078 (1569—1570) год «был по всей Руси мор силен, многие грады и села запустели» [6]. Приведенная запись была сделана жителем Севера.

К зиме 1569/70 года хлебные цены поднялись в пять — десять раз против обычных. Как писали летописцы, «тое же зимы (7078.— *Р. С.*) была меженина велика добре, на Москве и в Твери и на Волоце ржи четверть купили по полтора рубля и по шестьдесят алтын, и людей много мерло с голоду» [7]. В Суздале цена на рожь поднялась до рубля за четверть [8].

Голод достиг ужасающих масштабов к весне 1570 года. Надежды на то, что беда прекратится с новым урожаем, не оправдались. Голод сменился эпидемиями, унесшими жизни огромного числа людей. Авторы специального исследования об эпидемиях в России К. Г. Васильев и А. Е. Сегал полагали, что на почве голода в стране вспыхнула эпидемия сыпного тифа. Их точку зрения разделял А. А. Зимин [9]. Такое мнение едва ли основательно. Слуга царского лейб-медика Лензея, опытного бельгийского врача, который пережил московскую эпидемию вместе с господином, без обиняков утверждает, что осенью 1570 года Россию опустошила чума. Из того же источника информации узнаем, что мор охватил 28 городов, в особенности же Москву, где ежедневно гибло до 600—1000 человек [10]. В Подмосковье власти Троице-Сергиева монастыря жаловались в марте 1571 года, что в их вотчинах крестьян не осталось «ни тридцатого жеребья», а прочие «от голода и от поветрия вымерли» [11]. Монах Иосифо-Волоколамского монастыря записал под 1569—1570 годами: «Мор был добре велик: в Осифове монастыре преставилося 74 братье, а миряня, слуги и дети и мастеры все вымерли и села все пусты, отчасти ся что остало» [12]. Чума нанесла огромный урон населению Устюга Великого, Суздаля, Костромы [13].

Эпидемия чумы, проникшая в Россию через ливонские порты, принесла Новгородской земле страшные опустошения. В мае 1571 года городские власти хоронили множество умерших поветрием в братских могилах у стен Рождественского монастыря [14]. Власти пытались бороться с бедствием посредством драконовских мер. Новгородская летопись при описании чумы в Новгороде замечает: «Много людей помроша, а которые люди побегоша из града, и тех беглецов имаша и жгоша» [15]. По всем дорогам были устроены воинские заставы. Всех, кто пытался выехать из мест, пораженных чумой, хватали и сжигали на больших кострах, вместе со всем имуществом, лошадьми и повозками. В городах стража наглухо заколачивала чумные дворы с мертвецами и вполне здоровыми людьми [16]. Но все эти меры оказались малоэффективными.

В истории Новгорода отмечено было несколько крупных эпидемий. По словам местных летописцев, в 1506—1508 годах в Новгороде «помре железою» 15 тысяч человек, в 1552 году от чумы будто бы умерло 279 594 новгородца [17]. Однако каждый раз Новгородская земля в конце концов преодолевала последствия бедствий. В 1560-х годах казна резко повысила подати, что грозило подорвать устойчивость крестьянского хозяйства. При таких условиях голод и чума, обрушившиеся на новгородскую деревню

Икона Святого Евфимия в окладе

Петр митрополит Московский

*Князь Владимир. Новгород.
Первая треть XV века*

Епитрахиль патриарха Никона. Фрагмент

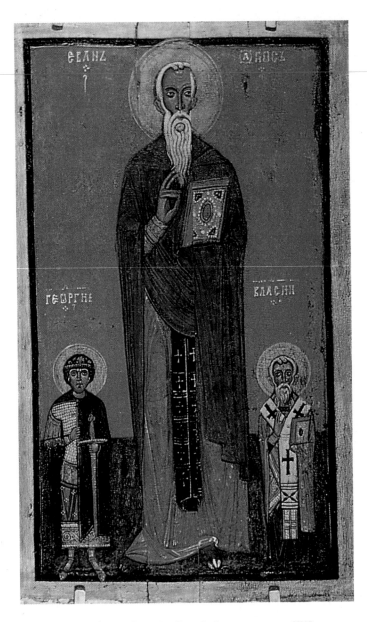

Иоанн Лествичник, Георгий и Власий. Вторая половина XIII века

Митрополит Алексей

Колокола Софийского собора

Новгородский Софийский собор

Церковь Параскевы Пятницы. 1207 г.

Николо-Дворищенский собор. Иконостас

Церковь Параскевы Пятницы. Портик. 1207 г.

Церковь Спаса на Нередице. Фреска. 1199 г.

Минея на январь. Русский Север. Первая половина XVI века

Христианская Топография Козьмы Индикоплова. Около 1680 г.

Синодик. 50-60 годы XVII века

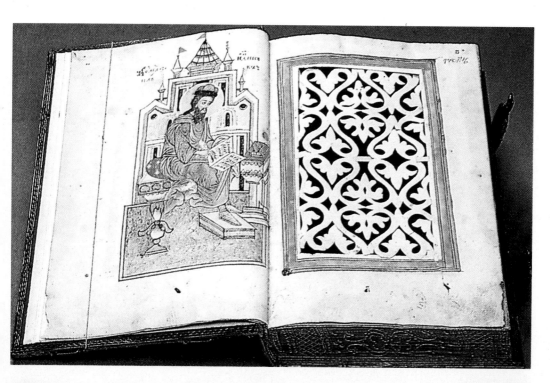

лѣтъ второе врѣмя года . июна ѿ. иі
чнсла . сентьбра по.нı. наричаетсл
лѣтъ тепл . исоганч ̄ неравен . велми .
плотьла инепıем осьвоı. домох. или
таꙮ многı человѣкъ. лꙮꙮ дн ̃лвгсеı дı ̃
носи . воспламı тꙮтра иꙮдоегетъа цри
иꙮмоꙗлеꙗла бездоеꙗо . гꙮꙋде крепишꙮ
лѣтъ подобню тю мꙗекꙗх соеершенıх. ка
епать зраꙗю . обоꙗченı вꙮрı екꙗе еꙗı
таꙗледагранню . иплагꙗвı нмꙮа вꙮк
неч црꙗсıн удалı . еꙗдашꙋке емꙋꙮ на
престоле цꙗрꙗком злаꙗı . ипревꙗсꙗе
впрꙗвонрꙗщю содерꙗа многоꙗенꙗшеꙗскı
петрꙋ. лаꙗконꙮже злаꙗтıневꙮлꙗ
ı цꙗкꙮ црꙗо тому богꙗю нпрꙗвлꙗꙮноꙗ
милоꙗтнвꙮтꙮ ıщедрꙮ ıевеꙗлꙗшıвꙗꙗео
вꙗꙮмнторꙗкꙗеꙗтꙗрнꙮ. что рꙮꙗꙗое
есꙗ лѣꙗтомоꙗꙮх соеершенх. ꙗпророꙗ
рꙗꙮ врꙗꙗма года . наꙗпаꙗтꙗꙗнш вꙗꙗратı еаꙗце
наꙗꙗчнꙋх. аꙗеꙗнце кꙗпаꙗнı грꙗдетꙮ огꙗда
ꙗнаꙗтꙮ . врꙗꙗмаꙗте моꙗетꙮ . знаꙗо оꙗтеꙗло
ты . еꙗнце горꙗꙗе нꙗеꙗотꙗно рꙗꙗтеꙗло . пре
нꙗꙗесꙗıн злаꙗтıн превꙗсꙗотı . ıпоеꙗıнце

Митра. Новгород. Середина XVII века

Святой Лука Евангелист. Миниатюра.
Выполнено по заказу новгородского посадника

Женские украшения X—XII веков. Новгород

разом, положили начало длительной и катастрофической разрухе, преодолеть которую Новгородская земля не могла на протяжении многих десятилетий.

«Великое разорение» подорвало военные силы государства, но Иван IV не желал считаться с реальным положением дел и продолжал завоевательные войны. Возобновляя борьбу за Ливонию, он рассчитывал опереться на помощь крупнейшей морской державы Англии. Но Лондон не намерен был ввязываться в войну в Прибалтике. 25 июня 1570 года Боярская дума утвердила решение о посылке полков на Ревель (Таллинн), что положило начало войне со Швецией [18]. Вассал царя герцог Магнус с отрядом в 1000 человек подступил к Ревелю 21 августа 1570 года, а два месяца спустя на помощь к нему прибыли боярин И. П. Яковлев с земскими полками и В. И. Умной-Колычев с опричниками. Осадные работы под Ревелем были приостановлены из-за распрей между Магнусом и воеводами. В начале января 1571 года И. П. Яковлев и В. И. Умной были взяты под стражу и увезены в Москву в оковах. Арест воевод явился запоздалым отзвуком новгородского «изменного» дела.

В период осады Ревеля русскими войсками Швеция, истощенная длительной войной и внутренней смутой, предпринимала лихорадочные усилия к тому, чтобы избежать войны с Россией. Несмотря на арест шведских послов в Москве, король Юхан III решил направить на Русь новых послов и просил для них опасные грамоты. В грамоте от 1 сентября 1570 года Юхан III именовал царя «государем земли Лифляндские» и предлагал мир и доброе соседство [19]. В октябре 1570 года королевские гонцы прибыли в Новгород, но там их держали всю зиму [20]. Когда гонцы были отпущены в Москву, один из них, Г. Янс, заявил о своем желании перейти на царскую службу и сообщил царю исключительно важные сведения. По его словам, новые шведские послы, которые всю зиму ждали опасных грамот на русской границе, уполномочены были подписать с царем мир на любых, даже самых тяжелых условиях «только б однолично помиритца». Швеция не могла продолжать войну и якобы готова была уступить России Ревель [21].

После бесед с Янсом царь Иван спешно отослал в Швецию давно запрошенную опасную грамоту на шведских послов, но было уже поздно. К весне 1571 года ситуация изменилась не в пользу России. Швеция добилась мира с Данией. Магнус и царские воеводы потерпели поражение под Ревелем, несмотря на то, что шведы не могли выделить даже небольшие силы в помощь ревельцам. Все это позволило шведскому правительству полностью снять вопрос об уступке русским Ревеля.

В период осады в Ревеле вспыхнула эпидемия чумы, вскоре перекинувшаяся в русский лагерь. 16 марта 1571 года царские войска сняли осаду и отступили. Деморализованные поражением под Ревелем и потерями от чумы, эти войска утратили боеспособность и были распущены по домам, что способствовало распространению эпидемии по всей России. Между тем Крымская орда предприняла нападение на Москву. 24 мая 1571 года татары подожгли предместья русской столицы. Из-за ураганного ветра огонь быстро охватил весь город. В течение трех часов столица выгорела дотла. От пожара погибла значительная часть московского населения. Тяжелые потери понесли полки, укрывшиеся за крепостными стенами. Земские власти должны были выделить огромные средства, чтобы отстроить уничтоженные огнем укрепления и восстановить город.

Новая планировка столицы определялась всецело военными соображениями. Согласно официальной документации, после пожара «царь и великий князь уложил вперед посадом всем быти в городе, а за городом посадом не быти и хоромы ставити велел малые для огня, потому и посад ныне мал...» [22]. Посадским людям запрещено было строить дворы за пределами крепостной стены, вследствие чего существенная часть старого посада, особенно в южной части столицы, превратилась в пустырь. По решению правительства в Москву были принудительно переселены купцы и ремесленники из крупнейших городов страны. В октябре 1571 года из Новгорода в Москву выехали 60 купеческих семей из опричнины с Торговой стороны и 40 семей из земщины с Софийской стороны [23]. «Сведенцам» царь повелел спешно строить себе дома на пожарище. В Москве, писали очевидцы, «живут только торговые люди, набранные из других городов; самые богатые противу их воли должны были пустить свои деньги в постройку домов и дворов» [24]. Казна предоставила переселенцам некоторые льготы.

В дни нападения татар Иван Грозный покинул войско, выступившее на Оку, и бежал в Ростов. После возвращения в Москву он поспешил возложить ответственность за военную катастрофу на главу земской думы князя И. Ф. Мстиславского. Боярин вынужден был подписать специальную грамоту, в которой признался перед всем народом, что он вместе с товарищами навел татар на «святые места» и своей изменой погубил Москву [25]. Грозный постарался выставить Мстиславского в глазах населения вероступником. С боярина взяли письменное обязательство, «впредь будучи, вера кристиянская держати твердо, в вере не соблажнятися и к иной вере не приставати».

Главу земщины обвинили в столь тяжких преступлениях, что любой другой на его месте поплатился бы головой. Но Грозный пощадил Мстиславского и даже вернул ему родовые владения — Юхотское удельное княжество. Мстиславский был освобожден из-под стражи и отправлен в качестве наместника в Новгород Великий.

Не тронув Мстиславского, Грозный обрушил ярость на придворных и родню наследника царевича Ивана. По возвращении из карательного похода на Новгород государь во время аудиенции в Кремле в присутствии Магнуса официально заявил о возможном лишении сына прав на престол. Член датского посольства, составивший донесение о приеме в Кремле, находился в свите герцога и хорошо слышал все, что произнес царь. В присутствии земской Боярской думы и иностранных дипломатов Грозный обратился к Магнусу со следующей речью: «Любезный брат, ввиду доверия, питаемого ко мне вами и немецким народом, и преданности моей последнему (ибо сам я немецкого происхождения и саксонской крови), несмотря на то, что я имею двух сыновей — одного семнадцати и другого тринадцати лет, ваша светлость, когда меня не станет, будет моим наследником и государем моей страны, и я так искореню и принижу моих неверных подданных, что попру их ногами» [26]. Очевидец, передавший речь Грозного, не лишен был проницательности. Царь, говорит он, оказал много чести Магнусу только для того, чтобы нагнать страх на своих подданных. Тем не менее опрометчивые заявления царя, сделанные в присутствии бояр и послов, вызвали сильное раздражение в ближайшем окружении наследника.

Слухи о распрях царя с наследником и земским боярством достигли Польши. Папский посол Портико, выжидавший в Варшаве благоприятного момента для поездки в Москву, направил 3 января 1571 года письмо в Рим, в котором сообщил о том, что из Москвы прибыл один человек, сказавший, что русские послы приедут в Польшу с запозданием из-за распрей между царем и сыном, страшной эпидемии чумы и т. д. [27]. Можно полагать, что все эти сведения были записаны Портико со слов московского беглеца Шлихтинга, который был хорошо осведомлен относительно придворных распрей и семейных дел царя. По-видимому, с его слов Портико записал, что во время ссоры Грозного с наследником на стороне последнего выступили многие влиятельные и знатные лица: «Между отцом (царем Иваном.— *Р. С.*) и старшим сыном возникло величайшее разногласие и разрыв, и многие пользующиеся авторитетом знатные люди с благосклонностью относятся к отцу, а многие — к сыну, и сила в оружии» [28].

Розыск о новгородской измене бросил тень подозрения на бояр Яковлевых-Захарьиных, обвиненных в изменнических связях с архиепископом Пименом. Дядя наследника боярин В. П. Яковлев состоял при его дворе в чине ближнего боярина и дворецкого [29]. После майской катастрофы Грозный велел забить В. П. Яковлева палками. Вместе с ним казни подвергся и его брат И. П. Яковлев, привезенный в оковах из-под Ревеля. Пострадала также семья Юрьевых-Захарьиных. Троюродная сестра наследника Юрьева была убита опричниками в собственном доме вместе с младенцем сыном. Муж Юрьевой князь М. Т. Черкасский, номинальный глава опричной думы, был казнен по приказу царя в дни нашествия Крымской орды.

Одним из последствий новгородского «изменного дела» явился полный разгром опричного правительства. Грозный расправился с учредителями опричнины руками Малюты Скуратова. На последнем этапе опричнины государь принял в свою «светлость» князей И. А. Шуйского, Ф. М. Трубецкого, Н. Р. Одоевского, П. Д. Пронского. Опричники Таубе и Крузе весьма метко характеризовали последнее опричное правительство, заметив, что при особе царя не осталось никого, кроме отъявленных палачей или молодых ротозеев [30]. Титулованная молодежь принадлежала ко второй категории. Ее роль в известной мере сводилась к внешнему представительству. Опричному двору нужен был новый, блестящий фасад, поскольку старый утратил всякую привлекательность.

Крымская орда грозила России новым вторжением. Тем не менее в конце 1571 г. царь созвал Боярскую думу и продиктовал решение идти войной на «непослушника» короля Юхана III «за его неисправленье» [31]. Царское войско прибыло в Новгород. Отряды татарской конницы перешли шведскую границу и стали разорять Финляндию [32]. Поскольку шведы отказывались выполнить требование Москвы относительно присылки новых послов, царь решил отпустить на родину старого посла епископа Павла Абосского. Царское послание королю Юхану III, переданное послу, было составлено в самых заносчивых и высокомерных выражениях. «Будучи еще в терпении,— писал он королю,— на время тебя есмя Ягана короля пожаловали, свой подвиг отвратили, сами есмя в твого землю не пошли и рати свои уняли...» [33] Полагая, что узурпатор шведского трона Юхан III по-прежнему готов идти на любые уступки, чтобы избежать войны, Иван IV требовал от него сдачи Ревеля и прочих шведских владений в Ливонии, выплаты контрибуции в 10 тысяч талеров и присылки в Москву шведского вспомогательного отряда [34]. Грозный требовал, чтобы шведский король признал себя таким же вассалом («голдовником») московского суверена, как и «ливонский король» Магнус. Абсурдные требования Ивана IV были отвергнуты, тогда царь 11 августа 1572 года направил Юхану III еще одно бранное послание. «Я надеялся,— писал Грозный шведскому королю,— что уже ты и Свейская земля в своих глупостех познаетесь», но обманулся; и «ваше воровство все наруже, опрометывается как бы гад, розными виды». «В декабре,— предупреждал царь Юхана III,— я снова буду в Новгороде, и ты тогды посмотришь, как мы и люди наши учнем у тебя миру просить» [35]. На этот раз Грозный сдержал свое слово. Зимой 1572/73 года он с большой армией вторгся в шведскую Ливонию и овладел Пайдой, но идти на Ревель не осмелился.

Разруха и хаос, воцарившиеся в России после двухлетнего неурожая, чумной эпидемии и опричных погромов, ослабили военные силы государства. После сожжения Москвы крымский хан предпринял в 1572 году новое вторжение в Россию. Военные неудачи поколебали господство России в Поволжье. Большая Ногайская орда порвала вассальные отношения с Москвой и приняла участие в нашествии. Покоренные народы Поволжья подняли восстание против царя. В нападении на Москву участвовали адыгейские князья с Северного Кавказа. В войне с Россией Крымское ханство опиралось на поддержку крупнейшей в Европе военной державы — Турции.

Крымский хан рассчитывал разгромить Россию и отторгнуть у нее Среднее и Нижнее Поволжье. Но его планы не ограничивались этими целями. Крымцы намеревались захватить Москву и восстановить давнюю зависимость Руси от татар. Накануне вторжения Девлет-Гирей заявил ногайцам, что «едет в Москву на царство» [36]. По слухам, крупнейшие города России были расписаны между знатными крымскими мурзами[37]. Девлет-Гирей хвастался перед турками, что заберет в течение года всю Русскую землю, а царя Ивана пленным уведет в Крым [38]. Султан направил в Крым специальную миссию для участия в завоевательном походе на Русь. Крымский хан был настолько уверен в успехе, что накануне похода снабдил своих купцов проезжими грамотами в Астрахань и Казань и разрешил им бесплатный торг на Волге. Многие из этих купцов попали в плен к русским.

Силы, участвовавшие в походе, были весьма значительны. Помимо Крымской орды, насчитывавшей до 40—60 тысяч всадников, хан привел с собой много тысяч всадников из Большой и Малой Ногайских орд, а также черкесов. Ханскую артиллерию обслуживали турецкие пушкари.

Русское командование смогло сосредоточить на южной границе немногим более 20 тысяч человек [39]. Если предположить, что дворяне вывели в поход до 10—20 тысяч боевых холопов, то численность русского войска следует увеличить до 30—40 тысяч человек.

В ночь на 28 июля 1572 года хан Девлет-Гирей захватил переправы через Оку выше Серпухова и прорвался к Москве. Ногайская конница появилась в окрестностях столицы, отняв «круг Москвы... все дороги» [40]. Воеводы пытались остановить Девлет-Гирея на реке Нара, но были отброшены прочь. По серпуховской дороге Орда стала быстро продвигаться к Москве. Однако в 45 верстах от Москвы татарские арьергарды были атакованы опричным воеводой Д. И. Хворостининым и обращены в бегство. Девлет-Гирей приостановил наступление и направил 12 тысяч всадников в помощь дрогнувшему арьергарду.

В то время как Хворостинин вел бой с крымцами на серпуховской дороге, главный земский воевода князь М. И. Воротынский подготовил позиции для генерального сражения. Его полки укрылись в подвижной деревянной крепости («гуляй-городе»), составленной из повозок. Крепость была установлена на холме подле села Молоди. Подвергшись атаке превосходящих сил противника, Хворостинин отступил к Молодям. Увлекая за собой татар, воевода прошел под самыми стенами «гуляй-города». Залпы русских пушек, стрелявших в упор, внесли опустошения в ряды крымской конницы и заставили ее повернуть вспять.

Девлет-Гирей остановился за Пахрой в 30 верстах от Москвы. Неудача на Молодях вынудила его отступить от Москвы и уйти к Молодям, где воеводы приняли бой на избранных ими позициях. Кровопролитное сражение на Молодях продолжалось несколько дней и закончилось 2 августа разгромом и бегством Крымской орды.

Просчеты опричной дипломатии привели к тому, что России пришлось вести войну разом на северных и южных рубежах страны. Русь отразила нашествие кочевников. Но победа была куплена большой кровью. Стрелецкие отряды и дворянское ополчение понесли огромные потери при пожаре Москвы и в битве на Молодях.

Царь и его ближайшее окружение должны были наконец задаться вопросом об ущербе, нанесенном стране террористическим режимом опричнины. Последствия террора давали себя знать в самых разнообразных сферах жизни. Всего очевиднее они сказывались в армии, лишившейся почти всех своих талантливых вождей и многих воевод и голов (средних офицеров). Стихийные бедствия и татарские набеги причиняли стране неописуемые бедствия. Но опричники были для населения страшнее татар.

Царь Иван оправдывал введение опричнины необходимостью искоренить неправду бояр-правителей, злоупотребления судей и т. д. На деле же опричнина привела к неслыханному произволу. «Великий князь,— писал опричник Штаден,— послал в земщину приказ: "Судите праведно, наши виноваты не были бы". Тогда-то из-за этого приказа земские и пали духом» [41]. Судьи видели свою главную цель в охране привилегий опричнины и открыто покровительствовали грабителям и ворам из числа опричников.

Бесчинства опричнины достигли апогея ко времени «новгородского изменного дела». Кровавые погромы федоровских вотчин, Твери, Новгорода и Пскова возвели открытый грабеж в ранг государственной политики. Более всего погромы деморализовали саму опричнину. «Опричники обшарили всю страну, все города и деревни в земщине, на что великий князь не давал им своего согласия». Так, замечает Штаден, «начались многочисленные душегубства и убийства в земщине. И описать того невозможно!» [42] Царь и его приспешники не давали согласия на прямой разбой и душегубство. Но они создали опричные привилегии и подчинили им право и суд, они санкционировали погромы в Новгородской земле. Следовательно, на них лежала главная вина за беззакония опричнины.

С падением старого опричного руководства царская дума пополнилась земскими дворянами. В земщине возмущение против опричных злоупотреблений было повсеместным. Власти не могли больше игнорировать это обстоятельство. Наиболее дальновидные члены думы стали сознавать опасность полной деморализации опричнины и попытались как-то бороться с ней. После казни Басмановых царь велел подобрать жалобы земских дворян и расследовать наиболее вопиющие преступления опричников.

Попытки положить конец наиболее вопиющим злоупотреблениям опричнины не затрагивали основ опричного режима, но проводились они с обычной для Грозного решительностью и беспощадностью и вызвали сильное недовольство в опричном корпусе. «Тогда,— пишет Штаден,— великий князь принялся расправляться с начальными людьми из опричнины» [43]. Передают, чтобы после московского пожара царь велел казнить около сотни дворян, среди них очень многих видных опричников [44]. Правительство все меньше доверяло своим преторианцам.

Опричнина была вызвана к жизни раздором внутри московского Государева двора. Иван IV отобрал в опричнину ряд уездов Московской земли и подверг гонениям княжат, сидевших на родовых землях в Замосковье. Новгород был затронут опричной грозой в самом конце опричнины. Искоренение измены в Новгороде было проведено с такой же жестокостью и таким размахом, как нигде. Царь и его окружение предполагали повторить новгородский опыт в Москве, но так и не решились сделать это. Все эти обстоятельства привели к тому, что отношение государя к крамольному Новгороду стало постепенно меняться.

По давней традиции московские государи в дни опустошительных татарских вторжений, угрожавших столице, искали спасения на Белоозере, куда увозили также и государственную сокровищницу. Иван IV в 1571 году бежал от крымцев в Ростов, откуда открывался путь на Белоозеро. Он имел все основания искать убежища в Вологде, где на протяжении ряда лет строилась опричная крепость. Однако в 1572 году государь в нарушение традиции бежал от Орды в Новгород. Туда же была доставлена государева сокровищница.

24 декабря 1571 года царская семья прибыла в Новгород, остановившись на своем дворе «на Никитине улици», а 10 января 1572 года, готовясь к отъезду в Москву, Иван IV приказал стрельцам перевезти царскую казну в подвалы церквей Никольской, Жен-мироносиц (храма Сырковых) и Параскевы Пятницы на Ярославле дворище. Каждую ночь охрану подвалов несли 500 стрельцов [45].

Спустя месяц из Москвы в Новгород прибыл огромный обоз — 450 возов, груженных золотыми и серебряными слитками, звонкой монетой и драгоценностями [46]. По предположению С. Б. Веселовского, в Новгород было доставлено до 10 тысяч пудов серебра и золота, оценивавшихся в миллионы рублей [47]. Все эти сокровища, доставленные из земского Казенного приказа в Кремле, были сложены вместе с опричной казной на Ярославовом дворище. Надзор за сокровищницей царь поручил земскому казначею князю В. В. Мосальскому и назначенному ему в помощники опричному печатнику Р. В. Олферову [48].

Множество признаков указывало на то, что царь Иван все больше сознавал значение Новгорода Великого как второго политического центра России после царствующего града.

10 октября 1571 года государь велел собрать новгородцев у Святой Софии и объявить им, что идет к ним миром, а они бы «не боялись ничево от государя» [49].

24 декабря 1571 года царь приехал в Новгород и оставался там почти четыре недели [50].

1 июня 1572 года новгородцы вновь встречали всю царскую семью, а провожали ее лишь спустя 10 недель [51]. В те дни благочестивый государь многократно посещал службу в ограбленном им ранее Софийском соборе, «ел хлеб» в монастырях, ставил свечи и пр. По случаю победы над Крымом в Новгороде звонили во все колокола. Празднества, во время которых пиры сменялись торжественными молебнами, длились две недели.

Среди забав и пиров царь не забывал других своих дел. Местный летописец поместил между записями о празднествах 8 и 9 августа 1572 года следующее лаконичное сообщение: «Того же лета царь православный многих своих детей боярских метал в Волхову реку, с камением топил». Царя в Новгород сопровождали доверенные слуги, главным образом из числа опричников. Горожане не забыли, с какой жестокостью опричники топили новгородцев в Волхове в дни разгрома. Устроив показательную казнь опричников и отправив их в ту же реку с камнем на шее, царь как бы указывал новгородцам на виновников разгрома, заслуживших отмщение.

Вскоре же власти приступили к реорганизации управления Новгородом. После зачисления Торговой стороны в опричнину воевода Новгорода П. Д. Пронский перенес свою резиденцию с Софийской стороны на

Торговую. В Новгороде установилось двоевластие, что было крайне неудобно для управления городом. С прибытием на воеводство И. Ф. Мстиславского, главы земской Боярской думы, положение переменилось. Опричный боярин П. Д. Пронский получил приказ вернуться в воеводскую избу на Софийской стороне в подчинение к Мстиславскому. Очевидцы, наблюдавшие реорганизацию, записали: «Той же зимы в Новегороде (царь.— *Р. С.*) уставил наместника по старине, да и полям быти в Великом Новгороде по старине, да и наместником государь велел жити по старине в своих дворех, за рекою, князю Ивану Федоровичу Мстиславскому да князю Петру Даниловичю Пронскому; да того же месяца (января.— *Р. С.*) в 20, в неделю, почели ходить неделщики от наместников в Новегороде; да на опришной стороне два дияка...» [52] Описанные меры обнаружили обычную для царя политическую изворотливость. Они позволили разрешить сразу две задачи. Во-первых, благочестивый государь впервые за время московского владычества выступил как поборник новгородской старины, что должно было доставить ему популярность среди новгородцев. Во-вторых, возврат к древнему наместничеству восстановил единую систему управления Новгородом, подчинив опричного воеводу земской воеводской избе. Поскольку вопрос об отмене опричнины не был решен окончательно, деление города на две половины сохранялось еще некоторое время. На Софийской стороне распоряжался земский дьяк И. Д. Собака, на Торговой — опричные дьяки С. Ф. Мишурин и В. С. Нелюб-Суков.

С января 1572 года наместники Мстиславский и Пронский стали рассылать по Новгороду судебных исполнителей («недельщиков»), возродили старинные судебные порядки («поле»).

Новгородское наместничество просуществовало полгода. Покидая город в августе 1572 года, Грозный оставил там «управу чинити людем, без себе» боярина князя С. Д. Пронского и дьяков П. Суворова и В. Щербину [53]. Полная смена должностных лиц на Софийской и Торговой сторонах явилась следующим шагом по пути к восстановлению единой администрации.

В дни нашествия Девлет-Гирея Грозный находился во власти страха и был полон мрачными предчувствиями. По-видимому, он допускал возможность того, что московские бояре-изменники предадут его и сдадут хану «царствующий град». В этом случае Новгород должен был стать новой царской резиденцией. Характерно, что в 1573 году московские полки вновь заняли оборонительные рубежи на Оке, ожидая вторжение Орды, а Иван IV вторично уехал в Новгород, где он был в марте — апреле, а затем в августе [54].

Царь Иван был озабочен тем, чтобы оправдать в глазах подданных свое малодушие и трусость. Отправляясь в Новгород в 1571 году и вторично в 1572 году, самодержец приказал объявить, что идет войной на своего «непослушника» шведского короля. В действительности отряды, находившиеся с ним, предназначались для охраны царской семьи и казны. Кроме того, власти отводили из московских уездов на северную границу отряды служилых татар, опасаясь их измены в войне с единоверцами на южных границах.

Поведение ближайших сподвижников Грозного не оставляет сомнения в том, что они учитывали перспективу превращения Новгорода Великого в новый политический центр государства. Не теряя времени, они избавлялись от своих поместий в опричных уездах и спешили обзавестись поместьями в земских пятинах Новгорода.

Самый влиятельный из членов опричной думы М. Л. Скуратов-Бельский получил в поместье волость в Ильинском погосте. Несколько деревень, по свидетельству дозорщиков, «запустели... 81-м году, вывозили в Малютину волость» [55]. Малюта погиб в январе 1573 (7081) года, а это значит, что волость ему пожаловали осенью 1572 года.

Помощник Малюты думный дворянин В. Г. Грязной поспешил избавиться от своего поместья в опричном Козельском уезде (Козельск был дотла разорен татарами). Думный дворянин присмотрел себе поместье в земской Шелонской пятине. В его владение перешло село Дворицы с 1800 четвертями пашни. Владельцу села земскому помещику С. Г. Лодыгину пришлось перебраться в Козельск. По челобитью Грязного, «семейку Лодыгина пожаловал государь в его оклад в Козельске из Василева помеся Грязново» [56]. (Дворицами длительное время владели родовитые дворяне Квашнины. Поместье представляло столь лакомый кусок, что после опалы Грязного его прибрал к рукам знатный боярин Н. Р. Юрьев.) Пользуясь близостью к трону, В. Г. Грязной округлил свои новые владения, присоединив к ним 1000 четвертей пашни из владений земского сына боярского Грибакина [57]. К 10 октября 1572 года Грязной окончательно перешел в земщину, где получил новый поместный оклад.

Родня Малюты Б. Я. Бельский перебрался в Шелонскую пятину и к февралю 1573 года получил там около 1800 четвертей пашни [58].

Опричный окольничий В. И. Умной отказался от поместья в опричнине и к февралю 1573 года получил поместный оклад — 3000 четвертей пашни — в той же земской пятине [59].

Одним из первых успел выправить себе грамоту на владения в земщине опричный дьяк Петр Григорьев. Он подыскал себе 19 августа 1572 года поместье в Шелонской пятине, включавшее богатое село Коростыню с боярской усадьбой, крупной боярской запашкой и вишневым садом. К марту 1573 года дьяк окончательно избавился от старых владений в опричнине и «против... старого медынского поместья» получил в Шелони еще одно поместье. По окладу Григорьеву полагалось до 1800 четвертей пашни [60].

Опричный голова И. Башуев приобрел в Шелони поместье на 440 четвертей [61]. Помещиком той же пятины стал родня Малюты А. В. Бельский. Его бывшие владения упомянуты в писцовой книге Шелонской пятины 1584—1585 годов [62].

Вдова опричника В. С. Воейкова с четырьмя сыновьями получила в январе 1573 года крупное шелонское поместье, принадлежавшее ранее знатным земским дворянам Сабуровым [63].

Отмена опричнины повлекла за собой реорганизацию двора. Царь нуждался в охранном корпусе, и потому опричный двор, подвергшись многократным чисткам и сокращениям, не был уничтожен вовсе, а стал ядром нового двора, куда наряду с множеством опричников вошли отборные земские дворяне.

Высокое положение в новом дворе занял бывший земец князь Иван Сеитов Городецкий. Он получил поместье («Сеитова волость») в Водской пятине по соседству с поместьем Скуратова [64].

М. В. Колычев получил богатое поместье в Шелонской пятине. Прежним владельцем поместья был дьяк Д. Бартенев, управлявший земской половиной Новгорода и затравленный медведями в дьячьей избе в 1571 году [65]. Видный дворянин Венедикт Колычев получил поместье в Шелони, а Григорий Колычев — в Обонежье [66].

Большими гнездами были испомещены в Шелонской и Обонежской пятинах принятые на дворовую службу дети боярские Косицкие и Скобельцыны [67].

Опричнина была отменена. Верхушка опричного охранного корпуса разгромлена. Последним достойным завершением опричнины явился указ, запрещавший кому бы то ни было упоминать само название опричнины. Лиц, нарушивших царское повеление, били на торгу палками.

Глава 8

Второе «новгородское дело»

В конце 1572 года Иван IV прибыл в Новгород, откуда выступил с полками к замку Пайде (Вайсенштейну) в шведской Ливонии.

Всем было памятно, что под стенами Пайды закончилась карьера правителя Алексея Адашева. Правителю не удалось взять неприступную крепость, и он подвергся опале [1]. Для царя взятие Пайды стало вопросом личного престижа. Малюта Скуратов и Василий Грязной сами возглавили приступ. Грязной был послан «на пролом» и уцелел, а Малюта был убит выстрелом со стены замка [2]. После гибели Скуратова его помощник по сыскному ведомству Василий Грязной был лишен думного чина, уволен с дворовой службы и отослан в небольшую крепость на южной границе, где он вскоре попал в татарский плен.

Смерть Скуратова не привела к переменам в составе дворового «новгородского» правительства, а также и в положении Новгорода Великого. Стремясь закрепить значение Новгорода как политического центра, Иван IV передал его под управление своего наследника и соправителя царевича Ивана. Сведения об этом сохранились в донесении Ф. Кмита литовскому правительству от 2 марта 1574 года. Оршанский воевода Ф. Кмита, регулярно посылавший «шпигов» в пределы России, с их слов записал сведения о том, что «сына деи старшого князь великий (Иван IV) посадил на царстве на Новгороде Великом» [3]. Назначение соответствовало давней московской традиции. В 1499 году в обстановке раздора с думой и казни бояр Иван III назначил сына Василия великим князем Новгородским, выведя Новгород из-под управления Боярской думы. Вскоре же отец Грозного был объявлен наследником московского престола.

Формально «послеопричный двор» возглавлял родственник царя князь М. В. Глинский. Фактически преемником Скуратова после его гибели стал шелонский помещик В. И. Умной. Осенью 1573 года царь пожаловал ему высший думный чин боярина [4]. В «новом дворе» подобное назначение было первым. В руки Умного перешли все те сыскные и посольские дела, которые вел до него Малюта. Так, в январе 1574 года Умной продолжил розыск об измене бояр в пользу Крыма, начатый Малютой [5]. А в 1573 году после Малюты Умной вел переговоры с поляками относительно избрания царя на польский трон [6]. В. И. Умной потянул за собой на дворовую службу свою многочисленную родню. В. Г. Колычев получил чин дворового окольничего, а М. В. Колычев стал именоваться «ближним дворянином» царя. На дворовую службу были приняты бывший руководитель Стрелецкого приказа Г. Г. Колычев, М. В. Колычев и шестеро других Колычевых [7].

Колычевы принадлежали к дворянским родам, которые пострадали от опричных гонений в наибольшей мере. Сложили голову на плахе около десятка Колычевых. Но после разгрома опричнины это обстоятельство благоприятствовало карьере уцелевших членов рода.

Сходной была судьба князей Тулуповых. Князь Андрей Тулупов, служивший в боярах у архиепископа Пимена, подвергся казни с женой и дочерью. Зато его родня Борис Тулупов сделал головокружительную карьеру на дворовой службе. Еще весной 1572 года он служил оруженосцем в царской свите, а к марту 1573 года получил думный чин и дворовой оклад в 500 рублей (больше, чем в свое время получал М. Л. Скуратов) [8].

В июле 1573 года Тулупов именовался с титулом «ближние думы дворянин», к началу 1574 года был пожалован в окольничие [9]. Тулупов выдал сестру замуж за царского шурина Г. А. Колтовского и благодаря этому породнился с царской семьей. Когда в Новгород привезли пленного Дивея-мурзу, главнокомандующего крымского войска, царь велел поместить его на двор Б. Д. Тулупова на Рогатице улице [10]. Очевидно, Тулупов владел в Новгороде поместьем, как и Умной.

Новые «дворовые» любимцы царя участвовали в розыске о боярской «измене», грозившей повторными вторжениями Крыма. Но, по-видимому, они не проявили при этом достаточного рвения, за что позже и подверглись опале.

Гибель Малюты Скуратова не привела к прекращению казней. Машина террора продолжала действовать, хотя казни и утратили массовый характер. В Речи Посполитой настало бескоролевье, розыск об измене в пользу польского короля прекратился сам собой. Главная опасность грозила России со стороны Крыма, поэтому внимание Грозного сосредоточилось на раскрытии боярской «измены» в пользу крымского хана. Выдающуюся роль в раскрытии новой «измены» сыграл А. Ф. Нагой, русский посол в Крыму.

А. Ф. Нагой не принадлежал к плеяде деятелей, выдвинувшихся в опричнине. Еще до ее учреждения он уехал с посольским поручением в Крым и пробыл там десять лет. Будучи в Крыму, этот земский дворянин в знак особой милости заслужил в июне 1571 года жалованье «из опришнины», что было случаем беспрецедентным в тогдашних условиях [11]. Эту награду никак нельзя объяснить дипломатическими успехами посла, ибо ее выдали на другой день после сожжения татарами Москвы. Но награда точно совпала с началом следствия о заговоре Мстиславского в пользу Крыма. Можно предположить, что донесения русского посла в Крыму сыграли роковую роль в судьбе не одного только Мстиславского, но и других бояр — М. И. Воротынского и Н. Р. Одоевского. В 1572 году они разгромили армию Девлет-Гирея, а с весны 1573 года царь приказал им с боярином М. Я. Морозовым выступить на Оку и отразить Орду в случае нового вторжения. Будучи на границе, М. И. Воротынский и Н. Р. Одоевский были арестованы по подозрению в измене. Воротынский подвергся пытке, после чего его отправили в тюрьму на Белоозеро. В пути боярин умер. Одоевский был казнен. Двое земских воевод и бывший опричник Одоевский подверглись наказанию не из-за служебной провинности, так как М. Я. Морозов не успел прибыть в полки и был взят под стражу в Москве. Видимо, Грозный получил доказательства их «измены» из Крыма.

В ноябре 1573 года А. Ф. Нагой вернулся в Москву, и допросы на Пыточном дворе возобновились. По доносу посла были арестованы вернувшиеся из крымского плена холопы Мстиславского, после чего царь с Боярской думой приговорили «по Офонасьевы Нагово с товарыщи речем княж Ивановых людей Мстиславского... розпросить подлинно и пыткою пытать...». Под пыткой холопы подтвердили версию об измене в пользу Крыма главнейших руководителей земщины. Один из них показал, будто «про князя Ивана про Мстиславского и про князя Михаила Воротынского в Крыму от мурз слышал, что они перед тобою, государем, не прямят, изменяют и в Крым ссылались...» [12]. Другой слуга назвал имена мурз, от которых он слышал о тайной переписке бояр с ханом. Далее боярский холоп поведал, будто «по зиме» перед вторым приходом татар к Москве в 1572 году Мстиславский, Воротынский и Шереметевы будто бы послали к крымскому царю грамоту, «чтобы царю идти на твои государевы украины поранее к Москве для того, что люди твои государевы не собрались, а царю бы в ту пору придти» [13]. Холопов пытали «по речам», т. е. по инициативе посла с товарищами, из чего следует, что они-то и были инициаторами розыска о крымской «измене».

Власти указали имена главных «изменников» до пытки холопов в январе 1574 года. В письме к монахам Кирилло-Белозерского монастыря Иван Грозный в 1573 году бранил И. В. Большого-Шереметева и утверждал, что «братия его и ныне не престанут в Крым посылать да бесерменство на християньство наводить». В том же письме Грозный недвусмысленно грозил наказанием знатной боярской семье: «А што (мне.— *Р. С.*) на Шереметевых гнев держати, ино ведь есть его братия в миру, и мне есть над кем опала своя положити» [14]. Холопы Мстиславского несколько месяцев спустя показали: «Изменяют тебе, государь, бояре Иван Шереметев да брат его Федор...» [15] Как видно, посол был главным источником информации о крымской «измене» как в деле Мстиславского, так и в деле Воротынского и Шереметевых. Царь Иван лично явился на Пыточный двор, чтобы присутствовать на допросах холопов, подтвердивших доносы А. Ф. Нагого, погубивших победителя Орды князя М. И. Воротынского. Склонный к мрачным шуткам, Грозный начал с того, что задал холопам вопрос: «Хто из бояр наших нам изменяют: Василий Умной, князь Борис Тулупов, Мстиславский, князь Федор Трубецкой, князь Иван Шюйской...» [16] Государь желал испытать холопов и проверить, насколько они тверды в своих показаниях. Характерно, что царь Иван назвал имена главных вельмож государства, при этом поставив на первое место руководителей своей дворовой ближней думы.

За доносы А. Ф. Нагой был щедро вознагражден. Царь принял его на дворовую службу и к концу 1574 года пожаловал чин «дворянина ближней думы».

Отмена опричнины мало что изменила во взаимоотношениях царя со знатью. Грозный не видел иного средства держать бояр в послушании, кроме страха и запугиваний. Его опалы и милости не поддавались объяснению с точки зрения здравого смысла и логики. Воротынский, разгромивший татар, был отстранен от руководства земщиной и физически уничтожен. Мстиславский, опозоренный перед народом как виновник сожжения Москвы, оставался главой земской думы.

Афанасий Нагой шел по стопам Малюты Скуратова. Он поддерживал в душе царя страх перед новыми боярскими заговорами и крамолой. Летом 1574 года Иван IV возобновил переговоры с Лондоном о предоставлении ему убежища в Англии [17].

Страх царя возрос с тех пор, как из-за интриг и раздоров внутри дворовой думы он стал утрачивать доверие ко двору, призванному гарантировать безопасность царской семьи.

Распустив опричнину, Грозный пытался найти опору в Новгороде. Первое послеопричное правительство сплошь состояло из новоиспеченных новгородских помещиков, вошедших в состав реорганизованного двора. Умной, Тулупов и другие лица, бывшие свидетелями страшного разгрома Новгорода и потерявшие тогда многих родственников, видели свою задачу в том, чтобы умиротворить и успокоить страну, потрясенную террором. Однако они должны были уступить место А. Ф. Нагому и племяннику Малюты Б. Я. Бельскому, настаивавшим на возвращении к террористическим методам управления государством. Конфликт послужил почвой для второго «новгородского дела».

Подробности дела неизвестны. Однако в распоряжении исследователя имеется следующая запись синодика опальных, составленная на основании подлинного судного списка опричного архива: «Князя Бориса Тулупова, князя Володимера, князя Андрея, князя Никитоу Тулуповы, Михайлоу Плещеев, Василиа Умной, Алексея, Федора Старово, Ориноу Мансурова, Федора, Семена Сунбуловы, Якова Мансурова, Григорья, Александра Колтовские». Перед нами не случайный набор имен, а почти полный список «новгородского» правительства, пришедшего к власти после разгрома опричной думы. Возглавляли его шелонский помещик боярин В. И. Умной-Колычев и окольничий Б. Д. Тулупов. А. Старой-Милюков управлял опричной половиной Новгорода незадолго до отмены опричнины. Попытка противопоставить боярской Москве второй по значению политический центр — Новгород Великий — рухнула.

Осенью 1574 года Грозный отпраздновал в узком кругу доверенных лиц свадьбу с Анной Васильчиковой. В дни свадебного пира на скамье возле молодых сидели В. И. Умной, князь Б. Д. Тулупов и А. М. Старой, в мыльне с царем мылся Ф. В. Старой, с платьем были князья А. В. и Н. В. Тулуповы, «боярыней» царицы была жена А. Мансурова, свахой — жена И. Мансурова [18]. Менее чем через год все эти лица взошли на эшафот.

Точную дату гибели «новгородского» правительства позволяет установить документальная запись кормовой книги Иосифо-Волоцкого монастыря по поводу вклада Бориса Годунова. Тотчас после смерти Грозного Борис «по слову» благочестивого царя Федора пожертвовал старицкую вотчину с. Неверово, отданную ему «за бесчестье» при опале Тулупова, в Иосифо-Волоцкий монастырь. Этот вклад должен был обеспечить вечное поминание В. И. и Ф. И. Умных, князя Б. Д. Тулупова и матери последнего, замученной вместе с ним. Поминали «убиенных» 2 августа. В этот день, видимо, и погибли названные лица [19]. По словам Горсея, Тулупов был уличен в заговоре против царя и в сношениях с опальной знатью [20]. Впавшему в немилость фавориту Б. Д. Тулупову была уготована страшная казнь. Его посадили на кол. Погибла мать Б. Д. Тулупова и двое его двоюродных братьев Андрей и Никита Владимировичи. Княжеский род Тулуповых, издавна связанный с Новгородским Софийским домом, был искоренен раз и навсегда. Родство с Тулуповыми обернулось трагедией для Колтовских. Царский шурин Г. А. Колтовский, женатый на двоюродной сестре Б. Д. Тулупова, впал в немилость после заточения в монастырь царицы Анны Колтовской. Он был убит вместе с А. К. Колтовским, видимо, по одному делу с Умным и Тулуповыми.

Второе «новгородское дело» вступило в новую фазу осенью 1575 года, когда под арест попали личный врач Грозного Елисей Бомелей и новгородский архиепископ Леонид. Имя Бомелея внушало страх не только подданным царя, но и его собственным землякам — немцам, служившим в опричнине. Лифляндские дворяне Таубе и Крузе называли его не иначе, как «беглым шельмовским доктором». Выходец из Вестфалии, он подвизался при дворе Грозного в роли придворного медика и политического советника. Бомелей оказывал царю всевозможные грязные услуги: составлял яды для впавших в немилость придворных, некоторых из них (например, Григория Грязного) отравил собственноручно [21]. Бомелей принадлежал к опричнине, а затем ко двору, поэтому его показания скомпрометировали прежде всего дворовых людей и близких к ним церковных иерархов. Как и в деле Мстиславского и Воротынского, обвинения против Бомелея, архиепископа Леонида и некоторых других духовных лиц были основаны на показаниях их слуг и холопов, подвергнутых страшным пыткам. По словам англичанина Д. Горсея, в деле фигурировали какие-то шифрованные письма на греческом и латинском языках, будто бы посланные разными путями в Польшу и Швецию. Горсей был близок к царскому двору, и ему довелось видеть Бомелея, когда едва живого доктора везли с Пыточного двора в тюрьму.

Некоторые историки считают, что страх Грозного перед заговором, изменой был отнюдь не беспочвенным. Царь, как полагает Е. И. Колычева, понимал всю опасность участия духовенства в зреющем заговоре. «Идейным и организационным штабом заговорщиков,— пишет Е. И. Колычева,— был, видимо, кремлевский Чудов монастырь. К нему стягивались многие нити заговора. Его бывший архимандрит, а впоследствии новгородский владыка Леонид, вполне возможно ⟨...⟩ поддерживал связь с польским и шведским королями» [22].

Оставаясь на почве фактов, можно заключить, что обвинение Леонида в двойной измене носило такой же фантастический характер, как и обвинение победителя крымцев Воротынского в заговоре в пользу Крыма, выдающегося дипломата Висковатого в тройной измене и пр.

Казни церковных деятелей подтверждают факт обвинения их в заговорах и измене, но не факт их участия в заговорах.

Взаимоотношения Грозного с духовенством были неодинаковыми в разные периоды времени. В годы опричнины царь предоставил значительные привилегии Чудову, Симонову и ряду других монастырей. Как показал С. М. Каштанов, политика расширения привилегий монастырям, лояльным по отношению к опричнине, доставила царю поддержку влиятельного черного духовенства в момент острого раздора с митрополитом, а затем вторым лицом церковной иерархии — новгородским архиепископом [23]. Косвенно опричнина способствовала земельному обогащению крупнейших монастырей. В обстановке казней и конфискаций многие вотчинники (в особенности бывшие казанские ссыльные) жертвовали земли в монастыри, выговаривая право дожить свой век в стенах монастыря, право на вечное поминовение, а заодно получали денежные «сдачи». Возникла угроза выхода из службы многих вотчин. Реакцией на эту угрозу явился указ 1572 года, воспрещавший любые пожалования в пользу монастырей. Указ осложнил отношения Грозного с недавними любимцами.

Свои отношения с духовенством Иван IV склонен был оценивать сквозь призму «великой» боярской крамолы. Жертвуя земли и прочие богатства в монастыри, бояре, по мысли царя, неизбежно приобретали огромное влияние на монахов, на образ жизни в монастырях и пр. Эта мысль буквально пронизывает письмо царя в Кирилло-Белозерский монастырь, написанное осенью 1573 года. Прежние подвижники, писал Грозный, не гонялись за боярами, не говорили стыдных слов: «Яко нам з бояры не знатся — ино монастырь без даяния оскудеет» [24]. Нынешние же монахи «гоняются» за боярами ради их богатств, что и приводит в упадок даже самые знаменитые обители.

Пагубное влияние бояр на честное монашеское житие, утверждал царь, сказывалось во всем. Где бы ни «стриглись» бояре, они тотчас нарушают строгие монастырские правила и вводят свои «любострастные уставы». Особым нападкам царь подверг за неблагочиние бывший опричный Симоновский и Чудов монастыри, власти которых были известны особой близостью к опричному руководству. Монахи, писал Грозный, ввели столько послаблений, что «помалу, помалу и до сего, яко же и сами видите, на Симонове кроме сокровенных раб божиих, точию одеянием иноцы, а мирская вся совершаются, яко же и у Чюда быша среди царствующаго града пред нашима очима — нам и вам видимо» [25].

Чудовский архимандрит Левкий был одним из тех любимцев монарха, которые помогли ему навязать стране опричнину. Преемником Левкия стал Леонид, ставший затем архиепископом Новгорода. Владыка выступал как верный приспешник опричных властей Новгорода, а затем дворового «новгородского» правительства. Падение этого правительства роковым образом повлияло на судьбу главы Софийского дома.

По свидетельству Д. Горсея, Леониду предъявили обвинения в том, что он изменил царю и вместе с лейб-медиком Бомелеем сносился «письмами, написанными шифром по-латыни и гречески, с королями Польши и Швеции, причем письма эти были отправлены тремя путями». Второе обвинение заключалось в том, что архиепископ чеканил деньги и пересылал вместе с другими сокровищами все тем же королям Польши и Швеции. Власти объявили отца церкви еретиком: он будто бы занимался колдовством с помощью ведьм, живших в Новгороде. Горсей является единственным автором, который сообщает о том, что во время суда над архиепископом были сожжены его ведьмы [26]. Эта деталь находит подтверждение в источнике документального происхождения. Среди записей синодика, относящихся к 1575 году, можно прочесть следующие строки: «В Новгороде 15 жен, а сказывают ведуньи, волховы». Отмеченная подробность не оставляет сомнения в осведомленности Д. Горсея.

Источники противоречат друг другу, коль скоро речь идет о времени суда над Леонидом. Курбский считал, будто архиепископ (имени которого он не знал) подвергся казни «аки по двух летех» после назначения в Новгороде — иначе говоря, в 1573 году [27]. Поздний новгородский летописец также утверждал, будто Леонид «бысть на владычестве два года» [28]. Приведенные известия лишены достоверности. В. И. Корецкому удалось бесспорно установить, что Леонид управлял своей епархией еще в середине 1575 года [29]. Самым надежным источником следует признать «Краткий летописец новгородских владык», который составлялся в новгородском Софийском доме и фиксировал продолжительность правления архиепископов в днях и месяцах. Этот исчточник сообщает, что Леонид пробыл на владычестве 4 года без полутора месяцев: с 6 декабря 1571 (7079) года до кончины 20 октября 1575 (7084) года [30]. Ту же дату гибели Леонида (7084) называет и соловецкий летописец [31].

Существуют две версии гибели архиепископа. Согласно одной, он был казнен, а по другим сведениям — умер в заточении. Синодик Московского Богоявленского монастыря сохранил краткий перечень опальных духовных лиц, включавший «митрополита Филиппа, архиепископа Леонида... игумена Корнилия Печерской» и др. [32]. Перечень подтверждает факт гибели Леонида в опале, но не проясняет обстоятельств его гибели. Названные в перечне лица подверглись казни (например, Корнилий), записаны они также в списках «убиенных» царского синодика. Имя Леонида среди «убиенных» не значится.

Леониду были предъявлены трафаретные обвинения в государственной измене. Суд, послушный воле царя, приговорил его к смертной казни. Но, по сведениям Горсея, царь помиловал архиепископа и заменил ему смертную казнь вечным заточением. Опального заковали в цепи и держали в погребе на хлебе и воде. Леонид недолго прожил в заточении и 20 октября 1575 года умер.

Трагический конец архиепископа породил множество слухов и легенд. Псковский летописец записал слухи, будто царь опалился на Леонида и «взя к Москве и сан на нем оборвал и медведно ошив, собаками затравил» [33]. Но более достоверный источник — Краткий владычный летописец — молчит о казни Леонида и по существу подтверждает версию Горсея. В нем записано, что архиепископ «взят был к Москве в государевой царской опале да тамо и преставися» [34].

Дело об «измене» Пимена повлекло за собой падение опричного руководства. Суд над Леонидом также привел к катастрофе в московских верхах, хотя и в меньших масштабах.

По свидетельству Горсея, архиепископ был сломлен пыткой и покаялся во всех преступлениях, которые ему приписывали, тогда как добиться признания от лейб-медика судьям не удалось. «Епископ признал все под пыткой,— писал Горсей,— Бомелиус все отрицал, надеясь, что что-то переменится к лучшему с помощью некоторых его доброжелателей, фаворитов царя, посланных посетить царевича Ивана, занятого пыткой Бомелея» [35]. Слова Д. Горсея косвенно подтверждают сведения литовской разведки о передаче Новгорода Великого под управление царевича Ивана. Когда раскрылась вторая новгородская «измена», царь поручил сыну провести розыск.

Показания Бомелея и Леонида скомпрометировали многих высших сановников. Государство оказалось на пороге нового кризиса. В такой ситуации Иван Грозный объявил об отречении от престола и передаче управления служилому хану Симеону Бекбулатовичу, получившему титул великого князя всея Руси.

«Вокняжение» Симеона представляло загадку как для современников, так и для последующих поколений. В. О. Ключевский и С. Ф. Платонов усматривали в кратковременном княжении Симеона некий «политический маскарад» [36], какую-то игру или причуду, смысл которой был неясен, а политическое значение ничтожно [37].

С. М. Середонин и позже Л. М. Сухотин пришли к выводу, что события 1575—1576 годов были связаны с возвратом к опричнине [38]. На ту же точку зрения встал Я. С. Лурье [39]. П. А. Садиков искал объяснения загадки Симеона во внешнеполитических расчетах Грозного. По словам П. А. Садикова, царь отдал московскую корону служилому хану, чтобы добиться избрания на польский трон [40]. Предположение П. А. Садикова нашло поддержку у Г. В. Вернадского [41].

С. М. Каштанов высказал мнение, что внешнеполитические расчеты сыграли некоторую роль в выдвижении Симеона, но они были связаны не столько с избирательной кампанией в Польше, сколько с русско-крымскими отношениями [42]. Основные причины явления С. М. Каштанов справедливо усмотрел во внутренних политических трудностях [43].

В. И. Корецкий выдвинул гипотезу о созыве осенью 1575 года Земского собора. Выступление на соборе аристократии, высшего духовенства и бывших опричников против царя побудило последнего объявить о передаче трона Симеону Бекбулатовичу и вернуться к опричным методам управления страной. Определенное влияние на правительственные мероприятия оказывали, по мнению В. И. Корецкого, литературные образцы. Мысль о «вокняжении» Симеона царь мог почерпнуть из известной ему восточной легенды «Жития Варлаама и Иоасафа» [44].

В пользу гипотезы В. И. Корецкого о Земском соборе высказывался американский историк Калпеппер [45]. С возражениями выступили Н. И. Павленко и А. А. Зимин. Павленко оспаривает аргументы В. И. Корецкого относительно созыва Земского собора осенью 1575 года [46]. А. А. Зимин также отвергает гипотезу В. И. Корецкого и дает новое толкование событий 1575—1576 годов. По мнению А. А. Зимина, «княжение» Симеона было своеобразной «антиопричниной», поднявшаяся волна репрессий обрушилась на старую опричную гвардию. «Борясь с опричниной, провозглашая возврат к удельным порядкам,— пишет А. А. Зимин,— Грозный одновременно использовал уже скомпрометировавшие себя опричные приемы властвования (выделение особой территории, системы устрашающих казней, план перебора людишек)» [47].

Осенью 1575 года Иван Грозный столкнулся с острым политическим кризисом. Суд над вождями «двора» привел к расследованию, породившему версию о наличии широко разветвленного заговора в высшем органе монархии — Боярской думе. Казнь племянника Грозного свидетельствовала о том, что измена проникла в царскую семью.

Трудности усугублялись тем обстоятельством, что у царя не было больше надежной военной опоры. Новый «двор», которым он окружил себя после отмены опричнины, не оправдал возложенных на него надежд. Верхушка «двора» была обвинена в государственной измене, его руководители посланы на эшафот.

Но главная трудность, с которой Грозный столкнулся осенью 1575 года, состояла все же не в этом. Отмена опричнины аннулировала те неограниченные полномочия, которыми облекал царя состав «двора», ему удалось добиться осуждения некоторых церковных иерархов, непопулярных в земщине из-за пособничества опричнине. Но Грозный не решился вновь поднять руку на влиятельное земское боярство, не имея на то санкций со стороны Боярской думы и высшего духовенства. Действовать же вопреки земскому руководству царь не мог, посколькуо осенью 1575 года он не имел надежной военной опоры.

Как и прежде, царь и его приспешники увидели спасение в том, чтобы ввести в стране чрезвычайное положение. Но они не могли не понимать, что любая попытка возродить ненавистные опричные порядки неизбежно встретит сопротивление со стороны высшего органа государства — Боярской думы и священного собора, непосредственное влияние которых на деле управления возродилось после отмены опричнины.

Царю удалось заполучить согласие на введение чрезвычайного положения в 1565 году с помощью фарса отречения и прямого давления на думу и духовенство. Спустя десять лет царь не рискнул вторично обратиться за санкцией к Боярской думе, духовному и прочим сословиям. На этот раз он получил необходимые санкции не от думы, а от лица, поставленного им самим над думой и всей земщиной. Таким лицом был Симеон Бекбулатович.

Подлинное влияние служилого татарского хана в Боярской думе, этом представительном органе боярской аристократии, было, по-видимому, ничтожным. Крещеный татарин не обладал достаточным авторитетом, чтобы единолично решать дела от имени думы и земщины. Чтобы разрешить подобное затруднение и сохранить видимость законности в Русском государстве, Иван IV объявил об отречении от престола в пользу Симеона и наделил хана титулом «великого князя всея Руси», после чего без труда получил у него «разрешение» на введение в стране чрезвычайного положения [48].

Новоявленный «великий князь» поселился в кремлевском дворце, в то время как Иван покинул Кремль и переехал на Арбат за Неглинную [49]. Церемония передачи власти Симеону носила в целом двусмысленный характер. Татарского хана короновали великокняжеской короной не по «чину» царского венчания [50]. Русские летописцы писали, что Иван посадил Симеона на царский престол «своим произволением» [51]. То же самое обстоятельство отметили иностранные наблюдатели. Очевидец коронации Д. Горсей передает, что Грозный отказался от царского венца в пользу Симеона, но короновал его без торжественной церемонии и без согласия Боярской думы [52]. Отмена церемонии присяги новому государю в Боярской думе делала по существу незаконным акт коронации Симеона. Неопределенность его положения усугублялась тем, что он занял царский трон, не получив царского титула. Официальные документы неизменно именовали его «великим князем всея Руси».

30 октября князь Иван Васильевич Московский со своими детьми подали челобитную на имя государя великого князя Симеона Бекбулатовича всея Руси с просьбой, чтобы тот «милость показал, ослободил людишок перебрать, бояр и дворян и детей боярских и дворовых людишок: иных бы еси ослободил отослать, а иных бы еси ослободил принять...» [53].

Челобитная грамота царя Ивана, предусматривавшая новый «перебор людишек» и раздел государства, была по существу указом о возрождении опричнины.

Новая опричнина получила наименование государева удела. Уйдя на удельное княжество, государь стал именовать себя князем Иванцом Московским и Псковским и Ростовским [54]. Псков избежал опричного разгрома, и потому в 1575 году Грозный искал спасения от московской боярской измены в столице бывшей боярской республики, покоренной Москвой в начале XVI века. Удельные владения на территории Пскова были расширены за счет прилегающих погостов и волостей Шелонской пятины, входивших в Порховский присуд. Шелонь была включена в удел не случайно. Именно здесь обосновались после отмены опричнины многие руководители «дворового» правительства, включая В. И. Умного, В. Колычева и др. Их земли, попавшие в казну после раскрытия «заговора», на этот раз были переданы членам «удельной» думы. На шелонской земле обосновались думные дворяне Б. Я. Бельский, В. Г. Зюзин, дворовый сын боярский А. В. Бельский и другие лица.

В удел Иванца Московского не попал ни один уезд, входивший в опричнину с момента ее учреждения. Преобладали бывшие земские территории (Псков, Шелонская пятина, Ржева, Зубцов). Ростов был вторым крупным городом удела после Пскова. Имеющиеся данные о его зачислении в опричнину нуждаются в уточнении.

Забирая в удел бывшие земские уезды, царь стремился не допустить в удельную армию массу бывших опричников. Но в некоторых случаях он допускал отступления от этого правила. Обонежская пятина была взята в «государеву светлость» в самом конце опричнины. Грозный оказал доверие местным помещикам, отобрав из них пополнение для удельной армии. Отобранные в Обонежье помещики были переведены на поместья в удельный Порхов: «А в прошлом в 84-м году дети боярские Обонежской пятины, которые были у государя во дворе, выведены в Порхов, а поместья их... велено роздать детям боярским, которых государь велел вывести изо Ржовы и Зубцова» [55].

Помещики, не принятые в удел и выселенные со своих земель, получали компенсацию в земщине. Дети боярские, «которых государь велел вывести изо Ржовы и Зубцова», были устроены на освободившихся поместных землях Обонежской пятины [56].

Удельная армия многими чертами напоминала старую опричнину. В отличие от «двора» 1573—1574 годов она была органически связана с землями, взятыми в удел. Это последнее обстоятельство имеет решающее значение для общей оценки мероприятий 1575 года. Следует особо подчеркнуть, что не реорганизация «двора» сама по себе, а разделение государства на земщину и удел и введение в стране чрезвычайного положения позволяют говорить о возрождении опричных порядков осенью 1575 года.

Челобитная — указ 30 октября 1575 года — не предусматривала выделения «особных» думных чинов в уделе князя Московского. Но фактически такое выделение было осуществлено. Когда весною 1576 года государь Иван Васильевич и его сын Иван Иванович Московские выступили с удельным двором на татар, их сопровождали дворовые воеводы боярин князь Ф. М. Трубецкой и А. Ф. Нагой, окольничий Ф. Ф. Нагой, «с шеломом» Б. Я. Бельский, боярин И. П. Шуйский, дворяне В. Г. Зюзин, И. П. Татищев, Д. И. Черемисинов, Б. В. Воейков [57].

По единодушному свидетельству современников, после коронации Симеона и перехода Грозного в удел в Москве произошли многочисленные казни. Согласно донесению австрийского посла фон Бухау, царь незадолго до его приезда «лишил жизни сорок дворян, которые во второй раз составили было заговор на его жизнь...» [58]. Информация, полученная послом в Москве, отличалась достоверностью. В синодике записаны имена примерно 40 лиц, погибших после возобновления казней в августе и до их завершения осенью 1575 года.

Синодик опальных и русские летописцы позволяют составить весьма точное представление о круге лиц, подвергшихся преследованиям после организации удела. В синодике единым списком записаны следующие лица: «Князь Петра Куракин, Иона Бутурлина с сыном и з дочерью, Дмитрея Бутурлина, Никитоу Борисова, Василиа Борисова, Дроужиноу Володимеров, князя Данила Друцкой, Иосифа Ильина, протопоп, подьячих 3 человека, простых 5 человек крестьян».

Сведения синодика находят подтверждение в московских летописях начала XVII века.

Пискаревский летописец	*Московский летописец XVII в.*
«...Боярина князя Петра Куракина, Протасия Юрьев, владыку Наугородцкого, протопопа Архагенского, Ивана Бутурлина, Никиту Бороздина, архимандрита Чюдовского и иных многих казниша» [59]	«...Казнил Новугородцкого архиепископа Леонида, чудовского архимандрита Еуфимия, архангильского протопопа Ивана посадил в воду, боярина князя Петра Андреевича Куракина, стольника Протасия Васильевиа Юрьева, окольничего Ивана Андреевича Бутурлина, Никиту Васильевича Бороздина и дворян князя Григория Мещерского, дьяков Семена Мишурина, Дружину Володимерова казнили на площади под колоколы» [60].

По своему размаху казни в Кремле немногим уступали первым опричным репрессиям. Как и тогда, террору подверглись члены Боярской думы, высшего представительного органа правящего боярства. Были казнены двое бояр (князь П. А. Куракин и И. А. Бутурлин) и двое окольничих (Д. А. Бутурлин и Н. В. Борисов). Боярская дума, численный состав которой за десятилетие сократился едва ли не вдвое, понесла весьма ощутимый урон.

Помимо бояр жертвами царских слуг стали несколько высокопоставленных приказных чиновников. Казненный дьяк Дружина Володимеров в 1573 году возглавлял Разбойный приказ, а дьяк О. Ильин в 1574—1575 годах числился дьяком Дворцового ведомства [61]. Очевидец событий Г. Штаден сообщил, что Ильин был «позорно казнен в Дворцовом приказе» [62]. Известие Г. Штадена позволяет расшифровать запись синодика «подьячих 3 человека, простых 5 человек крестьян». Эти люди, по-видимому, были перебиты заодно с О. Ильиным, когда палачи ворвались в Дворцовый приказ и учинили там разгром. Подьячие были помощниками дьяка, а прочие убитые — прислугой. Царские слуги не потрудились записать имена убитых ими людей. Разгром приказа Иванцом Московским имел четко различимую цель. Дворцовый приказ многие годы возглавлял дворецкий Н. Р. Юрьев, родной дядя наследника. Как следует из русских летописей, после учреждения «удела» Иванец Московский велел ограбить Н. Р. Юрьева [63]. Этот эпизод получил отражение в мемуарах Д. Горсея [64].

Какими бы ни были угрозы в адрес земщины, главным своим острием репрессии 1575 года были обращены против бывших опричников. Самые видные из казненных попали в опричнину на последнем ее этапе и участвовали в проведении политики массового террора. Боярин И. А. Бутурлин и окольничий Д. А. Бутурлин вошли в опричную думу в 1569 году, окольничий Н. В. Борисов стал опричником к началу 1572 года. Погибшие вместе с ними приказные люди принадлежали к старой формации опричных деятелей. Дьяк Д. Володимеров находился в опричнине с августа 1565 года, дьяк О. Ильин и князь Д. Друцкий — с 1567 года.

Казни не затронули бывших главных руководителей земщины, но угрозы в их адрес носили самый недвусмысленный характер. Грозный велел бросить головы казненных «по дворам» митрополиту Антонию, князю И. Ф. Мстиславскому, боярину И. В. Меньшову-Шереметову, думному дьяку А. Я. Щелкалову [65].

Примечательно, что сразу после казней царь Иван 29 ноября 1575 года пригласил английского посла Д. Сильвестра для разъяснения своих действий. Напомнив о своих переговорах по поводу политического убежища в Англии, Грозный заявил, что причиной этих переговоров «было верное предвидение нами изменчивого и опасного положения государей и того, что они наравне с нижайшими людьми подвержены переворотам». Затем он объявил о передаче сана Симеону и добавил, что «поводом к тому были преступные и злокозненные поступки наших подданных, которые ропщут и противятся нам за требование верноподданнического повиновения и устрояют измены против особы нашей» [66]. Грозный винил бояр прежде всего в том, что те отказывают ему в верноподданническом повиновении.

Политическая история послеопричного времени отмечена шумными раздорами между монархией и боярской аристократией. Передача трона хану Симеону Бекбулатовичу была второй после опричнины попыткой верхушечного политического переворота, целью которого было утверждение принципов самодержавного правления в рамках монархии с Боярской думой. Традиционное ограничение монархии в пользу могущественной боярской аристократии на мгновение приобрело гротескную форму ограничения власти Ивана Московского в пользу «великого князя» Симеона, одного из членов Боярской думы.

Первая опричнина была подлинной трагедией, вторая — всего лишь фарсом. Репрессии 1575 года затронули узкий круг лиц и не приобрели массового характера. Они довершили разгром старого опричного руководства. Политика «удела» способствовала тому, что новгородско-псковское поместное дворянство было окончательно включено в единый Государев двор, существовавший ранее как Государев двор Московской земли. Но в целом эта политика не оказала существенного влияния на судьбу Новгородско-Псковской земли.

Заключение

В советской историографии утвердилась резко отрицательная оценка правления новгородской «боярской олигархии». «Реакционная тупость политики новгородской олигархии,— отметил крупнейший специалист по истории Новгорода В. Н. Бернадский,— сказалась в годы крушения Новгородской вечевой республики»[1]. Интересы новгородской боярской олигархии, по мнению Ю. Г. Алексеева, оказались несовместимыми с интересами России, борьба с этой олигархией стала «насущной необходимостью для Русского государства»[2]. Подобного рода оценки подкрепляли мысль о прогрессивности и исторической неизбежности «объединения» Новгорода с прочими русскими землями под властью Москвы. Из тезиса о вырождении «вечевой» республики, превращении ее в боярско-олигархическую следует вывод о том, что республиканские порядки в Новгороде исчерпали возможности своего развития и должны были исчезнуть в силу внутренних причин, независимо от московского вмешательства. В действительности все обстояло иначе. Нет оснований рассматривать падение Новгорода и торжество московской централизации как торжество исторического прогресса. По своему уровню новгородская политическая культура не уступала московской и даже превосходила ее. Новгород избежал татарского погрома, и влияние азиатских форм сказывалось здесь в наименьшей мере. Потенции, заложенные в учреждениях Древней Руси, получили в Новгороде органическое развитие в XIV—XV вв. Вече, сохранившее архаические черты, обеспечивало участие достаточно широкого круга населения в управлении республикой. В критические моменты ни одно важное решение не могло быть принято без вече. Такое положение сохранялось до времени падения Новгорода. Власть князя в Новгороде была сломлена, благодаря чему Новгородская земля избежала дробления, внутренних войн и анархии, которые вели к деградации политической культуры и упрочению владычества завоевателей-монголов на территории Северо-Восточной Руси.

История демократических институтов независимого Новгорода привлекла пристальное внимание западных историков. Несколько романтически А. В. Исаченко назвал форму правления Новгорода почти республиканской, отметив при этом следующие ее черты: ограниченность власти князя, руководящая роль парламента («вече»), почти полное отсутствие политической угрозы со стороны кочевников степи[3]. Более осторожен в своих оценках Г. Бирнбаум. Придавая большое значение таким институтам, как вече,

Бирнбаум пишет, что Новгород никогда не был полностью оперившейся демократией и в конце концов демократические начинания северного города-государства были уничтожены и заменены олигархической формой правления. Развитие Новгорода Бирнбаум сравнивал с развитием современных городов-коммун Италии [4].

Новгородское вече не было парламентом. Но в основе устройства вечевой республики лежал принцип, близкий западным общественным порядкам. Новгород заключал «ряд» с князем, определявший объем его власти. В основе их взаимоотношений лежал своего рода «общественный договор». Новгородская политическая культура воплощала демократические традиции, московская — автократические и самодержавные. Гибель вечевой Новгородской республики явилась следствием не вырождения ее политической культуры, а грубого насилия извне — московского завоевания. Насильственная ломка затронула все сферы жизни новгородского общества.

В период независимости Новгорода аграрный строй новгородской деревни был отмечен чертами архаизма, что не мешало развитию мелкокрестьянского производства, обеспечивавшего процветание Новгородской земли. Насильственные выселения бояр и прочих землевладельцев из Новгорода и конфискация почти всего местного земельного фонда положили начало крушению традиционной системы. Новгородская республика не вела завоевательных войн, и ее военные расходы были незначительны, что определяло невысокий уровень налогового обложения крестьян. Московское завоевание радикально изменило ситуацию. Подавляющая часть земельного фонда Новгорода превратилась в государственную собственность, что в конечном счете и предопределило упадок и разорение некогда цветущего края. Последствия конфискаций дали о себе знать не сразу. В относительно благоприятном положении оставались великокняжеские оброчные и дворцовые земли, находившиеся в исключительной собственности казны. Однако господствующей стала поместная система, означавшая двойную собственность на землю. Дробление поместий и введение обязательной службы землевладельца в условиях непрерывных войн побуждало помещиков расширять крестьянские повинности, заводить барскую запашку, использовать труд холопов-страдников, что разрушало хозяйственный уклад новгородской деревни. Наличие верховного земельного собственника в лице государства не подрывало экономического состояния края, пока казна сохраняла налоговое обложение на традиционно низком уровне. Однако этот уровень, сложившийся в Новгороде в условиях вотчинного строя и отсутствия государственной собственности в республике, не мог сохраняться в течение длительного времени.

Социально-политическое развитие России в XVI веке характеризовалось двумя моментами. В распоряжении монархии оказались огромные материальные ресурсы, что привело к ее перестройке на новых самодержавных началах. Старое боярство трансформировалось в военно-служилое дворянство XVI века. Все эти перемены сопровождались резкими столкновениями между главой единодержавной монархии и аристократией, вылившимися в опричнину. Русское государство, насильственными средствами завершившее объединение великорусских земель, в середине века превратилось в империю — Московское царство, политика которого приобрела четко выраженный имперский характер.

Опричный разгром Новгорода невозможно оправдать ссылками на необходимость преодоления пережитков удельной раздробленности или экономической обособленности древней земли. Поход царя на Новгородскую землю был мерой жестокой и бессмысленной. Ограбление новгородцев не отвечало даже интересам фиска, поскольку на десятилетия подорвало источники налоговых поступлений в казну.

Террор Грозного лишил политическую структуру власти стабильности. Казнь руководителей опричнины и ликвидация опричных порядков вызвали недовольство внутри охранного корпуса. Тогда Иван IV попытался противопоставить Москве старый политический центр — Новгород и провел реорганизацию «двора».

Суд над руководителями «двора» и новгородским архиепископом Леонидом вызвал новый политический кризис. Выход из него царь искал в фиктивной передаче трона служилому хану Симеону Бекбулатовичу и возрождении опричных порядков в форме «удела». Многолетний раздор с московским боярством имел неожиданные последствия. Основной базой «удельного» княжества Ивана IV Московского стали не московские, а новгородско-псковские земли (Шелонь, Псковщина).

Террор Грозного расколол военно-служилое сословие России, и этот раскол не был преодолен до конца жизни царя. Отдаленные последствия террора дали себя знать в годы Смуты — гражданской войны начала XVII века, когда распад дворянского ополчения и конфликт внутри служилого сословия полностью парализовали власть.

Крушение империи, воздвигнутой Грозным, повлекло за собой территориальное расчленение государства. Речь Посполитая захватила Смоленск. В течение двух лет польские роты удерживали в своих руках Москву. Шведские войска захватили Новгород. Эфемерное «Новгородское государство», просуществовавшее под эгидой Швеции в течение семи лет, пережило разруху, далеко превзошедшую опричное разорение. Шведское завоевание довершило трагедию древнего города.

Приложение

Синодик опальных царя Ивана Грозного [1]

«Новгородское» дело

/Новоторжцев [2]/: Салмана /Глухово [3]/, Ро-
удака, Богдана, Меншой, Григория, Шарапа, Мисюра /Берновых [4]/, Осипа,
Ивана /Глуховы [5]/. /По Малютине скаске новгородцов отделал тысячу
четыреста девяносто человек [6]/, ис пищали отделано 15 человек [7]. Новгородцев: Данила з женою и з детми сам четверт [8], Ивана (л. 84 об.), Стефана
/Фуниковы [9]/, Ивана /Бурово [10] Чермазов [11]/; Ивана /Великово [12]/, Михайло,
Ивана /Павлинов [13]/, Михайлова жена [14] /Мазилова [15]/, з двумя дочерми да
з двумя сыны, /попова Филиппова сына Благовещенского [16]/ Якова /Зми-
ев [17]/, Ивана /Извеков [18]/.

Матфея * /Бухарин [19]/ с сыном, /Алексея [20] Сабуров [21]/, Козмоу /человек
его [22]/, Романа /Назариева сына [23] Дубровского [24]/, Федора /Безсонов [25]/,
Левонтия ** /Мусырьской [26]/, Сарыча *** [27] /Савуров [28]/, Матреноу /Потя-
кова [29]/, Молчана /Григорьев [30] новгородец [31] подьячей [32]/, Андрея /Горитьс-
кой [33] литвин [34]/.

---

[1] Протограф синодика реконструирован на основе сохранившихся списков синодиков монастырей: Нижегородского Печерского (Государственный архив Горьковской
области, ф. 2013, опись 602-а, д. 161, в дальнейшем — **НП-1;** а также: ЧОИДР, 1868,
кн. 1, отд 5, с. 6—9, в дальнейшем — **НП-2**), Переяславского-Никитского (см.: *Титов А. А.* Синодики XVII в. Переяславского-Никитского монастыря. М., 1903, с. 13—18,
70—73, в дальнейшем — **ПН**), Вологодского Спасо-Прилуцкого (ЧОИДР, 1959, кн. 3,
отд. 4, с. 94, в дальнейшем — **СП**), Вологодского Павло-Обнорского (там же, с. 90,
в дальнейшем — **ПО**), Свияжского Богородицкого (ГИМ. Музейное собр., № 4119,
в дальнейшем — **СБ**), Чудова (ГПБ. F. IV, № 194, л. 204—214, в дальнейшем — **Чюд**),
Кирилло-Белозерского (ГПБ. О. IV, № 24 и О. IV, № 15, в дальнейшем — **КБ**),
Московского Богоявленского (ГИМ. Епархиальное собр., № 706, л. 204—210, в дальнейшем — **МБ-1;** ГПБ. F. IV, № 196, л. 285—288 об., в дальнейшем — **МБ-2;** ГПБ. Q.
XVII, № 87, л. 123 об.— 136 об., в дальнейшем — **МБ-3**), Троице-Сергиева (ГБЛ. Собр.
Троице-Сергиевой лавры, № 818, л. 212—223 об., в дальнейшем — **ТС**), Александро-
Свирского (БАН. Собр. Александро-Свирского монастыря, № 55, л. 294—298 об.,

---

* НП-1 далее зачеркнуто «Бухарина».
** НП-1 далее зачеркнуто «Семена».
*** НП-1 написано на полях другим почерком.

в дальнейшем — **АС**), Костромского Богоявленского (Государственный архив Костромской области), Антониева-Сийского (БАН. Архангельское собр., № 313, л. 15—20 об.; № 391, л. 9 об.— 14 — копия); Соловецкого (БАН. Архангельское собр., № 392, л. 80—87 об.) и Благовещенского в Киржаче (ГБЛ. Собрание Троице-Сергиевой лавры, № 815, л. 46—50 об.). [2] **СП, МБ-3**; новоторжцы **НП**. [3] **Чюд, КБ**; Глухова **ПН**. [4] **ПН**; Берневы **Чюд, КБ**; Григория Бернова **МБ-1**. [5] **Чюд, КБ**; Иосифа Глухов **МБ-1**; Иосифа Отпуляева **ПН**. [6] **СБ**; да в ноугородцкой посылке Малюта отделал 1490 человек, да ноугородцев 15 человек **МБ-1**; в горотской посылке Молютя Скуратов отделал 1490 человек, да новгородцев же 15 человек **МБ-3**; по малютинские ноугородцкие посылки отделано 1490 человек **ПО, СП**; новгородцов 1505 человек **КБ**; новгородцы 1505 человек **Чюд**. [7] да 15 человек ис пищалей отделано **СБ**. [8] самого четверта **СП**. [9] **МБ-1**. [10] **КБ**; Бурого **СП**; Бурова **Чюд**. [11] **МБ-1**. [12] **МБ-1**. [13] **МБ-1**. [14] Михайлову жену **СБ**. [15] Михайловы жены Мазилова **СП**. [16] **КБ, Чюд**. [17] **КБ**. [18] **КБ, Чюд**. [19] **Чюд, КБ, МБ-1**. [20] **КБ, СП, МБ-1**. [21] **Чюд, КБ, МБ-1**. [22] **МБ-1**. [23] **СП**. [24] **КБ, Чюд, СП**; Дубровской **МБ-1**. [25] **МБ-1**, Безсонов **Чюд, КБ**; Безнов **МБ-3**. [26] **Чюд, КБ**; Льва Мусорсково **МБ-1**; Льва Муромсково **МБ-3**. [27] Сарыча **КБ**; Исарыча **МБ-1**. [28] **МБ-1**; Саоуров **КБ, Чюд**. [29] **КБ, Чюд, МБ-1**. [30] **МБ-1**. [31] **КБ, Чюд**. [32] **КБ**; **Чюд**; подьячего **СП**. [33] **Чюд, КБ**; Горецкой **МБ-1**. [34] **Чюд, КБ**.

«Дело» боярина В. Д. Данилова

Василия /Дмитриевича [1] Данилов [2]/, Андрея /Безсонов [3] дьякон [4]/, /Васильевых людей Дмитриевых [5] два немчина [6]/ Максима летвин * [7], Роп Немчин ** [8]. /Козьминых людей Румянцова [9]/ Третьяка, Третьяка [10], Михайла /Романов [11]/, Третьяка /Малечков [12], племянник Румянцов [13]/, Третьяк /лях [14]/, да новгородцов: архиепископля сына боярского [15] /Третьяка *** /Пешкова [16]/, Шишку **** [17] /Чертовской [18]/, Василия /Сысоев [19]/, Никитоу /Чертовской [20]/, Андрея /Паюсов [21]/, Ивана, Прокофя, Меншово, Ивана /Паюсовых [22] (л. 85) /дияк [23]/ Юрия /Сидоров [24]/, Василия /Хвостов [25]/, Ивана /Сысоев [26] княж Владимиров сын боярский [27]/, Егоря [28] /Бортенев [29]/, Алексея /Неелов [30]/, дьяк [31]/ Иоана /Юрьев [32]/, Стефана /Оплечюев [33]/, Семена ***** /Паюсов [34]/, Григория, Алферия /Безсоновы [35]/, князя Бориса /Глебов [36] Засекин [37]/, Андрея /Мусырской [38]/, Бориса /Лаптев [39]/, Роусина ****** /Перфурова [40]/, Дениса, Меньшика /Кондовуровых [41]/, Андрея /Воронов [42]/, Постника [43], Третьяка, Матфея, Соурянина /Иванов [44]/, Григоря /Паюсовых [45]/, Постника /Сысоев [46]/, /владыки, Тверского [47] подключник [48]

---

* НП-1 написано на полях другим почерком.
** НП-1 написано на полях другим почерком.
*** НП-1 написано над строкой другим почерком.
**** НП-1 написано на полях другим почерком.
***** НП-1 написано на полях другим почерком.
****** НП-1 далее зачеркнуто «Шишкоу».

Богдана * /Иванов [49]/, Федора /Марьин [50]/, Тоутыша /Палицын [51]/, Михаила /Бровцын [52]/, Григория /Цыплетев [53]/, Рудакова брата Пятого /Перфирьев [54], Меншово, Андрея Оникиевы [55]/.

[1] **МБ-1.** [2] **Чюд, КБ, ТС.** [3] **Чюд, КБ;** Безносов **МБ-1.** [4] **СП.** [5] **СП.** [6] **МБ-1.** [7] Литвин **Чюд, КБ, СП;** Максима немчин **МБ-1.** [8] Ропа Немчин **Чюд, КБ;** немчина Рога **СП;** Ропы **СБ.** [9] **СП;** люди Румянцовы **КБ, Чюд, МБ-1, МБ-3.** [10] двух Третьяков **СП;** Третьяка дважды **КБ;** два Третьяка **МБ-1.** [11] **КБ, МБ-1.** [12] **КБ.** [13] **МБ-1;** да племянника Козмина Третьяка ж **СП.** [14] Третьяк лях, Тренька лях **МБ-1.** [15] **СП.** [16] **СП, МБ-1.** [17] Шишку **КБ, СП, МБ-3.** [18] **Чюд, КБ;** Чертовского **МБ-1;** Чертовский **МБ-3.** [19] **МБ-1, Чюд;** Сисоев **КБ.** [20] **Чюд, КБ;** Сортовской **МБ-1.** [21] **Чюд, КБ, МБ-1.** [22] **КБ, Чюд;** Ивана Паюсов **МБ-1.** [23] **КБ, СП, Чюд, ТС;** дьяка **СП.** [24] **Чюд, КБ, МБ-1.** [25] **Чюд, МБ-1.** [26] **МБ-1, Чюд, КБ.** [27] **СБ;** Ивана князя Владимера **ТС.** [28] Григория **МБ-1, Чюд, СБ, КБ.** [29] **Чюд, КБ;** Бартенев **МБ-2, МБ-3.** [30] **Чюд, КБ, МБ-1.** [31] **ТС.** [32] **Чюд, КБ, МБ-1.** [33] **Чюд, КБ, МБ-1;** Аплечуев **МБ-3.** [34] **КБ, МБ-1.** [35] **Чюд, КБ;** Григория Безсонов, Елеоуферия Безсонов **МБ-1;** Безсонова **НП.** [36] **Чюд, КБ.** [37] **Чюд, КБ, ПН, МБ-1, ТС.** [38] **Чюд, МБ-1, ТС.** [39] **ТС, Чюд, МБ-1;** Лаптевых **ПН;** Лаптева Русина **КБ.** [40] **МБ-1, МБ-3.** [41] **ПН,** Кондауровы **КБ;** Деонисея Кондиаров, Меншика Кондоуров **МБ-1;** Ворон **ТС.** [42] **Чюд, КБ, МБ-1;** Ворон **ТС.** [43] Постника Иванов человек Паюсова **МБ-3.** [44] **МБ-1.** [45] **Чюд, КБ, ПН, МБ-1.** [46] **КБ, МБ-1.** [47] **ПН.** [48] **МБ-1.** [49] **Чюд, КБ, МБ-1.** [50] **МБ-1;** Марина **ПН;** Марсин **КБ.** [51] **Чюд, КБ, ПН, МБ-1.** [52] **Чюд, КБ, ПН, МБ-1.** [53] **Чюд, КБ, СП, ТС, ПН;** Цыплетев **МБ-1.** [54] **КБ, МБ-1;** Изборска городового прикащика брата **ПН.** [55] **Чюд, КБ, МБ-1;** Никиева **ПН.**

Около 1568—1569 гг.

/Ивановы люди Петровича [1]/: Смирново, Оботоура, Ивана, Ла- (л. 85 об.) риона, Богдана, Петра, Вавила /Нагины [2] новгородца [3]/.
/Из Сормы с Москвы/ [4] Бажин, старца Денеся [5] /с Михайлова города [6]/, /старца [7]/ Илинарха.
Тимофея, Герасима /Нащекиных [8]/, Еремея /подьячего [9] Дервин [10]/.

[1] **МБ-2;** Ивановских людей Петрова **ПН;** Ивановы люди Петровича **МБ-1;** люди Ивановские Петрова **Чюд, КБ.** [2] **Чюд;** Нагина **КБ, МБ-1.** [3] **ПН.** [4] **ПН.** [5] Дионисия старца **СП;** Михайлова Деонисия Афонасьева **МБ-3.** [6] **ПН.** [7] **ПН;** инока Илинарха **КБ, МБ-1.** [8] **Чюд, КБ, ПН, МБ-1.** [9] **ПН, МБ-3.** [10] **Чюд;** Дерь **КБ.**

«Дело» В. А. Старицкого

Молява /повара [1]/, Ярыша /Молявин [2]/, Костянтина /царевича огородника [3]/, Ивана /Молявин [4]/, брат ево, [5] Левонтия /Молявин [6]/, Третьяка /Ягин [7]/, Игнатя /Ягин [8] конюх [9]/, Семена /Лосминской [10]/, Антона /Сви-

* НП-1 далее зачеркнуто «Богдана».

язев [11] подьячей [12]/, Ларивона Ярыга [13] /и сына его [14]/ Неустроя /Бурков [15] —
пушкари [16]/, /с Коломны [17] Еж * /рыболов [18]/, Русина /Шиловцов [19]/ ярослав-
ца [20]/, Федора /Соломонов [21] рыболов [22]/, Василя /Воронцов [23] товарыщи [24]/,
Володимера /Щекина [25] сытника [26]/, Семена /человек Грязной [27]/, Мария
/Былова [28], да сына ее [29]/, Левонтия /Левошин [30]/.

[1] ПН, Чюд, КБ, МБ-3. [2] Чюд, КБ, МБ-3. [3] ПН; огородник Чюд, КБ, МБ-3. [4] ПН,
КБ, Чюд. [5] МБ-3. [6] КБ, Чюд. [7] МБ-3. [8] Чюд, КБ; Ягиных ПН. [9] МБ-3. [10] Чюд, КБ;
Лозминского ПН; Симеона подсночник МБ-3. [11] Чюд, КБ, ПН. [12] МБ-3. [13] То же в МБ-3;
Ярыгин ПН; Яргин КБ; Яркин Чюд. [14] ПН; Ярыгоу с сыном МБ-1; с сыном СП; сын
Яругин МБ-3. [15] КБ; Борков Чюд. [16] МБ-3. [17] ПН. [18] КБ. Чюд, ПН. [19] КБ, Чюд. [20] ПН,
МБ-3. [21] КБ, Чюд. [22] МБ-3. [23] Чюд, КБ. [24] МБ-3. [25] Чюд, КБ; Щепина ПН. [26] ПН, МБ-3.
[27] КБ. [28] Чюд, ПН; Балова КБ. [29] СП, ПН, МБ-3. [30] Чюд, КБ; Алешина ПН.

9.10.1569 г.

/На Богане [1] благоверного [2]/ князя Володимера /Андреевича [3]/ со княги-
ною да з дочерью /дьяка [4]/ Якова /Захаров [5]/, Ва (л. 86) силя /Чиркин [6]/,
Анноу, Ширяя /Селезневых [7]/, Дмитрея /Елсуфьев [8]/, Богдана /Заболоцко-
го [9]/, Стефана /Бутурлин [10]/.

/Нижегородцы [11]/: Осея [12] /Иванов [13]/, Степана /Бурнаков [14]/, Ивана /Ду-
плев [15]/; Иона /Кашира [16]. /Из Китая города [17]/: Василия /Воскресенский
поп [18], священноерея [19] /Григория, от Петра и Вериг [20] попа [21]/ Козмоу,
/ведун баба [22] волхову [23]/ Мария, Василия /Неелов [24]/, Варлама Савина [25]
/москвитин [26]/, Юрия /Новокрещенов [27]/, Ивана /Вешняков [28] подъключ-
ник [29]/ Семена /Чебуков [30]/, Семена /Оплечюев [31]/, Фторово [32] /Федоров [33]
Аникиев [34]/, Иона /Боборыкин [35]/, Андрея /Котов [36]/, Третьяка, Андрея /Ко-
лычов [37]/, Василия /Карпов [38] подьячий [39]/, Василия /Кошуркин [40]/, Иона
/Оушаков [41] староста [42]/, Горяина [43] /Пьямов [44] ямского дьячка [45]/, Третяка
/Бакин [46]/, Андреян /Шепетева [47], сын ево [48]/ Иона.

/В Богороцком [49] земский охотник [50]/ Семена /Ширяев [51]/ /да [52]/ псарей 16
человек [53]. /А земских [54] в селе [55] /в Братошине [56] псарей 20 человек; /в селе
в Озерецком [57]/ Левонтиевых /людей Куркина [58]/ два человека.

[1] КБ. [2] СП. [3] МБ-3, СП. [4] ПН, МБ-3. [5] ПН; Захаев КБ, Чюд. [6] МБ-3; Чирикин
Чюд; КБ; Теркина ПН. [7] ПН, Чюд, КБ, МБ-3. [8] Чюд, КБ, ПН. [9] Чюд, КБ, ПН, МБ-3.
[10] ПН, КБ, Чюд, МБ-3. [11] ПН. [12] Иосия КБ, СП; Осип ПН; Алексея МБ-3. [13] МБ-3.
[14] Чюд, КБ; Бурняков МБ-3. [15] Чюд, КБ, МБ-3. [16] МБ-3. [17] ПН. [18] Чюд, КБ; Воск-
ресенского попа ПН; Василия иерея, Григория Воскресенской МБ-3. [19] Чюд, КБ, СП.
[20] ПН; Петра и Вериге КБ. [21] ПН; Козму поп МБ-3; священноерея Козмы БК; священно-
иерея Космы СП. [22] КБ; ведонии бабы ПН. [23] МБ-3. [24] Чюд, КБ, ПН, МБ-3. [25] Савин
Чюд; Савин КБ. [26] ПН; Москвин МБ-3. [27] Чюд; новокрещеной КБ. [28] Чюд, КБ.

---

* НП-1 написано на полях другим почерком.

[29] **МБ-3.** [30] **ПН, Чюд, КБ;** Чебыков **МБ-3.** [31] **МБ-2;** Оплечьева **ПН;** Оплечуев **КБ;** Оплечеев **МБ-3.** [32] Второво **ПН, КБ, СП, МБ-3.** [33] **Чюд, КБ.** [34] **МБ-3.** [35] **Чюд, КБ, МБ-2;** Бабарыкин **МБ-3.** [36] **Чюд, КБ, МБ-23;** Котош **МБ-2.** [37] **Чюд, КБ.** [38] **Чюд, КБ.** [39] **МБ-2.** [40] **ПН;** Кошурин **МБ-2;** Коширьников **КБ;** Кушарин **МБ-3.** [41] **Чюд, КБ.** [42] **МБ-2.** [43] То же в **КБ, МБ-3, ПО;** Григория **ПН, МБ-2.** [44] **МБ-2.** [45] **ПН;** Горяина дьячек **МБ-3.** [46] **Чюд, КБ, ПН;** Баскин **МБ-3.** [47] **ПН;** Андрея, Василия Щепотовы **Чюд, КБ;** Щепетов **МБ-2;** Щепотев **МБ-3;** Андриана Щенятева **СП.** [48] **МБ-2, СП.** [49] **ПН;** Богороцкого села **СП.** [50] **ПН;** охотник **МБ-2.** [51] **ПН.** [52] **ПН.** [53] То же в **КБ, СП, ПН, МБ-3.** [54] **МБ-3.** [55] **ПН.** [56] То же в **СП, ПН;** Браташине **ПО.** [57] **ПН, СП.** [58] **ПН;** людей Курмина **СП;** человек Куракина **МБ-3.**

Новгородский поход

Список 2
Декабрь 1569 г. — январь 1570 г.

На (л. 86 об.) на заказе /от Москвы[1]/ 6 человек. /В Клине[2]/ Иона /каменщик[3]/.

Пскович з женами и з детми *- на Медне-*[4] 190 человек. /В Торжку[5] сожен[6]/ Невзора /Лягин[7] серебреник[8] /Оуляна[9] серебреник[10]/, Григория, Иона[11] /Тещин[12] сытник[13]/, пскович[14] з женами и з детми 30 человек[15].

/Бежецкия пятины/[16]: Игнатя /Неклюдов[17] Юренев[18]/, Михаила /Васаев[19]/, Кирея /Новосильцов[20]/, Ждана /Нелединской[21]/.

Федора Сырково[22], Алексиа /Сырков[23]/ с женою и с дочерью[24], /Варвара[25]/ Третякова жена /Пешкова[26]/ з двумя сыны, /дьяка[27]/ Иона /Матвеев[28]/ з женою и снохою, Матфея /Харламов[29]/ з женою и з дочерью, Семена /Козавицын[30]/ з женою, Второго з женою.

Ивана /Плещиев[31]/, Григорья /Волынсково[32]/, (л. 87) Алексея /Неклюдов[33]/ з женою, Иона /Жаденской[34]/ з женою, Хотена з женою, Петра /Запоров[35]/ з женою да с сыном, Романа /Амосов[36]/ з женою и сестрою и с тещею, Меншево /Кротково[37]/ з женою, Давида /Оплечюев[38]/, Китая /Шамшев[39]/, Петра /Оплечюев[40]/. Никитоу, Тимофея /Котовы[41]/, Терентия /Ивонин[42]/, Петра /Андрея Котовы[43]/, Постника /Кувшинов[44]/, Петра /Блеклои[45]/ з женою, да снохою, да со внуком, Пиная /Потяков[46]/ з женою да с сыном, Иона /Кострикин[47]/ з женою да с сыном да с дочерью, Шемяка **, Ошира[48] /Кузьмин[49]/, Никона /Ощерин[50]. Болховские[51]/, Матфея *** /Федотов[52]/, Бажена ****[53] /Иванов[54]/ *****- з женою да с сыном да з дочерью -*****, Сурянина ******[55] /Иванов[56]/, (л. 87 об.) Иона /Пасынка[57]/, Федора

- —- НП-1 написано на полях другим почерком.
** НП-1 вторично написано на полях другим почерком.
*** НП-1 написано на полях другим почерком.
**** НП-1 написано на полях другим почерком.
*****- — -***** НП-1 написано внизу страницы другим почерком.
****** НП-1 написано на полях другим почерком.

/Жаденской [58]/, Илию /Плещеев [59]/, Иона /Исакова [60]/, з женою з 2-мя дочерми, Андрея /Шишкин [61]/ з женю, Остафя /Мухин [62]/ с женою, Фоуника /Яковлев [63]/ з женою, Федора /Пивов [64]/ з женою, Кирилоу /Голочелов [65]/ з женою, Исака /Басенкова [66]/ с женою, Дмитрея /Слозин [67]/, Иона /Мелницкой [68]/, Пелагия /Курдюкову [69]/.

Александра инок /протопоп Амос [70]/, Якова /Старой [71]/, Григорья /Бестужева [72]/, Семена, Никитоу, Федора /Палицына [73]/, Соубота /Резанцова [74]/ з женою да з 2-мя дочерми, Василия /Веселои [75]/ с женою, Иона /Карпов [76]/ з женою, Пятово /Палицын [77]/.

Родивона /серебренник [78]/, (л. 88) Обидоу /Нестеров [79]/, Дмитрея /Ямской [80]/. /Подьячих Новгородцких [81]/: Федора /Маслов [82]/ с женою, /дети его [83]/: Дмитрея *, /дочери его [84]/ Ириноу; Ивана /Лукина [85]/ з женою да их детей [86]: Стефана **, Анну *** [87], Катериону; Кирилоу /Ондреянов [88]/ з женою и з детми, /детей его [89]/: Василя, Марфу; Харитон /Игнатьев [90]/ з женою и дщери его [91] /Стефаниды; Петеля /Резанцов [92]/ з женою, да сын ****; Карпа ***** (л. 88 об.) Селянина /Шахов [93]/ з женою и детей его: Петра /Шахов [94]/ и Пелагею; Глеба /Ершов [95] Климов [96]/ з женою /и дочь их [97]/ Матреноу; Федора /Борода [98]/ з женою; Иона /Ворыпаев [99]/ с женою; Григория /Палицын [100]/ з женою; Семена /Иванова [101]/ з женою; /дети их [102]/: Федора, Данило; Алексея з женою, Василиа /Зворыкин [103]/ з женою, Василия /Орехов [104]/, Аньдрея Савоуров [105] з женью, /сына его [106] Лазаря; Болобока [107] /Игнатев [108]/ з женою, Неждана /Оботуров [109]/ з женою, Богдана /Игнатьев [110]/ з женою, Алексея /Соунятев [111]/ з женою и /дочь их [112]/ (л. 89) Марью; Григорья /Павлов [113]/, Федора /Ждановы [114]/ з женою и з детьми: ******- с сыном да з 2-мая дочерми -****** [115], Григорья /Степанов [116]/ з женою, Алексея /Артемьев [117] Сутянилов [118]/ з женою и з дочерью, /Алексея Дыдылнин [119]/, Лоукоу /Шатерин [120]/ з женью да с сыном, Истомоу /Кузьмин [121]/ з женою и з детми: сыном да з дочерью [122].

/Новгородские подьячие неже... [123] /Алексиа [124], Бесона /Афонасьев [125]/, Соухана /Григорьев [126]/, Семеона /Ежев [127]/, Смирново /Нестеров [128]/, Боудило /Никитин [129]/, Богдана /Воронин [130]/, Мижуя ******* /Крюков [131]/, Якова /Иванова [132]/, Илью /Селин [133]/, Ждана /Игнатьев [134]/, Василея /Леонтьев [135]/, Федора /Братской [136]/, Тимофея /Лисин [137]/. Пимина инок /Нередицкого монастыря [138]/.

---

* НП-1 далее зачеркнуто «Дмитрея».
** НП-1 далее зачеркнуто «Якова».
*** НП-1 написано на полях другим почерком.
**** НП-1 приписка в тексте НП-1.
***** Далее в НП-1 вторично списана страница от Иона, княгиня Евдокия да 2 человеки и до Максима.
******- —****** НП-1 написано на полях другим почерком.
******* НП-1 написано над строкой, ниже зачеркнуто «Максима».

Новгородские разсыльщики [139]/: Никифора /Палицын [140]/ з женою и з детми *‾ и з 2-мя сыны ‾* Семена /Платюшкин [141]/ з женью и з детми, **‾ с тремя дочерьми ‾**, (л. 89 об.) Андрея /Выповский [142]/, Иона /Ширяев [143]/ з женью и з детми: /два сыны [144]/; Андрея /Юренев [145]/, /Чижа подьячий [146]/ з женою и з детми: /с сыном и с дочерью [147]/; Иона /Едигиев [148]/.

/Иноку [149]/ Евдокею /Горбуша [150]/, Андрея /Тороканов [151]/, Суморока /Елгозин [152]/, Охлопок, Нечая /люди Куликовы [153]/, Якова /Усов [154]/ з женою и з детми /з дочерью и с сыном [155]/; Гоурья [156] /Бутурлин [157]/, Исупа /Колзоков [158]/, Иона /Мячков [159]/, Истомоу /Лукошков [160]/, Микифора /Холщевник [161] с женою [162]/ и с детми: /с сыном и с дочерью [163]/; Якова /Кудрявцев [164]/ з деною и з детми: /з двема сыны [165] — чадь их [166]/; Артемья /Есипов [167]/ з деною и з детми /сыном и с 2 дочерми [168]/; Семена /Кроткой [169]/ з женою и з детми: /с сыном и з дочерью [170]/; Прокофя /Огалин [171]/, Шестака [172] /Окунев [173]/, Якима /Климов [174]/; Иона /Палицын [175]/ з женою (л. 90) и з 2-мя сыны; князя Андрея /Бычков [176] Ростовской [177] с материю, з женою, и з детми: ***‾ сын да доч ‾***; Пятово /Семенов [178]/, Никитоу /Никитин [179]/, Гаврила **** /охотник [180]/, Игнатиа /Скомантов [181]/, Якова /Шалимов [182]/, Неклюда /Палицын [183]/, Варфоломея /Корелянин [184]/, Никифора /староста [185]/, Ятцкой /Дедяев [186]/, Алексия /полоченин [187]/, Алексиа /портной мастер [188]/, Микоулоу /ездок [189]/, Иона /Опалевы [190]/, Левонтиа /Бутурлин [191]/, Ярои [192] /Тихонов [193]/, Василиа /Крюкова [194]/, Иона /Кутузов [195]/, Афонася /Бабкин [196]/, Немира /Опалев [197]/, Тимофея, Ратмана /Палицыны [198]/, Иона /подьячий [199]/, Семена, Меншика /Шалимовы [200]/.

/Локоцкого погосту [201] старосты/: Данилоу /староста [202]/, Дмитрея /Мякину Третьякова человека Шаблыкина [203]/; Левонтия; Данило /староста [204]/: Нечая /Матфеев [205]/.

Княгиню Афросенью /князь Никитина Ростовского Лобанова [206]/, (л. 90 об.), Антона /кожевник [207]/, Богдана /Игнатьев [208]/, Григория /Мотякин [209]/, Михаила /полочанин [210]/, Замятня *****, Нерка ****** [211] /Шепаковы [212]/; Иона /Окунев [213]/; Ушака, Михаила, Богдана, Неоудачю /Хвостовы [214]/; Иона, Юрья, Федора, Василиа, Матфея /Милославские [215]/; Алексия, Постника /Хвостовы [216]/.

Василиа /Бутурлин [217]/, Юри /Линева [218]/, Данила /слуга Басманов [219]/, Вешняка /Дубровского [220] с сыном [221]/, Алексия /Дубровской [222] с сыном [223]/; Игнатя, Данила /Хвостовы [224]/.

[1] На заказе от Москвы 6 человек **ПН, СП, МБ-з.** [2] **ПН, СП.** [3] **СП, МБ-з;** каменщиков **ПН.** [4] На Медни **МБ-з, СП,** на Медедни **КБ;** на Медве **ПН.** [5] **ПН.** [6] **ПН;** сожженных **СП.** [7] **ПН;** Лязвин **СП.** [8] **МБ-з.** [9] Оулана **МБ-2; КБ;** Улана **ПН;** Илариона

* ‾ —‾* НП-1 написано на полях другим почерком.
** ‾ —‾** НП-1 написано на полях другим почерком.
*** ‾ —‾*** НП-1 написано на полях другим почерком.
**** НП-1 далее зачеркнуто «Обросима».
***** НП-1 далее зачеркнуто «Еремоу».
****** НП-1 написано на полях другим почерком.

СП. [10] **Чюд, КБ.** [11] Ивана **ПН, Чюд, КБ, СП.** [12] **Чюд, КБ.** [13] **МБ-1.** [14] То же в **Чюд, КБ, СП, МБ-2**; в Пскове **ПН.** [15] То же в **Чюд, КБ, СП, МБ-2, ПН.** [16] **ПН.** [17] **КБ, Чюд.** [18] **ПН, МБ-2.** [19] **КБ**; Василиев **МБ-2.** [20] **Чюд, КБ**, Невера Новосилцов **МБ-2.** [21] **МБ-1**, **Чюд, КБ**; Нелединского **ПН.** [22] Сырков **Чюд, КБ, ПО, ПН**; Сырцов **МБ-2.** [23] **КБ, ПО, ПН**; в **ПН, Чюд, КБ, ПО** Алексиа стоит перед Второво з женою. [24] **ПО, СП**, Алексея Сыркова **ПН, КБ**; в **МБ-3** отдельно Алексееву жену Сыркова. [25] **СП.** [26] **Чюд, КБ, ПН, МБ-3**; Пешковы жены Третьяковы **СП.** [27] **СП.** [28] **МБ-1, МБ-2.** [29] **Чюд, КБ.** [30] **Чюд, КБ, СП, МБ-1, МБ-2.** [31] **Чюд, КБ, ПО**; Плещеева **ПН.** [32] **МБ-1, МБ-2, ПО**; Волыньской **ТС.** [33] **Чюд, КБ**; Неилодова **МБ-1, МБ-2.** [34] **КБ, Чюд**; Жаденсково **МБ-1, МБ-2.** [35] **Чюд, МБ-1, МБ-2**; Запорок **КБ.** [36] **ПО, МБ-1, МБ-2**; Омосов **КБ, Чюд.** [37] **КБ**; Кроткова **ПО**; Кроткой **МБ-1**; Кротков **Чюд.** [38] **Чюд, КБ**; Оплечиева **ПО**; Оплечюевы **МБ-1.** [39] **ПО**; Шамшов **МБ-1**; Камышев **КБ, Чюд.** [40] **Чюд, КБ**; Оключюевы **МБ-1.** [41] **Чюд, КБ, МБ-1, МБ-2**; Андрея, Никиту, Тимофея, Петра Котовы **КБ**; Петра 2, Никиты, Тимофея, Терентия, Андрея Постника **СП**; Никиты, Тимофея, Тетентия, Постника **ПН**; Никиту Тимофея, Петра, Андрея Терентия **МБ-1, МБ-2.** [42] **МБ-1, МБ-2.** [43] **МБ-1, МБ-2, КБ.** [44] **МБ-1.** [45] **Чюд, КБ**; Блеклово **МБ-1, МБ-2**; Блоклого **ПО.** [46] **Чюд, КБ**; Патякова **ПО**; Поняков **МБ-1.** [47] **Чюд, КБ**; Костромитин **МБ-1, МБ-2.** [48] Ощеру **Чюд, КБ**; **СП, ПН, МБ-1.** [49] **МБ-1.** [50] **МБ-1.** [51] **Чюд, КБ**; Шемяка Болхов **МБ-1.** [52] **Чюд, КБ, МБ-1, МБ-2.** [53] То же в **ПО, МБ-1.** [54] **МБ-1.** [55] В **Чюд, КБ, ПО, ПН** имя Сурянина стоит ранее имен Шемяка, Ошира /Кузьмин/, Никон /Ощерин Болховские/; в **МБ-3** Сурянина, Шемяка Болховы. [56] **МБ-1, ПН.** [57] **Чюд, КБ**; Ивана Костянтин **МБ-1, МБ-2.** [58] **Чюд, КБ**; Жеденской **МБ-1, МБ-2.** [59] **МБ-1, МБ-2**; Плещеев **КБ, Чюд.** [60] **Чюд, ПО, МБ-1, МБ-2.** [61] **Чюд, КБ, ПО, МБ-1, МБ-2.** [62] **Чюд, КБ, ПО, МБ-1, МБ-2.** [63] **ПО, МБ-1.** [64] **ПО**; Павлов **МБ-1, МБ-2.** [65] **КБ, ПО**; Голочолов **МБ-1**; Солачелов **Чюд.** [66] **Чюд, КБ, ПО**; Басенской **МБ-1, МБ-2.** [67] **МБ-1, МБ-2**; Еньгозин **КБ, Чюд.** [68] **МБ-1, МБ-2**; Мелникской **КБ**; Мелнивской **Чюд.** [69] **МБ-1, МБ-2**; Кокорюкова **КБ, Чюд.** [70] **Чюд, КБ**; Протопопов **СБ-1, МБ-1.** [71] **МБ-1, МБ-2.** [72] **МБ-1**; Бестужев **МБ-3.** [73] **МБ-1, МБ-2, ТС.** [74] **ПО, МБ-1**; Рязонцов **ПН.** [75] **Чюд, КБ, МБ-1, МБ-2.** [76] **Чюд, КБ, МБ-1.** [77] **Чюд, КБ, МБ-1.** [78] **КБ, СП, МБ-1, МБ-2.** [79] **Чюд, КБ, МБ-1.** [80] **Чюд, КБ, МБ-1, МБ-2**; Ямского **СП**; Ямсково **МБ-3.** [81] **СП, СБ**; новгородцы подьячей **КБ**; новгородцы почеи **Чюд.** [82] **ПО, МБ-1, МБ-2.** [83] **Чюд, КБ**; и детей их **МБ-1, МБ-2.** [84] **ПН.** [85] **СП, МБ-1, МБ-2.** [86] **СП**; дети его **Чюд, КБ**; дети их **МБ-1, МБ-2.** [87] То же в **СБ**; Ананию **КБ, СП**; Ануфрея **МБ-1, МБ-2**; Андрея **МБ-3**; Георгия **ПН.** [88] **МБ-1, МБ-2, МБ-3**; Андреев **КБ, Чюд.** [89] **СП, СБ, Чюд, КБ, МБ-1, МБ-2.** [90] **КБ, Чюд, МБ-1, МБ-2.** [91] **СП**; дочь Стефаниду **МБ-1, МБ-2.** [92] **МБ-1, МБ-2**; Резанцов **Чюд, КБ.** [93] **Чюд, КБ, СП, МБ-1.** [94] **МБ-1, МБ-2**; с сыном Петром и дочери Пелагией **ПН.** [95] **Чюд, КБ, СП, МБ-1.** [96] **МБ-1, МБ-2.** [97] **СП, ПН**; с дочкыма **МБ-1, МБ-2.** [98] **Чюд, КБ, МБ-1.** [99] **Чюд, КБ, МБ-1.** [100] **Чюд, КБ, МБ-1.** [101] **МБ-1**; Семиона, Ивана **МБ-3.** [102] **МБ-1, СП, КБ**; и с сыновьями **ПН.** [103] **Чюд, КБ.** [104] **МБ-1.** [105] **МБ-1**; Суворовы **КБ**; Суворовы **Чюд.** [106] **КБ, Чюд, СП, ПН, МБ-1.** [107] Болобана **Чюд, КБ, СП, ПН**; Лобана **МБ-1.** [108] **МБ-1.** [109] **МБ-1**; Бутурлин **КБ.** [110] **Чюд, КБ, МБ-1.** [111] **МБ-1.** [112] **МБ-1, СП, ПН.** [113] **Чюд, КБ, МБ-1.** [114] **Чюд, КБ**; Жданов **МБ-1.** [115] То же в **Чюд, КБ, ПН, МБ-3.** [116] **МБ-1.** [117] **МБ-1.** [118] **КБ**; Сутянелов **Чюд.** [119] **МБ-1**; Алексия Дыдилнин **КБ**; Алексея Дыдилкин **Чюд.** [120] **МБ-1**; Терниковы **КБ, Чюд.** [121] **МБ-1.** [122] То же в **ПН, МБ-1, КБ, Чюд.** [123] **Чюд, КБ**; новгородские подьячие женатые **ПН**; видимо, следует читать новгородские подьячие неженатые.

[124] Может быть, Алексея Иванов **МБ-3**. [125] **МБ-1**, [126] **МБ-1**. [127] **МБ-1**. [128] **МБ-1**. [129] **МБ-1**. [130] **МБ-1**; Бородин **КБ, Чюд**. [131] **Чюд, КБ, МБ-1**. [132] **МБ-1**; может быть, Яков конюх **МБ-3**. [133] **Чюд, КБ, МБ-1**. [134] **МБ-3**. [135] **МБ-1**. [136] **МБ-1**; Братцкой **Чюд, КБ**. [137] **Чюд, КБ, МБ-1, МБ-3**. [138] **ПН**; Нерадского монастыря **Чюд**; Нероцкого монастыря **КБ**; Нелединской **МБ-1**. [139] **ПН**. [140] **Чюд, КБ, МБ-1**. [141] **МБ-1**. [142] **МБ-1**; Пывовские **КБ**, Пивовской **Чюд**. [143] **КБ, Чюд, МБ-1**. [144] **КБ, ПН, МБ-1**. [145] **МБ-1**. [146] **МБ-1, ПН**; Чижа **Чюд, КБ**. [147] **ПН, МБ-1**. [148] **Чюд, КБ**; Елисеев **МБ-1, МБ-2**. [149] **Чюд, КБ, ПН, МБ-1**; старицы **СП**. [150] **Чюд, КБ, СП, МБ-1**. [151] **Чюд, КБ, ПО, МБ-1**. [152] **МБ-1**. [153] **МБ-1**. [154] **МБ-1**; Оусов **Чюд**. [155] **КБ, ПН, МБ-1**. [156] То же **СП, ТС**; Григория **Чюд, КБ, ПН**; Сурянин **МБ-1**. [157] **Чюд, КБ**; Сурьянина Бутурлина **МБ-1**. [158] **МБ-1**; Колзаков **МБ-2**. [159] **Чюд. МБ-1**; Мятков **КБ**. [160] **МБ-1**. [161] **Чюд, КБ, МБ-1**. [162] **Чюд, КБ, СП, МБ-1, ПН**. [163] **Чюд, КБ, СП, МБ-1**. [164] **КБ**; Кудрявцов **МБ-1, Чюд**. [165] **Чюд, КБ, ПН**. [166] **СП**. [167] **МБ-1**. [168] **Чюд, КБ, МБ-1**. [169] **Чюд, КБ, МБ-1**. [170] **Чюд, КБ, СП, МБ-1**. [171] **МБ-1**. [172] Шестово **Чюд, КБ, ПН**; Шестой **МБ-1**. [173] **Чюд, МБ-1, МБ-2**; Окунев **КБ**. [174] **МБ-1**. [175] **Чюд, ПО, МБ-1, МБ-2**; Долицын **КБ**. [176] **Чюд, МБ-1, МБ-2**; Бычка **ПН**. [177] **КБ, СП, ПН, МБ-1, МБ-2**. [178] **МБ-1, МБ-2**. [179] **МБ-1, МБ-2**. [180] **МБ-1, МБ-2**. [181] **КБ, Чюд**. [182] **МБ-1, МБ-2**. [183] **Чюд, КБ, МБ-1, МБ-2**. [184] **МБ-1, МБ-2, ПН**. [185] **Чюд, МБ-1, МБ-2**; Ростав **КБ**. [186] **МБ-1, МБ-2**; Деляев **МБ-3**. [187] **МБ-1, МБ-2**. [188] **МБ-1, МБ-2**. [189] **МБ-1, МБ-2, КБ**; яздока **МБ-2**. [190] **КБ**; Нестор Опалев, Ивана Опалев **МБ-3**; Ивана 4 **СП**; Иона Опалев **Чюд**. [191] **Чюд, КБ, МБ-1, МБ-2**. [192] Ярово **Чюд, КБ, ПН**; Ярого **СП, МБ-1, МБ-2**; Ярига **МБ-3**. [193] **МБ-1, МБ-2, МБ-3**. [194] **МБ-1, МБ-2**; Корюкова **КБ**; Корюков **Чюд**. [195] **МБ-1, МБ-2**. [196] **Чюд, КБ, ПН, МБ-1, МБ-2**. [197] **ПН, МБ-1, МБ-2**. [198] **Чюд, КБ**; Тимофея Палицын **МБ-1, МБ-2**. [199] **МБ-1, МБ-2**. [200] **Чюд, КБ, МБ-1, МБ-2**. [201] **ПН**. [202] **МБ-1, МБ-2**. [203] **ПН**; Никиту Шаблыкин **МБ-1, МБ-2**. [204] **МБ-1, МБ-2**. [205] **МБ-1, МБ-2**. [206] **ПН**; князя Никиты Ростовского **КБ**; княгиня Ростовского **МБ-1, МБ-2**. [207] **Чюд, КБ, МБ-1, МБ-2**. [208] **МБ-1, МБ-2**. [209] **Чюд, МБ-1**; Мотягин **КБ**. [210] **ПН, МБ-1, МБ-2**. [211] Некаря **СП**; Нерю **Чюд, КБ**; и брата Замятни Некраса **ПН**. [212] **Чюд, КБ**; Замятню Шепяков **МБ-1, МБ-2**. [213] **МБ-1, МБ-2**. [214] **Чюд, КБ, МБ-1, МБ-2**. [215] **КБ, ПН, ПО, МБ-1, МБ-2**. [216] **Чюд, КБ, МБ-1, МБ-2**; Хвостова **ПН**. [217] **Чюд, КБ, ПН, МБ-1, МБ-2**. [218] **ПН**; Левин **МБ-1, МБ-2**; Юрья, Данила Хвостовы **Чюд, КБ**. [219] **МБ-1, МБ-2**. [220] **ПН, МБ-1, МБ-2, КБ, Чюд**. [221] **СП, МБ-1, МБ-2**; сына Вешнякова Дубровского **Чюд, КБ**. [222] **МБ-1, МБ-2**. [223] **КБ, СП, МБ-1, МБ-2**. [224] **МБ-1, МБ-2**; Игнатия Хвостов **КБ, ПН**; Юрья, Данила Хвостовых **КБ**.

Казни в Пскове

/Изо Пскова: [1] Печерского монастыря игумена [2]/ архимандрита Корниля, Бориса /Хвостов [3]/, Третяка /Свиязев [4]/, Печерского ж монастыря старца [5]/ Васьян инок /Муромцев [6]/, Еленоу /Неудачина теща [7]/, Дорофея инок /Курцов [8]/, Петра /Оплечюев [9]/, Тимофея /Колонтяев [10]/; Захарью, Постника /Спячие [11]/; Афанася, (л. 91) Стефана /Мартьяновы [12]/; Василиа, Матфеа, Данилоу [13] /Коротневы [14]/; Третяка /корелянин [15]/, Андрея /Образцов [16]/.

/Во Пскове: [17] приказчиков городовых [18]/ 2 человеки /псковичь [19]/, Тимофея /Оплечюев [20]/, Василиа /Спячий [21]/, Гоуляа /корелянин [22]/, /подьячего [23]/ Афонасиа /Пуговки [24]/, Смагоу /Ефимьев [25] Вьялицын [26]/, Алексиа

/Пешков [27]/, Иона /Клеопин [28]/, Иона /Пузиков [29]/, Михаила /Сумороков [30]/, Иона [31] /немчин [32]/, Алексиа /Бовыкин [33]/. /Из Новгорода да из тюрмы [34]/: Марка, Федора /литвин [35]/.

[1] **Чюд, КБ, СП.** [2] **Чюд, КБ, ПН;** печерского игумена **СП;** игумена печерской **МБ-1, МБ-2.** [3] **Чюд, КБ, МБ-1, МБ-2.** [4] **ПН, МБ-1, МБ-2.** [5] **СП.** [6] **КБ, ПН;** Муромцов **МБ-1, МБ-2.** [7] **ПН;** Неоудачину **МБ-1, МБ-2.** [8] **ПН, Чюд, КБ, МБ-1, МБ-2.** [9] **Чюд, КБ;** Оплечеев **МБ-1, МБ-2.** [10] **МБ-1, МБ-2.** [11] **Чюд, КБ;** Захария Спячево, Постника Спячево **МБ-1, МБ-2.** [12] **ПН, МБ-1, МБ-2.** [13] В списках **МБ-1, МБ-2, Чюд, КБ, ПН** Василиа, Матфея, Ишуту. [14] **МБ-1, МБ-2;** Василия, Ишуту Коротневых **ПН.** [15] **ПН, МБ-1, МБ-2;** Коровин **Чюд, КБ.** [16] **ПН, Чюд, КБ, МБ-1, МБ-2.** [17] **ПН.** [18] **ПН, СП.** [19] **Чюд, КБ, СП, МБ-1, МБ-2.** [20] **ПН, МБ-1, МБ-2.** [21] **МБ-1;** Спячего **ПН, МБ-3.** [22] **ПН, МБ-1, МБ-2.** [23] **СП, ПН;** подьячей **МБ-1, МБ-2.** [24] **СП;** Пуговка **КБ;** Поговка **Чюд.** [25] **МБ-1, МБ-2.** [26] **Чюд, КБ.** [27] **КБ, СП, ПН.** [28] **ПН;** Скопин **МБ-1, МБ-2.** [29] **МБ-1, МБ-2.** [30] **КБ, МБ-1, МБ-2;** Сумарокова **ПН.** [31] Ивана **КБ, МБ-1, МБ-2.** [32] **Чюд, КБ, СП, ПН, МБ-1, МБ-2.** [33] **МБ-1, МБ-2;** Бобыкин **Чюд, КБ.** [34] **ПН;** из Новгородцкие тюрмы **МБ-1, МБ-2.** [35] **Чюд, КБ, ПН, МБ-1, МБ-2.**

Казни в Москве
25.07.1570 г.

...Коузмоу /Румянцов [1]/, Богдана /Ростовцев [2]/, князя Андрея /Тулупов [3]/, (л. 92 об.) Неоудачу Цыплетов [4], князя Василия /Шаховской [5]/, Саву /Обернибесов [6]/, Данила /Полушкин [7]/, Григорья /Милославской [8]/, Федора /Перешевни [9]/, Гаврила /Сидоров [10]/, Семена /Потяков [11]/, Мещерина /Караулов [12]/, Семена /Корюков [13]/, Романа [14] /Шишмарев [15]/, Постника /Федоров [16]/ Матфея /Палицын [17]/, Иона /Артемов [18]/, Семена /Дурасов [19]/, Четвертово /Бортенев [20]/, Иона /Басенков [21]/, Чюдина /Иванов [22]/, Иона Меншой [23] /Жаденков [24]/, Истомоу /тиун [25]/, Костянтина /Бужeнинов [26]/ Федора /Кроткой [27]/, Богдана /Дубровин [28]/, Дмитрея /Вахнев [29]/, Иона /Резанцов [30]/, Ждана /Путянин [31]/, Григорья /Елизаров [32]/, Богдана /Матфеев [33]/, Пятово /Щекин [34]/, Якима /Михайлов [35]/, Семена /Шатерников [36]/, Никитоу Жданской, Ждана * [37] Соулдешов ** [38], Иона /Остафев [39]/, (л. 93) Никитоу /Цыплетев [40]/, Ездок [41] /Мостинин [42]/, /Суморока Сулешов [43]/, Василя /Перфушков [44]/, Василиа /Матфеев [45]/, Григорья /подьячей [46]/, Воина /подьячей [47]/, Бориса /Мартьянов [48]/, Мкарью [49] /Назимов [50]/, Стефана /Палицын [51]/, Семена /Кречатников [52]/, Петра [53] /Иванов [54]/, Шестово [55] /Амирев [56]/, Чюда Гарин *** [57], Несмиан /Матфеев [58]/.

[1] **Чюд, КБ, МБ-2, ТС.** [2] **МБ-2.** [3] **Чюд, КБ, МБ-2, ТС.** [4] Цыплятев **Чюд, КБ.** [5] **Чюд;** Шеховской **ТС, КБ, МБ-3;** Шаханской **МБ-2.** [6] **Чюд, КБ;** Абернибов **МБ-2.** [7] **МБ-2.**

* НП-1 «Ждна» зачеркнуто.
** НП-1 написано на полях другим почерком.
*** НП-1 написано на полях другим почерком.

⁸ **ТС, МБ-2.** ⁹ **МБ-2.** ¹⁰ **МБ-2.** ¹¹ **МБ-2.** ¹² **МБ-1**; Караулов **МБ-2.** ¹³ **МБ-2.** ¹⁴ Рудака **МБ-1, МБ-2**; Руново **КБ**; Рунца **СП.** ¹⁵ **МБ-1.** ¹⁶ **МБ-1, МБ-2.** ¹⁷ **МБ-2**; Палехов **КБ, Чюд.** ¹⁸ **МБ-2.** ¹⁹ **ТС, МБ-2**; Дусанов **КБ, Чюд.** ²⁰ **МБ-1, МБ-2**; Бортев **КБ**; Буртев **Чюд.** ²¹ **Чюд, КБ, МБ-2.** ²² **МБ-1, МБ-2.** ²³ Меншево **СП.** ²⁴ **МБ-2.** ²⁵ **МБ-1, МБ-2.** ²⁶ **МБ-2**; Бужанинов **КБ, Чюд.** ²⁷ **МБ-2**; Кротково **КБ**; Кроткого **Чюд.** ²⁸ **Чюд, КБ, МБ-1, МБ-2.** ²⁹ **Чюд, МБ-2**; Вахневы **КБ.** ³⁰ **Чюд, КБ, МБ-2.** ³¹ **КБ**; **МБ-1, МБ-2**; Кутянин **Чюд.** ³² **МБ-2.** ³³ **МБ-1, МБ-2.** ³⁴ **Чюд, КБ, МБ-1.** ³⁵ **МБ-2.** ³⁶ **МБ-2, Чюд.** ³⁷ Ждана **Чюд, КБ**; Иева Ждан **МБ-2.** ³⁸ Соулдешов **КБ**; Сульвешов **Чюд.** ³⁹ **МБ-2.** ⁴⁰ **МБ-2**; Цыплятев **КБ.** ⁴¹ Ездока **СП, Чюд, КБ, МБ-1, МБ-2.** ⁴² **Чюд, МБ-1, МБ-2.** ⁴³ **МБ-1, МБ-2.** ⁴⁴ **МБ-2.** ⁴⁵ **МБ-2.** ⁴⁶ **МБ-2.** ⁴⁷ **МБ-1, МБ-2.** ⁴⁸ **МБ-2.** ⁴⁹ Максима **Чюд, КБ, СП, МБ-2.** ⁵⁰ **Чюд, КБ, МБ-2.** ⁵¹ **Чюд, КБ, МБ-2, ТС.** ⁵² **Чюд, КБ**; Клечатников **МБ-2.** ⁵³ То же **КБ, СП**; Первого **МБ-1, МБ-2.** ⁵⁴ **МБ-2.** ⁵⁵ То же **КБ**; Шестого **СП**; Шестака **МБ-1, МБ-2.** ⁵⁶ **КБ, Чюд, МБ-1, МБ-2.** ⁵⁷ Чуда **СП.** ⁵⁸ **МБ-1, МБ-2.**

Казнь семей опальных новгородцев

Афимья /княже Андрееву жену Тулупова ¹/, Анну /дочь его ²/; Афимью /Румянцов ³, с сыном ⁴/ — Алексиа /и 3 дочери ⁵/: Прасковью, Анну, Ориноу; Агафю Савина; Аксенью /жена Полушкина ⁶, два сына ея ⁷/; Исака, Захарью, /две дочери ⁸/: Лукерью, Авдотю; Марью /Васаева ⁹/; Никифора, Воина /Потяковы ¹⁰/; Пелагею /Дубнева, сына ее ¹¹/ Андрея; Мамелфоу /Ростовцова ¹²/, Орину /дети Ростовцев ¹³/, Четвертово /Ростовца ¹⁴/; Ориноу /Ивановы жены Басенковы с сыном ¹⁵/, Тихона /Басенкова ¹⁶/; Федору /Чудиковы жены ¹⁷/: Авдотью /Тиоуновы ¹⁸/, дети ее ¹⁹/: Андрея, Михаила, Иона, Агафю ²⁰/; Наста /Опалева жена ²¹/, Анноу /дочь Щекина ²²/; Марью, Семена /Кроткого ²³/; Настасю; Оулианею /Вахнева жена ²⁴/; Исака; (л. 94 об.) Жданоу /Путятина жена ²⁵/, Аксенью /Елозарова ²⁶/; Марию /Дубровина ²⁷/, ея детей/: Федора /да ²⁸/ Второво ²⁹, Михаила, Никифора /Акимовы Дети ³⁰/; Лоукояна; Акилиноу /Нащекины ³¹/, дочь ея ³²/, Анну; Анну * ³³ Лоукерью /Жданкова ³⁴/, сына ея ³⁵/ Андрея: Елену /Остафей ³⁶/, детей ея ³⁷/: Фому, Игнятя, /дочери ³⁸/ Стефаниду; Огропену /Ездокова жена Мостинина ³⁹/; Варвару /жена Спячего ⁴⁰/, дочери ея ⁴¹/ Ориноу; Дарью /Кречетниково ⁴²/, /сына ее ⁴³/ Володимера; княгиноу Анноу /князь Василиева Шеховскаго ⁴⁴/; Анноу /вдовы ⁴⁵ Ростовца ⁴⁶/, дети ея ⁴⁷ — двое сынов ее ⁴⁸/: Иона, Гаврилу /и девицы ⁴⁹/ Анну; Окилиноу; Марью /Неудачина жена Цыплетева ⁵⁰/, детей ее ⁵¹/: Авдотью, /Тита ⁵²/; Андрея, Григорья /Цыплетевы ⁵³/.

¹ **КБ, Чюд**; княж Андреевы княгини Тулупова **СП**; княгиню Тулупова **МБ-2**; Еоуфимия, Анну Тоулоуповы **ТС.** ² **Чюд, КБ**; с Анной девицею **СП.** ³ **Чюд, КБ**; Румянцеву **МБ-3**; Роумянцев **ТС.** ⁴ **СП, МБ-3**; сына ея **КБ, Чюд.** ⁵ **СП**; дочь Параск9овию **МБ-3**; дочерь ея Прасковии **КБ.** ⁶ **КБ**; жена Полушокина **Чюд.** ⁷ **КБ**; да дети **МБ-3.** ⁸ **КБ, СП.** ⁹ **Чюд, КБ, МБ-3.** ¹⁰ **Чюд, КБ, МБ-3.** ¹¹ **КБ, МБ-3, Чюд.** ¹² **Чюд.** ¹³ **МБ-3**, Ростовцовы **КБ.** ¹⁴ **МБ-3.**

---

* НП-1 написано над строкой другим почерком.

[15] **СП;** Ирины Басенкова **КБ;** Ирину Басенкову **Чюд.** [16] **МБ-3.** [17] **СП;** Феодору Чудинова **МБ-3.** [18] **Чюд, КБ;** Тиунова **МБ-3.** [19] **МБ-3.** [20] Ивана, Агафью, дети ево **МБ-3.** [21] **КБ, Чюд.** [22] **МБ-3.** [23] **Чюд, КБ;** Марию Прокофа **МБ-3.** [24] **КБ.** [25] **Чюд;** Путятинова жена **КБ;** Ждановы жены Путятина **СП;** Ждану жена Путятин **МБ-3.** [26] **МБ-3.** [27] **КБ, МБ-3;** Дубровины **Чюд.** [28] **СП.** [29] Второво Дочевин **МБ-3.** [30] **МБ-3.** [31] **Чюд, КБ;** Нащекин **МБ-2.** [32] **МБ-3.** [33] Анны 2 **СП.** [34] **МБ-2.** [35] **МБ-2;** сыны ея **СП.** [36] **МБ-2.** [37] **СП;** дети ея **МБ-2.** [38] **СП.** [39] **КБ;** Агрипену Мостинину **МБ-2.** [40] **КБ;** Варвару, Ирину, Спячего **МБ-2.** [41] **СП.** [42] **МБ-2.** [43] **СП.** [44] **ТС;** Шаховского **МБ-3;** Шахонского **МБ-2;** Шайского **КБ;** Шанскова **Чюд.** [45] **СП.** [46] **ТС.** [47] **МБ-2.** [48] **СП.** [49] **СП.** [50] **Чюд, КБ;** Марью тещу Неуда Цыплетева **МБ-2;** Марию Цыплетева Неудачина теща **ТС.** [51] **СП;** дети **МБ-2.** [52] **Чюд, КБ, МБ-2.** [53] **ТС;** Григория Турпиева **Чюд.**

Примечания

Введение

¹ *Соловьев С. М.* История России с древнейших времен. М., 1960, кн. 3, с. 10.

² *Костомаров Н. И.* О значении Великого Новгорода в русской истории.// Собр. соч. СПб., 1903, кн. 1, с. 209.

³ *Костомаров Н. И.* Северно-русские народоправства. СПб., 1863, т. 1, с. 235.

⁴ *Беляев И. Д.* История Новгорода Великого от древнейших времен до его падения. Рассказы из русской истории. М., 1864, кн. 2, с. 155—157.

⁵ *Никитский А. И.* История экономического быта Великого Новгорода. М., 1893, с. 208—216.

⁶ *Ключевский В. О.* Сочинения, с. 98—99.

⁷ *Гневушев А. М.* Экономическое положение Великого Новгорода, с. 20—29.

⁸ *Яницкий Н. Ф.* Экономический кризис, с. 128—129.

⁹ *Покровский М. Н.* Избранные произведения. М., 1966, кн. 1, с. 190, 227, 232.

¹⁰ *Бернадский В. Н.* Новгород, с. 314—353.

¹¹ *Пронштейн А. П.* Великий Новгород, с. 238—239.

¹² *Хорошев А. С.* Церковь в социально-политической системе Новгородской феодальной республики. М., 1980, с. 195—196; *Алексеев Ю. Г.* Под знаменами Москвы. Борьба за единство Руси. М., 1992, с. 241.

¹³ *Zernack K.* Fürst und Volk in der ostslavischen Frühzeit Forschungen zur osteuropäischen Geschichte. 18. Berlin, 1973; *Leuscher I.* Untersuchunger zu einiger Fragen seiner Verfassungs und Bevölkerungs struktur. Berlin, 1980; *Birnbaum H.* Lord Novgorod the Great. Col., 1981.

Глава 1
Новгородское землевладение

¹ *Янин В. Л.* Новгородская феодальная вотчина. М., 1981, с. 238, 244, 245. *Обжа* — древнейшая новгородская окладная единица. «Один человек на одной лошади орет» — так новгородцы определяли величину обжи.

² *Рапов О. М.* Княжеские владения на Руси в X—XIII вв. М., 1977, с. 129, 156, 190.

³ Правда Русская. М.— Л., 1940, т. 1, с. 72.

⁴ *Пресняков А. Е.* Образование Великорусского государства. Пг., 1918, с. 434.

⁵ ПСРЛ, т. 6, с. 6.

⁶ ПЛ, вып. 2, с. 173.

⁷ ПСРЛ, т. 25, с. 288.

⁸ *Бернадский В. Н.* Новгород, с. 270—273; *Зимин А. А.* О хронологии договорных грамот Великого Новгорода с князьями XIII—XV вв.// Проблемы источниковедения. Вып. 5. М., 1956, с. 324—327.

⁹ Грамоты Великого Новгорода и Пскова. М.— Л., 1949, с. 130, 132.

¹⁰ ПСРЛ, т. 25, с. 288.

[11] ПСРЛ. Вып. 1. Т. 4, ч. 1, с. 446.

[12] Там же, с. 446—447.

[13] ПСРЛ, т. 24, с. 191.

[14] *Бернадский В. Н.* Новгород, с. 296.

[15] ПСРЛ, т. 6, с. 203.

[16] ПСРЛ, т. 24, с. 195.

[17] ПСРЛ, т. 25, с. 309.

[18] Там же, с. 303; ПСРЛ, т. 37, с. 94.

[19] *Лурье Я. С.* К истории присоединения Новгорода в 1477—1479 гг.// Исследования по социально-политической истории России. Л., 1971, с. 93—95.

[20] ПЛ, вып. 2, с. 209.

[21] ПСРЛ, т. 37, с. 94.

[22] ПЛ, вып. 2, с. 214.

[23] Там же.

[24] ПСРЛ, т. 25, с. 323.

[25] Там же, с. 322—323.

[26] Цифровые данные, характеризующие новгородские конфискации, приведены в исследовании Г. В.Абрамовича (*Абрамович Г. В.* Поместная система и поместное хозяйство, с. 21—106).

[27] ПЛ, вып. 2, с. 64.

[28] ПСРЛ, т. 24, с. 203.

[29] *Бернадский В. Н.* Новгород, с. 151—154.

[30] ПСРЛ, т. 24, с. 237.

[31] Там же.

[32] ПСРЛ, т. 6, с. 37. Аналогичное известие приведено в Иоасафовской летописи, составленной в 20-х годах XVI в. (Иосафовская летопись. М., 1957, с. 127).

[33] *Клосс Б. М.* Список Царского Софийской 1-й летописи и его отношение к Воскресенской летописи.// Летописи и хроники. М., 1984, с. 37.

[34] ИА, т. 5, с. 35.

[35] *Гневушев А. М.* Очерки экономической и социальной жизни сельского населения Новгородской области после присоединения к Москве. Киев. 1915, т. 1, с. 300—345. Как показали авторы «Аграрной истории Северо-Запада России», список А. М. Гневушева не является исчерпывающе полным. (Аграрная история Северо-Запада России. Л., 1971, т. 1, с. 329.)

[36] *Зимин А. А.* Россия на рубеже XV—XVI столетий, с. 79; *Кобрин В. Б.* Власть и собственность, с. 108.

[37] *Кобрин В. Б.* Власть и собственность, с. 112.

[38] ПСРЛ, т. 25, с. 330.

[39] ПСРЛ, т. 6, с. 37.

[40] *Кобрин В. Б.* Власть и собственность, с. 109—110.

[41] Там же.

[42] Там же, с. 97—98, 111.

[43] НПК, т. 5, с. 62, 67, 68, 268—270.

[44] ПСРЛ, т. 25, с. 290.

[45] Там же, с. 319.

[46] ПСРЛ, т. 6, с. 222.

[47] ПСРЛ, т. 24, с. 204.

[48] *Зимин А. А.* Россия на рубеже XV—XVI столетий, с. 99.

[49] Аграрная история Северо-Запада России, с. 86.

[50] Там же, с. 237.

[51] *Самоквасов Д. Я.* Архивный материал, т. 1, ч. 1, с. 234.

[52] НПК, т. 6, с. 159.

[53] *Самоквасов Д. Я.* Архивный материал, т. 1, ч. 2, с. 3.

[54] Там же, с. 7—8.

[55] Термин «дети боярские», обозначавший сыновей вольных княжеских слуг, стал употреб-ляться в источниках с 1430—1440-х годов (*Сергеевич В. И.* Русские юридические древности. СПб., 1890, т. 1, с. 326; *Зимин А. А.* Формирование боярской аристократии в России во второй половине XV — первой половине XVI в. М., 1988, с. 22).

[56] *Абрамович Г. В.* Поместная система и поместное хозяйство в России в последней четверти XV и в XVI в. Автореф. докт. дисс. Л., 1975, с. 15—16.

[57] НПК, т. 2, с. 198.

[58] *Зимин А. А.* Россия на рубеже XV—XVI столетий, с. 107.

[59] *Pipes R.* Russia under the Old Regime. Cambridge (Mass.), 1980. P. 121—123.

[60] *Hellie R.* What happened? How did he get away with it? Iwan Groznyi's Paranoia and the Problem of Institutions Restraints. Доклад на конференции, посвященной 400-летнему юбилею Ивана Грозного. Чикаго. 24—25 марта 1984 г. P. 26.

[61] *Crummey R. O.* Aristocrats and Servitors. The Boyar Elite of Russia. 1613—1689. Princeton, 1983. P. 168.

[62] *Лурье Я. С.* Русские современники Возрождения. Л., 1988, с. 27.

Глава 2

Крамольный город

[1] *Пронштейн А. П.* Великий Новгород, с. 30—31.

[2] Библиотека иностранных писателей о России. СПб., 1836, т. 1, с. 22.

[3] *Флетчер Д.* О государстве Русском, с. 22—23.

[4] *Пронштейн А. П.* Великий Новгород, с. 30—35.

[5] *Базилевич К. В.* Внешняя политика Русского централизованного государства. М., 1952, с. 260.

[6] ПСРЛ, т. 12, с. 239.

[7] *Пронштейн А. П.* Великий Новгород, с. 136—137; *Казакова Н. А.* Русско-ливонские и русско-ганзейские отношения, с. 102—131.

[8] Там же, с. 246—249.

[9] *Казакова Н. А.* О положении Новгорода в составе Русского государства в конце XV — первой половине XVI в.// Россия на путях централизации. М., 1982, с. 157.

[10] РИБ, т. 6, с. 717—718.

[11] ПСРЛ, т. 25, с. 319.

[12] ПСРЛ, т. 8, с. 204.

[13] РФА, вып. 2, 252.

[14] ПСРЛ, т. 8, с. 214—215.

[15] ПЛ, вып. 2, с. 63.

[16] НЛ, с. 283—284.

[17] ПСРЛ, т. 6, с. 236.

[18] ПСРЛ, т. 5, с. 42.

[19] ПСРЛ, т. 24, с. 235.

[20] РФА, вып. 2, с. 237.

[21] РИБ, т. 6, с. 755—758.

[22] ПСРЛ, т. 24, с. 235.

[23] ПЛ, вып. 2, с. 68.

[24] Источники, с. 378.

[25] Источники, с. 317.

[26] Там же.

[27] НЛ, с. 57.

[28] *Зимин А. А.* Некоторые вопросы периодизации истории СССР феодального периода.// Вопросы истории, 1950, № 3, с. 73.

[29] *Казакова Н. А., Лурье Я. С.* Антифеодальные еретические движения, с. 128.

[30] *Казакова Н. А.* Проблемы русской общественной мысли конца XV — первой трети XVI в. в советской историографии.// Вопросы истории, 1987, № 1, с. 110.

[31] Послание о летах седьмой тысячи.// Православный собеседник. 1861. Январь, с. 105—110.

[32] *Зимин А. А.* Россия на пороге нового времени. М., 1972, с. 350—354.

[33] Источники, с. 378—381.

[34] *Lilienfeld F.* Nil Sorskij und seine Schriften. Der Bruch der Tradition im Rußland Ivans III. Berlin, 1963.

[35] *Зимин А. А.* Россия на рубеже XV—XVI столетий, с. 221—222.

[36] Аргументы в пользу ранней датировки повести привели Н. Н. Розов и А. А. Зимин. (*Розов Н. Н.* Повесть о новгородском белом клобуке как памятник общерусской публицистики XV в. // ТОДРЛ. М.—Л., 1953, т. 9, с. 178—219; *Зимин А. А.* Россия на рубеже XV—XVI столетий, с. 222).

[37] Я. С. Лурье выдвинул серьезные аргументы в пользу поздней датировки повести (*Лурье Я. С.* Идеологическая борьба в русской публицистике конца XV — начала XVI в. М.—Л., 1960, с. 229—230).

[38] ПСРЛ, т. 13, с. 378—380; Повесть о белом клобуке.// Памятники, т. 1, с. 287—298.

[39] *Флоровский Г.* Пути русского богословия, с. 16.

[40] *Евсеев И. Е.* Очерки по истории славянского перевода Библии. Пг., 1916, с. 16—17.

[41] ПЛ, вып. 2, с. 252.

[42] *Абрамович Г. В.* Поместная система и поместное хозяйство, с. 9—10, 17.

[43] *Казакова Н. А., Лурье Я. С.* Антифеодальные еретические движения, с. 113.

[44] *Никитский А. И.* Очерк внутренней истории церкви в Великом Новгороде. СПб., 1879, с. 133.

[45] НЛ, с. 59—61.

[46] Там же, с. 61.

[47] ПЛ, вып. 2, с. 83.

[48] *Бегунов Ю. К.* «Слово иное» — новонайденное произведение русской публицистики XVI в. о борьбе Ивана III с землевладением церкви.// ТОДРЛ. Л., 1964, т. 20, с. 352.

[49] ПСРЛ, т. 6, с. 49.

[50] НПК, т. 3, с. 300, 317, 334—336.

[51] ПСРЛ, т. 28, с. 337; ПСРЛ, т. 6, с. 49—50, 244.

[52] *Зимин А. А.* Россия на рубеже XV—XVI столетий, с. 227.

[53] Там же, с. 228.

[54] Памятники, т. 4, с. 211.

[55] ПСРЛ. Вып. 3. Т. 4, ч. 1., с. 540.

[56] *Варенцов В. А.* Московские гости в Новгороде, с. 35.

[57] *Сыроечковский В. Е.* Гости-сурожане. М.— Л., 1935, с. 89—94.

[58] *Варенцов В. А.* Привилегированное купечество Новгорода, с. 25—34.

[59] *Казакова Н. А.* Русско-ливонские и русско-ганзейские отношения, с. 242—260; *Флоря Б. Н.* Привилегированное купечество и городская община в Русском государстве (вторая половина XV — начало XVII в.).// История СССР, 1977, № 5, с. 149; *Хорошкевич А. Л.* Русское государство в системе международных отношений конца XV — начала XVI в. М., 1950, с. 168.

[60] *Казакова Н. А.* Сказание о градех, с. 16—19.

[61] Там же, с. 19.

[62] *Пронштейн А. П.* Новгород Великий, с. 36; *Янин В. Л.* О продолжительности строительства Новгородского кремля конца XV в.// Советская археология, 1978, № 1, с. 259—260.

[63] ПСРЛ. Вып. 2. Т. 4, ч. 1, с. 528, 459.

[64] ПСРЛ. Вып. 3. Т. 4, ч. 1, с. 610—611.

[65] ПСРЛ, т. 6, с. 302.

[66] ПСРЛ. Вып. 2. Т. 4, ч. 1, с. 461, 469.

[67] *Пронштейн А. П.* Новгород Великий, с. 37.

[68] *Лихачев Д. С.* Новгород Великий. М., 1945, с. 91.

[69] Там же, с. 39—40.

Глава 3

Опричная гроза

[1] ПСРЛ, т. 4, с. 296.

[2] Там же, с. 297.

[3] *Голубинский Е.* История русской церкви, т. 2, с. 752.

[4] ПСРЛ, т. 4, с. 295.

[5] *Макарий Веретенников.* Митрополит московский Макарий и церковно-литературная деятельность его времени. Тысячелетие крещения Руси. М., 1987, с. 276.

[6] Там же, с. 277.

[7] *Кучкин В. А.* О формировании Великих Миней Четий митрополита Макария.// Проблемы рукописной и печатной книги. М., 1976, с. 100—101.

[8] *Флоровский Г.* Пути русского богословия, с. 24.

[9] *Хорошев А. С.* Политическая история русской канонизации (X—XVI вв.). М., 1986, с. 170—171.

[10] Стоглав. СПб., 1863, с. 148.

[11] НЛ, с. 128.

[12] *Зимин А. А.* Пересветов, с. 80—84.

[13] НЛ, с. 128.

[14] ДАИ, т. 1, № 41.

[15] НЛ, с. 78, 128.

[16] ПСРЛ, т. 4, с. 342.

[17] *Зимин А. А.* Пересветов, с. 83.

[18] НЛ, с. 80.

[19] *Строев П.* Списки иерархов и настоятелей монастырей российской церкви. СПб., 1877, с. 35.

[20] РИБ, т. 31, с. 319.

[21] ПСРЛ, т. 13, с. 97.

[22] Там же, с. 141.

[23] Там же, с. 191.

[24] Там же.

[25] РИБ, т. 13, с. 619—620.

[26] Переписка Ивана Грозного, с. 108.

[27] Переписка Ивана Грозного, с. 16, 26.

[28] ПСРЛ, т. 13, с. 392.

[29] ДДГ, с. 426—427.

[30] ПСРЛ, т. 13, с. 392.

[31] *Платонов С. Ф.* Очерки по истории смуты в Московском государстве XVI—XVII вв. М., 1937; *Платонов С. Ф.* Иван Грозный. Пг., 1923.

³² *Веселовский С. Б.* Исследования по истории опричнины. М., 1963.

³³ *Зимин А. А.* Опричнина.

³⁴ Разряды, д. 390, л. 327 об.

³⁵ ЦГАДА, д. 1207 (Поместный приказ), кн. 643, л. 283 об.— 282, 333—369, 424—500 об.

³⁶ ПСРЛ, т. 34, с. 190.

³⁷ Собрание государственных грамот и договоров. Ч. 1. М., 1813, № 193, с. 557.

³⁸ ПСРЛ, т. 34, с. 190.

³⁹ Сб. РИО, т. 71, с. 465.

⁴⁰ Там же, с. 464—465.

⁴¹ Послания Ивана Грозного, с. 163—164.

⁴² ПСРЛ, т 13, с. 526.

⁴³ *Толстой Ю.* Первые 40 лет сношений между Россиею и Англиею, с. 40.

⁴⁴ ПЛ, вып. 2, с. 262.

⁴⁵ ПСРЛ, т. 34, с. 190.

⁴⁶ *Всеселовский С. Б.* Исследования по истории опричнины. М., 1963, с. 478.

⁴⁷ Синодик опальных царя Ивана Грозного, с. 266—289.

⁴⁸ НЛ, с. 98; ср.: Житие Филиппа митрополита. // ГПБ. ОР. Соловецкое собрание, № 1073/963, л. 67.

⁴⁹ *Хофф Г.* Тирания, с. 12.

⁵⁰ Синодик опальных царя Ивана Грозного, с. 269.

⁵¹ РИБ, т. 31, с. 350.

⁵² *Шлихтинг. А.* Новое известие, с. 22.

Глава 4

Новгородский разгром

¹ *Зимин А. А.* О политических предпосылках возникновения русского абсолютизма. // В кн.: Абсолютизм в России (XVII—XVIII вв.). АН СССР. М., 1964, с. 41, 45, 58.

² *Тихомиров М. Н.* Россия в XVI столетии. М., 1962, с. 281—282.

³ *Зимин А. А.* Земский собор 1566 г. // Исторические записки. М., 1962, т. 71, с. 210—212.

⁴ *Шлихтинг А.* Новое известие, с. 62.

⁵ Подробнее см.: *Скрынников Р. Г.* Начало опричнины, с. 393.

⁶ *Веселовский С. Б.* Дьяки и подьячие, с. 163; *Пронштейн А. П.* Великий Новгород, с. 220.

⁷ *Веселовский С. Б.* Дьяки и подьячие, с. 75.

⁸ *Скрынников Р. Г.* Опричный террор, с. 33—34.

⁹ *Штаден Г.* Записки, с. 94.

¹⁰ НЛ, с. 129; *Хофф Г.* Тирания, с. 16—17.

¹¹ По неполным данным, в 80-х гг. в Новгороде на посаде записано 19 лучших людей, 162 средних и 1051 молодший человек (см.: *Пронштейн А. П.* Великий Новгород, с. 181).

¹² Датский посол Я. Ульфельд осматривал деревянный двор В. А. Старицкого в Новгороде. // ЧОИДР. М., 1883, кн. 1, отд. 3, с. 12.

¹³ НЛ, с. 337.

¹⁴ Сб. РИО, т. 129, с. 136.

¹⁵ Там же.

¹⁶ Там же, с. 197.

¹⁷ Разряды, д. 390, л. 349 об.

¹⁸ *Хофф Г.* Тирания, с. 15; Послание Таубе и Крузе, с. 45; *Шлихтинг А.* Новое известие, с. 48.

¹⁹ Послание Таубе и Крузе, с. 45—46.

²⁰ *Тихомиров М. Н.* Малоизвестные памятники XVI в., с. 92; ААЭ, т. 1, № 284, с.329.

²¹ ПСРЛ, т. 34, с. 191; *Тихомиров М. Н.* Малоизвестные летописные памятники. // ИА, т. 7, с. 224—225.

²² «и поеде (царь.— *Р. С.*) с Вологды к Москве, а по князя Володимера посла, а велел ему быти на ям на Богону и со княгинею и з детьми. И поиде с Москвы в Слободу и из Слободы, вооружася все, кобы на ратный...» (Пискаревский летописец, с. 191).

²³ Послание Таубе и Крузе, с. 46.

²⁴ ПСРЛ, т. 34, с. 191; по синодику Кирилло-Белозерского монастыря, Старицкая была потоплена в «горах в Шексне реке».

²⁵ *Скрынников Р. Г.* Опричный террор, с. 275.

²⁶ Наказ русским послам был составлен через полгода после гибели Старицких (Сб. РИО, т. 71, с. 777).

²⁷ ДДГ, с. 480.

²⁸ Послание Таубе и Крузе, с. 45—46.

²⁹ Описи царского архива, с. 44.

³⁰ Я. Захаров представлял князя Владимира при размене Старицкого удела на Дмитров в 1566 году (см.: ДДГ, с. 423). Он служил в уделе начиная с 1563 года (см.: Разряды, 163 об., 164 об., 238, 288).

³¹ Чиркин издавна служил в Дмитрове (см.: ТКДТ, с. 129).

³² В Дворцовой тетради список дмитровцев начинается с Селезневых (см.: ТКДТ, с. 128).

³³ Сб. РИО, т. 129, с. 164.

³⁴ *Штаден Г.* Записки, с. 89; Послание Таубе и Крузе, с. 47.

³⁵ Послание Таубе и Крузе, с. 48; *Штаден Г.* Записки, с. 89.

³⁶ Послание Таубе и Крузе, с. 48.

³⁷ Там же, с. 89.

³⁸ *Курбский А.* История, с. 315—317; ПЛ, вып. 1, с. 125; Житие Филиппа митрополита. // ГПБ имени Салтыкова-Щедрина, отдел рукописей. Соловецкое собрание, д. № 1073/963, л. 89; см.: *Курбский А.* Указ. соч., с. 316.

³⁹ Наличие официальной версии о смерти Филиппа из-за небрежности приставов объясняет нам, почему его имя отсутствовало в делах об опальных в царском синодике.

⁴⁰ *Голубцов И. А.* Пути сообщения в бывших землях Новгорода Великого в XVI—XVII вв. и отражение их на русской карте середины XVII в. // Вопросы географии. Сб. 20. М., 1950, с. 294.

⁴¹ Послание Таубе и Крузе, с. 48—49.

⁴² *Хофф Г.* Тирания, с. 17; Послание Таубе и Крузе, с. 49.

⁴³ *Штаден Г.* Записки, с. 90.

⁴⁴ НПК, т. 6, с. 256, 653, 213, 609.

⁴⁵ НЛ, с. 395.

⁴⁶ Там же.

⁴⁷ Там же, с. 396.

⁴⁸ Там же, с. 397.

⁴⁹ Там же, с. 340.

⁵⁰ НЛ, с. 341; ПЛ, вып. 1, с. 115; *Штаден Г.* Записки, с. 90.

⁵¹ НЛ, с. 342.

⁵² *Каппелер А.* Последние годы опричнины, с. 14.

⁵³ НЛ, с. 400.

⁵⁴ ДДГ, с. 480.

⁵⁵ *Самоквасов Д. Я.* Архивный материал, т. 1, с. 185, 189—192.

⁵⁶ Т. Пешков в 7080 (1561—1562) г. руководил описанием земель Софийского дома (*Греков Б. Д.* Новгородский дом святой Софии, т. 1, с. 536).

⁵⁷ И. Милославский упомянут как конюший архиепископа и «владычен помещик» в документах 1547—1556 гг. (см.: Расходная книга Новгородского Софийского дома за 1547—1548 гг. // Известия археологического общества. 1861, т. 3, с. 41; *Самоквасов Д. Я.* Архивный материал, т. 1, ч. 1, с. 191—192).

⁵⁸ *Шлихтинг А.* Новое известие, с. 29—30.

⁵⁹ Сб. РИО, т. 71, с. 777.

⁶⁰ Описи царского архива, с. 44.

⁶¹ *Шлихтинг А.* Новое известие, с. 34.

⁶² АИ, т. 2, № 355, с. 424.

⁶³ В. Д. Данилов начал службу на воеводстве в Смоленске в 1548 г. (Разряды, л. 155, 208, 217). Думный титул окольничего он получил к сентябрю 1555 г. (там же,. л. 266 об.). Осенью 1555 г. Данилов пытался местничать с боярином А. Д. Басмановым, но потерпел неудачу (там же, л. 226 об.— 227). Данилов получил боярский чин к 1564 г. (там же л. 249, 304,316). После введения опричнины 13 марта 1565 г. он был вызван из Полоцка и 19 сентября назначен в состав московской боярской комиссии (там же, л. 318, 331 об.).

⁶⁴ *Шлихтинг А.* Новое известие, с. 38.

⁶⁵ Описи царского архива, с. 44.

⁶⁶ Донесение аббата Джерио Венецианскому дожу. СПб., 1841, т. 1, с. 214.

⁶⁷ *Каппелер А.* Последние годы опричнины, с. 14.

⁶⁸ НЛ, с. 468.

⁶⁹ Описи царского архива, с. 44.

⁷⁰ См. распоряжения Безсонова и Румянцева за сентябрь 1568 г. (НЛ, с. 98—99; *Лихачев Н. П.* Местнические дела (1563—1605 гг.). СПб., 1894, с. 62—63; Сб. РИО, т. 129, с. 123).

⁷¹ Сб. РИО, т. 71, с. 777.

⁷² Там же, с. 778.

⁷³ Iacobi Ulfeldii legatio Moscovitica. // Historial Ruthenicae Scriptores Exteri Saeculi; XVI, Vol. I. Berolini et Petropoli. 1842. X, P. 8.

⁷⁴ Опись архива Посольского приказа, ч. 1, с. 257.

⁷⁵ ТКДТ, с. 114; *Садиков П. А.* Очерки, с. 367 (ср.: ТКДТ, с. 179); НПК, т. 4, с. 252. 254, 256.

⁷⁶ Родословная книга, ч. 2, с. 93.

⁷⁷ Сб. РИО, т. 71, с. 348—417.

⁷⁸ *Курбский А.* История, с. 303—304.

⁷⁹ Родословная книга, ч. 1, с. 343, 341.

⁸⁰ НПК, т. 6, с. 872—874, 885, 910, 1060.

⁸¹ *Лобанов-Ростовский А. Б.* Русская родословная книга. Изд. 2-е. СПб., 1895, т. 2, с. 175.

⁸² ТКДТ, с. 95; НПК, т. 6, с. 154—157, 594—595, 99—102, 632—636, 113—117, 213—216, 609—611, 796, 110—127; *Самоквасов Д. Я.* Архивный материал, т. 1, ч. 1, с. 144—147.

⁸³ АИ, т. 2, с. 422.

⁸⁴ ДАИ, т. 1, с. 65, 79, 146; *Самоквасов Д. Я.* Архивный материал, т. 1, ч. 1, с. 110 и др.

⁸⁵ *Варенцов В. А.* Привилегированное купечество Новгорода, с. 22.

⁸⁶ НЛ, с. 329.

⁸⁷ *Варенцов В. А.* Привилегированное купечество Новгорода, с. 24—25.

⁸⁸ *Варенцов В. А.* Московские гости в Новгороде, с. 38.

⁸⁹ НЛ, с. 98.

⁹⁰ ДАИ, т. 1, с. 152.

⁹¹ *Шлихтинг А.* Новое известие, с. 30—31.

⁹² Там же.

⁹³ ПСРЛ. Вып. 3. Т. 4, ч. 1, с. 578, 616.

⁹⁴ *Миллер В. Ф.* Очерки русской народной словесности. М.— Л., 1924, т. 3, с. 196—199;

Зимин А. А. Отголоски событий XVI в. в фольклоре. // Исследования по отечественному источниковедению. Вып. 7. М.— Л., 1964, с. 404—405.

[95] НЛ, с. 343.

[96] *Штаден Г.* Записки, с. 90.

[97] НЛ, с. 343, 346; Послание Таубе и Крузе, с. 50.

[98] НЛ, с. 343, 346 и др.

[99] *Шлихтинг А.* Новое известие, с. 29—30.

[100] НЛ, с. 396.

[101] Там же, с. 396.

[102] Там же, с. 337.

[103] НЛ, с. 101.

[104] *Штаден Г.* Записки, с. 90.

[105] НЛ, с. 343.

[106] *Штаден Г.* Записки, с. 90.

[107] *Каппелер А.* Последние годы опричнины, с. 14.

[108] Послание Таубе и Крузе, с. 50; *Штаден Г.* Записки, с. 90.

[109] *Шлихтинг А.* Новое известие, с. 31.

[110] Там же; *Штаден Г.* Записки, с. 91.

[111] *Каппелер А.* Последние годы опричнины, с. 17.

[112] *Штаден Г.* Записки, с. 91.

[113] По словам местного летописца, опричники избивали посадских «без пощадения и без останка» (НЛ, с. 343).

[114] *Шлихтинг А.* Новое известие, с. 31—32.

[115] *Штаден Г.* Записки, с. 140, 144—145.

[116] Обыск 21 марта 1571 г. опустевших крестьянских жеребьев в переварах «черных» крестьян Кирьяжского погоста Водской пятины. // *Самоквасов Д. Я.* Архивный материал, т. 2, ч. 2, с. 59—121.

[117] НЛ, с. 344.

[118] Там же, с. 101.

[119] *Самоквасов Д. Я.* Архивный материал, т. 2, ч. 2, с. 50.

[120] *Тхоржевский С. И.* Поместье и крестьянская крепость. // Архив истории труда в России. Л., 1924, т. 1. с. 85—86; *Полосин И.И.* Социально-политическая история России XV—XVII вв. М., 1963, с. 54.

[121] *Каппелер А.* Последние годы опричнины, с. 17—18.

[122] ПЛ, вып. 1, с. 116; *Шлихтинг А.* Новое известие, с. 32; *Штаден Г.* Записки, с. 91.

[123] *Карамзин Н. М.* История государства Российского. СПб., 1831, кн. 3, т. 9, прим. 485.

[124] ПЛ, вып. 1, с. 116.

[125] *Шлихтинг А.* Новое известие, с. 32.

[126] Послание Таубе и Крузе, с. 50; *Штаден Г.* Записки, с. 91.

[127] ПЛ, вып. 1, с. 116. Легенду о гибели царского коня передает также Пискаревский летописец (ПСРЛ, т. 34, с. 191).

[128] Опись архива Посольского приказа, ч. 2, с. 6.

[129] *Зимин А. А.* Опричнина, с. 304—305.

[130] *Шлихтинг А.* Новое известие, с. 32.

[131] НЛ, с. 99—100.

[132] Разряды, л. 353.

[133] Опись архива Посольского приказа, ч. 2, с. 257.

[134] Сб. РИО, т. 71, с. 666.

[135] Послания Ивана Грозного, с. 193, 640—641. См. также: *Садиков П. А.* Царь и опричник, с. 41—51.

[136] Разряды, л. 340 об.

[137] Позже царь припомнил прежнему любимцу, как тот шутил, «стоячи» за кушаньем у царского стола (Послания Ивана Грозного, с. 193).

[138] Опись архива Посольского приказа, ч. 2, с. 315.

[139] Сб. РИО, т. 129, с. 177.

[140] Мнение о преимуществе антицерковной направленности опричных репрессий в Новгороде высказал уже А. М. Гневушев, опиравшийся на показания позднейших писцовых книг Новгорода (*Гневушев А. М.* Экономическое положение Великого Новгорода, с. 18).

[141] *Терешкевич О. Ф.* Экономическое положение Великого Новгорода, с. 224—225.

[142] *Гневушев А. М.* Экономическое положение Великого Новгорода, с. 18. См. также: *Яницкий Н.* Экономический кризис, с. 130.

[143] ПСРЛ, т. 13, с. 404; ПЛ, вып. 2, с. 249; НЛ, с. 336.

[144] Здесь и ниже мы ссылаемся на данные, относящиеся к Софийской стороне. Дело в том, что массовый материал содержит только опись Софийской стороны, тогда как опись Торговой стороны сохранилась в отрывке. На Софийской стороне описано 2610 посадских дворов и мест дворовых, в том числе 1805 тягловых.

[145] *Тихомиров М. Н.* Малоизвестные летописные памятники XVI в., с. 89.

[146] *Шлихтинг А.* Новое известие, с. 32.

[147] Послание Таубе и Крузе, с. 50.

[148] Подробнее см.: *Скрынников Р. Г.* Опричный террор, с. 67—76.

[149] *Горсей Д.* Путешествия, с. 92; ПЛ, вып. 1, с. 115; *Курбский А.* История, с. 319.

[150] *Ильинский А. Г.* Городское население Новгородской области в XVI в. // Историческое обозрение. СПб., 1897, т. 9, с. 37.

[151] *Зимин А. А.* Опричнина, с. 302.

[152] НЛ, с. 342—343.

[153] Там же, с. 101.

[154] *Кобрин В. Б.* Иван Грозный, с. 81, 83.

[155] НЛ, с. 18, 50, 203.

[156] *Кобрин В. Б.* Иван Грозный, с. 82—83.

[157] *Шлихтинг А.* Новое известие, с. 33—34; Послание Таубе и Крузе, с. 49.

[158] Витебская старина, т. 4, с. 61.

[159] Послание Таубе и Крузе, с. 49.

[160] *Шлихтинг А.* Новое известие, с. 33.

[161] Там же, с. 62.

[162] *Зимин А. А.* Опричнина, с. 301, прим. 2.

[163] НЛ, с. 469.

[164] *Копанев А. И.* Население Русского государства в XVI в. // Исторические записки, т. 64, с. 245; *Пронштейн А. П.* Великий Новгород, с. 30—34.

Глава 5
Завершение «Новгородского дела»

[1] Речи М. Мальцева в Крыму 21 ноября 1569 г.//*Садиков П. А.* Поход турок и татар, с. 158.

[2] *Шлихтинг А.* Новое известие, с. 59; ср.: Разряды, 356 об.; сб. РИО, с. 71, с. 660, 665.

[3] Разряды, л. 357.

[4] Послание Ивана Грозного, с. 618.

[5] Краткий отчет о посольстве в Москву Павла Юстена. // Russian History. California. 1986. Vol. 13, № 1. P.62.

[6] Сб. РИО, т. 129, с. 185, 177, 187, 190.

⁷ *Шлихтинг А.* Новое известие, с. 61; *Аделунг Ф.* Критико-литературное обозрение путешественников по России. // ЧОИДР. М., 1863, кн. 1, отд. 4, с. 157.

⁸ Описи царского архива, с. 79; *Щербачев Ю. Н.* Копенгагенские акты, относящиеся к русской истории. Вып. 2.// ЧОИДР. М., 1916, кн. 2, отд. 3, с. 32—33, 90; *Шлихтинг А.* Новое известие, с. 60; ДДГ, с. 440.

⁹ ДДГ, с. 440.

¹⁰ Сб. РИО, т. 71, с. 593.

¹¹ Там же, с. 615—620, 633, 735 и др.

¹² *Маньков А. Г.* Цены и их движение, с. 32—33, 114—115; *Зимин А. А.* Опричнина, с. 392—393.

¹³ *Шлихтинг А.* Новое известие, с. 49.

¹⁴ *Штаден Г.* Записки, с. 92.

¹⁵ Диалог передан Шлихтингом в «Новостях», отличающихся значительно более высокой степенью достоверности, нежели написанные позже «Сказания» (*Шлихтинг А.* Новое известие, с. 62). Речь царя весьма точно выражала непомерную гордыню. С точки зрения стилистической она весьма близка к подлинным произведениям и письмам Грозного.

¹⁶ В начале 1570 г. турки справлялись у русского посла Новосильцева, «какой, господине, он человек (И. М. Висковатый.— *Р. С.*) у нашего государя на Москве, и что за ним какой приказ есть ли?» Послы разъяснили, что у «царя и великого князя Ивана человек приказной — печатник, да ему приказана государева казна ведати с казначеем с Никитою Фуниковым» (*Садиков П. А.* Поход татар и турок, с. 160—161, прим. 12).

¹⁷ *Штаден Г.* Записки, с. 84—85.

¹⁸ Послание Таубе и Крузе, с. 51.

¹⁹ Третьяк Виковатый был убит тотчас после отъезда из Москвы польских послов в начале июля 1570 г. (*Шлихтинг А.* Новое известие, с. 41—42).

²⁰ Опись архива Посольского приказа, ч. 2, с. 257.

²¹ *Шлихтинг А.* Новое известие, с. 47.

²² Сб. РИО, т. 71, с. 786—787.

²³ *Штаден Г.* Записки, с. 85.

²⁴ *Шлихтинг А.* Новое известие, с. 47.

²⁵ *Штаден Г.* Записки, с. 85.

²⁶ Сб. РИО, т. 71, с. 722. Еще 12 июля от имени печатника Висковатого была составлена грамота польским послам (Сб. РИО, т. 71, с. 747).

²⁷ НЛ, с. 100.

²⁸ *Строев П.* Списки иерархов и настоятелей монастырей российской церкви, с. 139, 169.

²⁹ Ко времени получения царского послания Кирилл не знал, где находился Иван Грозный с опричниной, поэтому его отписка к царю не имела точного адреса. «Писана в 78-м,— значилось в архивной описи,— а куды к царю Ивану та отписка писана, того не объявилося» (ДДГ, с. 483).

³⁰ Опись архива Посольского приказа, ч. 1, с. 315.

³¹ Житие Филиппа, л. 91. Точное время низложения Филофея неизвестно.

³² НЛ, с. 107, 148, 345.

³³ По Шлихтингу, экзекуция произошла в праздник — день святого Якова, т. е. 25 июля 1570 г. По кормовым книгам, опальных Н. Фуникова с товарищами действительно поминали 25 июля (*Титов А. А.* Вкладные и кормовые книги Ростовского Борисоглебского монастыря. Ярославль, 1881, с. 5; *Титов А. А.* Вкладные и кормовые книги Иосифова монастыря.//Рукописи славянские и русские, принадлежащие И. А. Вахрамееву. Вып. 5. М., 1906, ч. 2, с. 46, 71).

³⁴ ПСРЛ, т. 32, с. 191.

³⁵ *Шлихтинг А.* Новое известие, с. 26; Послание Таубе и Крузе, с. 51.

[36] *Шлихтинг А.* Новое известие, с. 46.

[37] Там же.

[38] ДДГ, с. 481.

[39] *Шлихтинг А.* Новое известие, с. 47; *Штаден Г.* Записки, с. 92; Послание Таубе и Крузе, с. 51; ПСРЛ, т. 34, с. 79.

[40] *Шлихтинг А.* Новое известие, с. 46; *Штаден Г.* Записки, с. 92; ПСРЛ, т. 34, с. 78.

[41] Курбский, сообщая о казни князя А. Тулупова и Н. Цыплятева, указывает, что «были тые даны на послужение великия церкви Софии» Новгородской (см.: *Курбский А.* История, с. 319).

[42] Мартьяновы служили архиепископу (*Греков Б. Д.* Новгородский дом святой Софии, с. 538).

[43] *Шлихтинг А.* Новое известие, с. 49.

[44] Опись архива Посольского приказа, ч. 1, с. 257.

[45] НЛ, с. 345.

[46] Опись архива Посольского приказа, ч. 1, с. 257.

[47] Там же.

[48] *Курбский А.* История, с. 305.

[49] *Шлихтинг А.* Новое известие, с. 32—33.

[50] Там же, с. 33.

[51] *Штаден Г.* Записки, с. 96.

Глава 6

«Опричная благодать»

[1] *Зимин А. А.* Опричнина, с. 334.

[2] НЛ, с. 105.

[3] *Штаден Г.* Записки, с. 90.

[4] Витебская старина, ч. 4, с. 27; *Буганов В. И.* Документы о сражении при Молодях 1572 г.//Исторический архив, 1959, № 4, с. 174. По-видимому, в Разряде 1572 г. допущена описка: отряд помещиков Бежецкой пятины фигурирует в нем дважды. В одном случае упомянуто 450 дворян, в другом — 300. Согласно Разряду ливонского похода 1577 г., в Бежецкой пятине числилось 505 помещиков, фактически же на службу явилось 343 человека (см. Военный журнал, 1852, № 1, с. 95—97).

[5] *Веселовский С. Б.* Учреждение опричного двора в 1565 г. и отмена его в 1572 году. // Вопросы истории, 1946, № 1, с. 93.

[6] Писцовые книги земель Полоцкого повета, розданных 7 октября 1571 г. детям боярским Бежецкой и Обонежской пятин. Писцовые книги Московского государства XVI в. Изд. под ред. Н. В. Калачева. СПб., 1871, т. 1, отд. 1, с. 540.

[7] НЛ, с. 100.

[8] Книга писцовая Новгорода Великого 1583—1584 гг., с. 221—222, 272—273; *Терешкевич О. Ф.* Экономическое положение Великого Новгорода, с. 206.

[9] Монастыри находились в ведении Дворцовых приказов. Распоряжение относительно новгородских монастырей исходило, скорее всего, из опричного дворца. Оно было подписано И. Кудровым и М. Грабаром.

[10] НЛ, с. 100.

[11] Там же, с. 102.

[12] НЛ, с. 101.

[13] Там же, с. 101, 106—107.

[14] НЛ, с. 102.

[15] ААЭ, т. 2, с. 170; *Покровский И. М.* Русские епархии в XVI—XIX вв. Казань, 1897, т. 1, с. 67; *Каштанов С. М.* Финансовая политика, с. 85, прим. 36.

[16] Во Пскове высшая иерархия была восстановлена несколько раньше, чем в Новгороде.

[17] НЛ, с. 108.

[18] Там же.

[19] Там же, с. 113.

[20] Там же, с. 102.

[21] Там же, с. 102—103, 107.

[22] Там же, с. 118.

[23] ААЭ, т. 1, с. 328.

[24] Там же, с. 327.

[25] *Гамель И.* Англичане в России в XVI—XVII столетиях. СПб., 1865. // Приложение к т. 8 «Записок Академии наук», с. 90—91; *Толстой Ю.* Первые 40 лет сношений между Россиею и Англиею, с. 135.

[26] Подробнее см.: *Любименко И. И.* Торговля России с Англией и Голландией в 1533—1649 гг. // Известия АН СССР. VII серия. Л., 1933, № 10.

[27] НПК, т. 5, с. 300, 220—221.

[28] *Греков Б. Д.* Новгородский дом святой Софии, с. 23—24.

[29] Там же.

[30] НЛ, с. 121.

[31] *Самоквасов Д. Я.* Архивный материал, т. 1, ч. 1, с. 177—178.

[32] ПСРЛ, т. 13, с. 395; *Самоквасов Д. Я.* Архивный материал, т. 2, ч. 2, с. 365.

[33] *Самоквасов Д. Я.* Архивный материал, т. 2, ч. 2, с. 305.

[34] См.: Обыск 6 мая 1572 г.//*Самоквасов Д. Я.* Архивный материал, т. 2, ч. 2, с. 305. Праветчики разорили 30 посадских дворов.

[35] ПЛ, вып. 2, с. 261—262.

[36] НЛ, с. 113.

[37] Там же, с. 120.

[38] Там же, с. 113, 110, 115, 117.

[39] Там же, с. 118.

[40] ДАИ, т. 1, № 125, с. 182.

[41] НЛ, с. 105.

[42] *Зимин А. А.* Опричнина, с. 350, 351.

[43] НЛ, с. 107.

[44] Разряды, л. 371.

[45] НЛ, с. 107.

[46] ПЛ, вып. 1, с. 115.

[47] *Казакова Н. А.* Сказание о градех, с. 19—20.

[48] НЛ, с. 105.

[49] Там же, с. 128.

[50] Там же, с. 78.

[51] *Флетчер Д.* О государстве Русском, с. 65.

[52] НЛ, с. 105.

[53] *Штаден Г.* Записки, с. 136 и др.

[54] НЛ, с. 106.

[55] Там же.

[56] Там же, с. 111.

[57] Там же, с. 102.

Глава 7
Отмена опричнины

[1] *Греков Б. Д.* Крестьяне на Руси. М., 1954, т. 2, с. 243, 245, 254.

[2] *Скрынников Р. Г.* Экономическое развитие новгородского поместья в конце XV—XVI вв. // Автореф. канд. дисс. Л., 1958, с. 15.

[3] Новгородские пятины, с. 294.

[4] ЦГАДА. Крымские дела, ф. 123, № 14, л. 23 об.— 24 об.

[5] *Скрынников Р. Г.* Опричный террор, с. 72—75.

[6] *Немировский Е. Л.* Начало славянского книгопечатания. М., 1971, с. 126; *Тихомиров М. Н.* Малоизвестные летописные памятники, с. 224.

[7] *Зимин А. А.* Краткие летописцы XV—XVI вв., с. 21.

[8] *Маньков А. Г.* Цены и их движение, с. 32.

[9] *Васильев К. Г., Сегал А. Е.* История эпидемий в России. М., 1960, с. 44; *Зимин А. А.* Опричнина, с. 394.

[10] *Шлихтинг А.* Новое известие, с. 59; *Штаден Г.* Записки, с. 1, 6.

[11] Сборник князя Хилкова. СПб., 1879, № 5.

[12] *Зимин А. А.* Краткие летописцы XV—XVI вв., с. 22.

[13] Устюжский летописный свод. М.— Л., 1950, с. 109; *Каштанов С. М.* К изучению опричнины Ивана Грозного. // История СССР, 1963, № 2, с. 115; ПСРЛ, т. 34. с. 191; Разряды, л. 370 об.— 371.

[14] НЛ, с. 101, 106, 111.

[15] Там же, с. 336.

[16] *Штаден Г.* Записки, с. 92.

[17] ПСРЛ, т. 3, с. 244, 251—252.

[18] *Чумиков А.* Осада Ревеля (1570—1571) герцогом Магнусом, с. 29—30.

[19] Сб. РИО, т. 129, с. 200—201.

[20] Там же, с. 193, 196.

[21] Сб. РИО, т. 129, с. 196—197.

[22] ЦГАДА, дела Польского двора, кн. 10, л. 204.

[23] НЛ, с. 110—111.

[24] *Штаден Г.* Записки, с. 67.

[25] Собрание государственных грамот и договоров. М., 1813, ч. 1, № 196, с. 561—562.

[26] *Щербачев Ю. Н.* Копенгагенские акты, относящиеся к русской истории, с. 34.

[27] *Шмурло Е. Ф.* Россия и Италия. Вып. 2. СПб., 1913, т. 2, с. 230.

[28] *Чумиков А.* Осада Ревеля (1570—1571) герцогом Магнусом, с. 29—30.

[29] Послание Таубе и Крузе, с. 54.

[30] Там же.

[31] Сб. РИО, т. 129, с. 207.

[32] НЛ, с. 108; Разряды, л. 375, 376; Сб. РИО, т. 129, с. 221, 224.

[33] Сб. РИО, т. 129, с. 222.

[34] Там же, с. 210—216, 219—221.

[35] Послания Ивана Грозного, с. 145—146.

[36] *Бурдей Г. Д.* Молдинская битва 1572 года. // Ученые записки Института славяноведения. М., 1963, т. 26, с. 50.

[37] *Штаден Г.* Записки, с. 61, 111; ПСРЛ, т. 34, с. 192.

[38] *Штаден Г.* Записки, с. 61.

[39] *Буганов В. И.* Новый документ о сражении на Молодях в 1572 году. // Исторический архив, 1959, № 4, с. 174—179.

[40] Разряды, л. 463.

[41] *Штаден Г.* Записки, с. 86.

[42] Там же, с. 95—96.

[43] Там же, с. 96.

[44] *Хофф Г.* Тирания, с. 22.

[45] НЛ, с. 108—109.

[46] Там же, с. 110.

[47] *Веселовский С. Б.* Исследования по истории опричнины. М., 1966, с. 311.

[48] Разряды, л. 455.

[49] НЛ, с. 111.

[50] Там же, с. 108.

[51] Там же, с. 121.

[52] НЛ, с. 109.

[53] Там же, с. 121.

[54] Разрядная книга 1475—1605 гг. М., 1982, т. 2, ч. 2, с. 329, 341, 344.

[55] *Самоквасов Д. Я.* Архивный материал, т. 2, ч. 2, с. 320.

[56] *Самоквасов Д. Я.* Архивный материал, т. 1, ч. 2, с. 52—53, 101—102. Здесь и ниже размеры пашни даны в пересчете на три поля.

[57] Там же, с. 101—102, 53—54.

[58] Там же, с. 60—61.

[59] Там же, с. 59, 65, 67—68.

[60] Там же, с. 99.

[61] Там же, с. 52—53, 101—102, 70—71.

[62] Там же, с. 79; *Неволин К. А.* О пятинах и погостах, с. 117.

[63] *Самоквасов Д. Я.* Архивный материал, т. 1, ч. 2, с. 58—59.

[64] *Самоквасов Д. Я.* Архивный материал, т. 2, ч. 2, с. 320; *Альшиц Д. Н.* Новый документ, с. 20.

[65] *Самоквасов Д. Я.* Архивный материал, т. 1, ч. 2, с. 59; *Альшиц Д. Н.* Новый документ, с. 20.

[66] НПК, т. 5, с. 626; Временник ОИДР. 1850, кн. 6, с. 75; *Альшиц Д. Н.* Новый документ, с. 20—21.

[67] НПК, т. 5, с. 629, 630, 671, 672, 677, 685, 686; *Неволин К. А.* О пятинах и погостах, с. 102—104, 111, 117, 119.

Глава 8
Второе «Новгородское» дело

[1] ПЛ, вып. 2, с. 24.

[2] Разряды, л. 467 об.

[3] Акты, относящиеся к истории Западной России. СПб., 1848, т. 3, с. 166.

[4] Разряды, л. 473 об.; ЦГАДА. Крымские дела, ф. 123, № 14, л. 192.

[5] ЧОИДР. М., 1912, кн. 2, отд. 3, с. 33; ЦГАДА. Крымские дела, ф. 123, № 14, л. 192—195 об.

[6] ЧОИДР. М., 1848, кн. 9, отд. 4, с. 298.

[7] ЦГАДА. Дела Датского двора, ф. 53, № 2, л. 134; ДРВ. М., 1791, ч. 20, с. 53; ИРГО, с. 12; *Альшиц Д. Н.* Новый документ, с. 20—22.

[8] *Альшиц Д. Н.* Новый документ, с. 20.

[9] *Новодворский В. В.* Борьба за Ливонию между Москвою и Речью Посполитой. СПб., 1904 (приложение), с. 8; Разряды, л. 49 об.

[10] НЛ, с. 118, 120.

[11] *Садиков П. А.* Опричник и царь, с. 60.

[12] ЧОИДР. М., 1912, кн. 2, с. 28.

[13] Там же.

[14] Послания Ивана Грозного, с. 178, 191.

[15] ЧОИДР. М., 1912, кн. 2, отд. 2, с. 29—30.

[16] Там же, с.29.

[17] *Толстой Ю.* Первые 40 лет сношений между Россиею и Англиею, с. 159.

[18] ИРГО, вып. 1, с. 8—13.

[19] ЦГАДА, ф. 181, 1141, л. 91.

[20] *Горсей Д.* Путешествия, с. 99.

[21] *Хофф Г.* Тирания, с. 22.

[22] *Колычева Е. И.* Аграрный строй России XVI века. М., 1987, с. 135.

[23] *Каштанов С. М.* Финансовая политика, с. 78—79.

[24] Послания Ивана Грозного, с. 180.

[25] Там же, с. 172.

[26] *Горсей Д.* Путешествия, с. 105—106.

[27] РИБ, т. 31, с. 320.

[28] НЛ, с. 345.

[29] *Корецкий В. И.* Земский собор 1575 г., с. 35—36.

[30] НЛ, с. 148.

[31] ИА, т. 7, с. 226. Псковская летопись относит опалу Леонида к 7083 г. (ПЛ, вып. 2, с. 262).

[32] *Скрынников Р. Г.* Опричный террор, с. 258.

[33] ПЛ, вып. 2, с. 262.

[34] НЛ, с. 148.

[35] *Горсей Д.* Путешествия, с. 106.

[36] *Ключевский В. О.* Сочинения, с. 178.

[37] *Платонов С. Ф.* Очерки по истории смуты в Московском государстве XVI—XVII вв. Изд. 3-е. СПб., 1910, с. 147.

[38] *Середонин С. М.* Сочинение Джильса Флетчера как исторический источник. СПб., 1891, с. 70—81; *Сухотин Л. М.* К пересмотру вопроса об опричнине. Вып. 5—6. Белград, 1940, с. 58—59.

[39] *Лурье Я. С.* Вопросы внешней и внутренней политики в посланиях Ивана IV.// В кн: Послания Ивана Грозного. М.— Л., 1951, с. 482—484.

[40] *Садиков П. А.* Очерки, с. 44.

[41] *Вернадский Г. В.* Иван Грозный и Симеон Бекбулатович.// To honor Roman Iakobson. Vol. III. Thetlague — Paris, 1957. P. 1233—1254.

[42] *Каштанов С. М.* О внутренней политике Ивана Грозного в период «великого княжения» Симеона Бекбулатовича.// Труды МГИАИ, 1961, т. 16, с. 461—462.

[43] Там же, с.459—461.

[44] *Корецкий В. И.* Земский собор 1575 г., с. 32—33, 38—39, 49.

[45] *Culpepper V.* The Kremlin execution of 1575 and the enthronement of Simeon Becbulatovich.//Slavic Review, 1963. Vol. 24. P. 503—504. Интересные наблюдения сделал английский историк Е. Халберт, отметивший неточность русского перевода текста Горсея, использованного В. И. Корецким (см.: *Hulbert E.* The Zemscie Sobor of 1575 a mistake of translation.//Slavic Review, 1966. Vol. 25, № 2. P. 320—322).

[46] *Павленко Н. И.* К истории земских соборов XVI в.// Вопросы истории, 1968, № 5, с. 98—100.

[47] *Зимин А. А.* Иван Грозный и Симеон Бекбулатович в 1575 г. (Из истории Татарии. Сб. 4).// Ученые записки Казанского государственного педагогического института. Вып. 80. 1970, с. 157.

[48] Разряды, л. 567 об.

[49] ПСРЛ, т. 34, с. 192.

[50] Там же; ЧОИДР. М., 1876, кн. 3, с. 29.

[51] ПСРЛ, т. 34, с. 192.

[52] *Горсей Д.* Путешествия, с. 96—97.

[53] Послания Ивана Грозного, с. 195.

[54] *Шмидт С. О.* Неизвестные документы XVI в.// Исторический архив, 1961, № 4, с. 155.

[55] *Корецкий В. И.* Земский собор 1575 г., с. 43.

[56] Там же.

[57] Разряды, л. 513—514.— В Разряде отсутствовали Годуновы, находившиеся с царевичем Федором и потому не участвовавшие в походе.

[58] ЧОИДР. М., 1876, кн. 3, отд. 4, с. 29.

[59] ПСРЛ, т. 34, с. 192.

[60] *Буганов В. И., Корецкий В. И.* Неизвестный московский летописец XVII в. из музейного собрания ГБЛ. // Записки отдела рукописей ГБЛ. Вып. 32. М., 1971, с. 245.

[61] *Веселовский С. Б.* Дьяки и подьячие, с. 96—97, 218.

[62] *Штаден Г.* Записки, с. 91.

[63] ПСРЛ, т. 34, с. 226.

[64] *Горсей Д.* Путешествия, с. 108.

[65] ПСРЛ, т. 34, с. 192.

[66] *Толстой Ю.* Первые 40 лет сношений между Россиею и Англиею, с. 181.

Список сокращений

ААЭ — Акты, собранные в библиотеках и архивах Российской империи Археографическою экспедициею Академии наук. СПб., 1836. Т. 1, 2.

Абрамович Г. В. Поместная система и поместное хозяйство — *Абрамович Г. В.* Поместная система и поместное хозяйство в России в последней четверти XV и в XVI в. Автореф. докт. дисс. Л., 1975.

АИ — Акты исторические, собранные и изданные Археографическою комиссиею. СПб., 1841. Т. 1; СПб., 1842. Т. 2.

Альшиц Д. Н. Новый документ — *Альшиц Д. Н.* Новый документ о людях и приказах опричного двора Ивана Грозного после 1572 года.// Исторический архив. М.—Л., 1949. Т. 4.

БАН — Библиотека Академии наук СССР

Бернадский В. Н. Новгород — *Бернадский В. Н.* Новгород и Новгородская земля в XV веке. М.— Л., 1961.

Варенцов В. А. Московские гости в Новгороде — *Варенцов В. А.* Московские гости в Новгороде.// Вопросы истории, 1982, № 8.

Варенцов В. А. Привилегированное купечество Новгорода — *Варенцов В. А.* Привилегированное купечество Новгорода XVI—XVII вв. Вологда, 1989.

Веселовский С. Б. Дьяки и подьячие — *Веселовский С. Б.* Дьяки и подьячие XV—XVII вв. М., 1975.

Витебская старина — Витебская старина. Витебск, 1886. Т. 4.

ГБЛ — Государственная библиотека СССР им. В. И. Ленина

ГИМ — Государственный исторический музей

Гневушев А. М. Экономическое положение Великого Новгорода — *Гневушев А. М.* Экономическое положение Великого Новгорода во второй половине XVI вв.// Сб. Новгородского общества любителей древности. Вып. 4. Новгород, 1912.

Горсей Д. Путешествие — Путешествие сэра Еремея Горсея.// ЧОИДР. М., 1877. Кн. 1, отд. IV.

Греков Б. Д. Новгородский дом святой Софии — *Греков Б. Д.* Новгородский дом святой Софии. СПб., 1915. Т 1.

ДАИ — Дополнения к актам историческим, собранные и изданные Археографическою комиссиею. СПб., 1846. Т. 1.

ДДГ — Духовные и договорные грамоты великих и удельных князей XIV—XVI вв. М.—Л., 1950.

ДРВ — Древняя российская вивлиофика. М., 1791. Ч. 20.

Зимин А. А. Краткие летописцы XV—XVI вв. — *Зимин А. А.* Краткие летописцы XV—XVI вв.// Исторический архив. М.— Л., 1950. Т. 5.

Зимин А. А. Опричнина — *Зимин А. А.* Опричнина Ивана Грозного. М., 1964.

Зимин А. А. Россия на рубеже XV—XVI столетий — *Зимин А. А.* Россия на рубеже XV—XVI столетий. М., 1982.

Зимин А. А. Пересветов — *Зимин А. А.* И. С. Пересветов и его современники. Л., 1958.

ИА — Исторический архив. М.—Л., 1949. Т. 4; М., 1950. Т, 5; М.—Л., 1951. Т. 7.

ИРГО — Известия Русского генеалогического общества. СПб., 1910. Вып. 1.

Источники — Источники по истории еретических движений XIV — начала XVI в.// *Казакова Н. А., Лурье Я. С.* Антифеодальные еретические движения на Руси XIV — начала XVI в. М.— Л., 1955, приложение.

Казакова И. А., Лурье Я. С. Антифеодальные еретические движения — *Казакова Н. А., Лурье Я. С.* Антифеодальные еретические движения на Руси XIV — начала XVI в. М.— Л., 1955.

Казакова Н. А. Русско-ливонские и русско-ганзейские отношения — *Казакова Н. А.* Русско-ливонские и русско-ганзейские отношения. Конец XIV — начало XVI в. Л., 1975.

Казакова Н. А Сказание о градех — *Казакова Н. А.* Сказание о градех от Великого Новгорода и до Рима.// Памятники культуры. Новые открытия. М., 1976.

Каппелер А. Последние годы опричнины — *Kappeller A.* Die letzen Opričninajahre (1569—1571) im Lichte dreier Zeitgenössiischer Deutscher Broschüren.//Iahrbücher für Geschiche Osteuropas. Neue Folge. 1971. Bd. 19, N. 1.

Каштанов С. М. Финансовая политика — *Каштанов С. М.* Финансовая политика периода опричнины.// Россия на путях централизации. М., 1982.

Ключевский В. О. Сочинения — *Ключевский В. О.* Сочинения. М., 1957. Т. 2.

Книга писцовая Новгорода Великого 1583—1584 гг. Новгород, 1911.

Кобрин В. Б. Власть и собственность — *Кобрин В. Б.* Власть и собственность в средневековой России. М., 1985.

Кобрин В. Б. Иван Грозный — *Кобрин В. Б.* Иван Грозный. М., 1989.

Корецкий В. И. Земский собор 1575 г.— *Корецкий В. И.* Земский собор 1575 г. и частичное возрождение опричнины. // Вопросы истории, 1967, № 5, с. 35—36.

Маньков А. Г. Цены и их движение — *Маньков А. Г.* Цены и их движение в Русском государстве в XVI в. М.— Л., 1951.

МГИАИ — Московский государственный историко-архивный институт

Неволин К. А. О пятинах и погостах — *Неволин К. А.* О пятинах и погостах Новгородских в XVI в. // Записки Русского географического общества. 1853. Кн. 8.

НЛ — Новгородские летописи. СПб., 1879.

НПК — Новгородские писцовые книги, изданные Археографическою комиссиею. СПб.,1859—1910. Т. 1—6.

ОИДР — Общество истории и древностей российских при Московском университете

Описи Царского архива — описи Царского архива XVI века и архива Посольского приказа 1614 г.//Под ред. С. О. Шмидта. М., 1960.

Опись архива Посольского приказа — Опись архива Посольского приказа 1626 г. М., 1977. Ч. 1—2.

Памятники — Памятники старинной русской литературы. СПб., 1860. Т. 1; 1862. Т. 4.

Переписка Ивана Грозного — Переписка Ивана Грозного с Андреем Курбским. М., 1981.

ПЛ — Псковские летописи. М., 1941. Вып. I; 1955. Вып. 2.

Послание Таубе и Крузе — Послание Иоганна Таубе и Элерта Крузе.// Русский исторический журнал, 1922, кн. 8.

Послания Ивана Грозного — Послания Ивана Грозного. М.— Л., 1950.

Пронштейн А. П. Великий Новгород — *Пронштейн А. П.* Великий Новгород в XVI в. Харьков, 1957.

ПСРЛ — Полное собрание русских летописей. СПб., 1848. Т. 4; СПб., 1981. Т. 5; СПб., 1853. Т. 6; СПб., 1859. Т. 8; СПб., 1901. Т. 12; СПб., 1904. Т. 13; Пг., 1921. Т. 24; Л., 1928. Вып. 1, Т. 4; Л., 1927. Вып. 2. Т. 4, ч. I; Л., 1929. Вып. 3. Т. 4, ч. I; Л., 1949. Т. 25; М., 1963. Т. 28; М., 1975. Т. 32; М., 1978. Т. 34; Л., 1982. Т. 37.

Разрядная книга 1375—1605 гг. — Разрядная книга 1375—1605 гг.// ГПБ. Отдел рукописей. Собрание Эрмитажное. Д. 390.

РИБ — Русская историческая библиотека, издаваемая Археографическою комиссиею. СПб., 1880. Т. 6; СПб., 1909. Т. 13; СПб., 1914. Т. 31.

Родословная книга — Родословная книга российских князей и дворян. М., 1787. Ч. 1—2.

РФА — Русский феодальный архив XIV — первой трети XVI в. М., 1987. Вып. 2.

Садиков П. А. Опричник и царь — *Садиков П. А.* Опричник и царь.// Сб. «Века». Пгр. 1924.

Садиков П. А. Очерки — *Садиков П. А.* Очерки по истории опричнины. М.—Л., 1950.

Садиков П. А. Поход турок и татар — *Садиков П. А.* Поход турок и татар на Астрахань в 1569 г. // Исторические записки, 1947, т. 22.

Самоквасов Д. Я. Архивный материал — *Самоквасов Д. Я.* Архивный материал. М., 1905. Т. 1, ч. 1; М., 1909. Т. 2, ч. 2.

Сб. РИО — Сборник Русского исторического общества. СПб., 1898. Т. 71; СПб., 1910. Т. 129.

Синодик опальных царя Ивана Грозного — Синодик опальных царя Ивана Грозного.// *Скрынников Р. Г.* Опричный террор. Л., 1969.

Скрынников Р. Г. Начало опричнины — *Скрынников Р. Г.* Начало опричнины. Л., 1966.

Скрынников Р. Г. Опричный террор — *Скрынников Р. Г.* Опричный террор. Л., 1969.

Терешкевич О. Ф. Экономическое положение Великого Новгорода — *Терешкевич О. Ф.* Экономическое положение Великого Новгорода во второй половине XVI в.// Юбилейный сборник историко-этнографического кружка при Университете св. Владимира. Киев, 1914.

Тихомиров М. Н. Малоизвестные летописные памятники — *Тихомиров М. Н.* Малоизвестные летописные памятники.// Исторический архив. М.—Л., 1951. Т. 7.

Тихомиров М. Н. Малоизвестные памятники XVI в.— *Тихомиров М. Н.* Малоизвестные памятники XVI в.// Исторические записки. М., 1956. Кн. 46.

ТКДТ — Тысячная книга 1550 г. и Дворовая тетрадь 50-х годов XVI в. М.—Л., 1950.

ТОДРЛ — Труды Отдела древнерусской литературы Института русской литературы (Пушкинского Дома) АН СССР

Толстой Ю. Первые 40 лет сношений между Россиею и Англиею — *Толстой Ю.* Первые 40 лет сношений между Россиею и Англиею. СПб., 1875.

Флетчер Л. О государстве Русском — *Флетчер Д.* О государстве Русском. СПб., 1906.

Флоровский Г. Пути русского богословия — *Флоровский Г.* Пути русского богословия. Изд. 3-е. Париж, 1993.

Хофф Г. Тирания — *Hoff G.* Erschrekliche greutiche und unerhörte Tyranney Iwan Wasiljewiec. 1582.

ЦГАДА — Центральный государственный архив древних актов

ЧОИДР — Чтения в Обществе истории и древностей российских при Московском университете

Чумиков А. Осада Ревеля (1570—1571) герцогом Магнусом — *Чумиков А.* Осада Ревеля (1570—1571) герцогом Магнусом.// ЧОИДР. М., 1891. Кн. 2.

Шлихтинг А. Новое известие — *Шлихтинг А.* Новое известие о России времени Ивана Грозного. Л., 1934.

Штаден Г. Записки — *Штаден Г.* О Москве Ивана Грозного. Л., 1925.

Яницкий Н. Ф. Экономический кризис — *Яницкий Н. Ф.* Экономический кризис в Новгородской области XVI в. Киев, 1915.

Оглавление

ВВЕДЕНИЕ 5

Глава 1. НОВГОРОДСКОЕ ЗЕМЛЕВЛАДЕНИЕ 8

Глава 2. КРАМОЛЬНЫЙ ГОРОД 28

Глава 3. ОПРИЧНАЯ ГРОЗА 43

Глава 4. НОВГОРОДСКИЙ РАЗГРОМ 75

Глава 5. ЗАВЕРШЕНИЕ «НОВГОРОДСКОГО ДЕЛА» 106

Глава 6. «ОПРИЧНАЯ БЛАГОДАТЬ» 116

Глава 7. ОТМЕНА ОПРИЧНИНЫ 127

Глава 8. ВТОРОЕ «НОВГОРОДСКОЕ ДЕЛО» 139

ЗАКЛЮЧЕНИЕ 152

ПРИЛОЖЕНИЕ. СИНОДИК ОПАЛЬНЫХ ЦАРЯ ИВАНА ГРОЗНОГО 157

ПРИМЕЧАНИЯ 169

СПИСОК СОКРАЩЕНИЙ 186

Руслан Григорьевич Скрынников
ТРАГЕДИЯ НОВГОРОДА

Редактор Л. Крылова
Художественный редактор Е. Воронцова
Технический редактор З. Теплякова
Корректор Б. Тумян

Сдано в набор 7.12.93. Подписано в печать 21.07.94. Формат
70×90¹/₁₆. Бумага офсетная. Гарнитура «Баскервиль». Печать офсетная. Усл. печ. л. 15,2. Уч. изд. л. 15,3. Тираж 25 000 экз.
(1 завод — 15 000 экз.) Заказ 4255.

Издательство имени Сабашниковых
119146, Москва, 2-я Фрунзенская, 7

Полиграфическая фирма «КРАСНЫЙ ПРОЛЕТАРИЙ»
103473, Москва, Краснопролетарская, 16

Скрынников Р. Г.

C45   Трагедия Новгорода.— М.: Издательство имени Сабашниковых, 1994.— с. 188.

ISBN 5-8242-033-5

Противоборство Руси державной и Руси удельно-вечевой — одна из драматических страниц отечественной истории. Жестокое завоевание Новгорода Москвой привело к упадку древнейшего русского города и повлияло на политическую ситуацию в государстве. Анализ этого явления и его последствий составляет содержание книги известного историка.

C $\frac{0503020200\text{-}004}{Б94(03)\text{-}1994}$ Без объявл.   ББК 63.3(2)4.

ГОТОВЯТСЯ К ПЕЧАТИ В 1994 ГОДУ:

В серии «Записи прошлого»

М.В. Сабашников
ВОСПОМИНАНИЯ

Мемуары М.В.Сабашникова, основателя издательства, писались с начала 30-х до начала 40-х годов. Автор сочетал в себе глубоко русский дух просветительства, служения идее с практицизмом и талантом предпринимателя. Он также обладал прекрасным литературным слогом. Мемуары впервые выходят в полном объеме без купюр.

Книги вне серий

Ф. Бродель
ЧТО ТАКОЕ ФРАНЦИЯ?

В трех томах. Пер. с фр. В. Мильчиной, С. Зенкина, И. Стаф и О. Гринберг.

Единственная в своем роде энциклопедия, охватывающая все стороны жизни Франции: через географическое пространство, быт, вещи, характеры раскрывается образ великой страны. Издание готовится при участии французского посольства в Москве и Министерства иностранных дел Франции.

WELIKI: N
ODi
GROS: NA